文物中国史

中国国家博物馆 编

文物夏商周史

中华书局
ZHONGHUA BOOK COMPANY

图书在版编目(CIP)数据

文物夏商周史:彩色图文本/中国国家博物馆编. —北京:中华书局,2009.1 (2015. 11重印)
(文物中国史)
ISBN 978-7-101-06458-2

Ⅰ.文… Ⅱ.中… Ⅲ.①-中国-古代史-三代时期-通俗读物②历史文物-中国-三代时期-图集 Ⅳ.K221.09 K871.32

中国版本图书馆 CIP 数据核字(2008)第 207901 号

本书由中华书局(香港)有限公司授权出版,仅限中国内地销售。

书　　名	文物夏商周史(彩色图文本)
编　　者	中国国家博物馆
丛 书 名	文物中国史
责任编辑	李洪超　宋志军
出版发行	中华书局 (北京市丰台区太平桥西里 38 号　100073) http: //www.zhbc.com.cn E-mail: zhbc@zhbc.com.cn
印　　刷	北京精彩雅恒印刷有限公司
版　　次	2009 年 1 月北京第 1 版 2015 年 11 月北京第 6 次印刷
规　　格	开本/700×1000 毫米　1/16 印张 13　字数 240 千字
印　　数	19001-22000 册
国际书号	ISBN 978-7-101-06458-2
定　　价	38.00 元

前　言

　　这部《文物中国史》是中国国家博物馆研究中国历史与考古的专家、学者们合作撰写的一部图文并茂的著作。设定的读者对象主要是正在学习中国历史的年轻人或对中国历史文化感兴趣的各界人士。在读者阅读本书之前，我觉得有几个问题需要先向读者说明。

　　一、顾名思义，所谓"文物中国史"，是以文物为线索来讲述中国历史，这当然与一般主要依据文献史料讲述历史的著作不同。文物是历史文化遗存，每一件文物都蕴含着丰富的历史信息，是历史的实物见证，或称物化的历史。透过文物，我们可以更真实地感受历史。所以阅读这部《文物中国史》，要比读一般的历史教科书更生动，对许多重要历史问题的体会也会更深刻、更切近真实，因而也更适合青年人阅读。这是我们编撰本书的原因。

　　二、本书的作者都是在博物馆工作的专家，有着比较丰富的文物展览工作经验。所以，我相信读者读这部书，会有走进一座恢宏的历史博物馆的感觉。精心选择的、优美的典型文物图像，附以简练的文字介绍，使读者既可以了解历史，又可以领悟与欣赏文物，增加许多文物知识。这应该是本书最突出的特点。当然，据我所知，类似的著作在中国内地、香港以及日本都出版过，体例并非本书首创，但是由于本书作者们均具有博物馆专家、学者身份，故而本书在文物选择之得当与诠释之准确方面，应该是同类书很难达到的。

　　三、本书虽不属于学术专著，但是，从将文物、考古资料与历史文献结合，通过文物去研究、阐释历史方面看，本书显然具有较强的学术性。我认为，以文献研究为主的历史学只能称为狭义的历史学，如何将其更好地与考古学相结合，使二者真正成为历史科学研究的双翼，这个问题虽已开始受到历史与考古学界的重视，两种学科的交流、融合也不断产生着新的成果；但是目前大学历史学科的教学内容与教学方法，似仍未能充分重视从文献史学与考古学两个方面全方位地培养学生，从这个角度看，本书对于促进历史学科教学的发展，特别是进一步合理化、科学化是有裨益的。

四、作为一部带有一定通史性质的著作，尽管是以文物为主述线索，仍需要有自己科学的体系，使读者能够看到中国历史发展的一个较系统、较完整的过程。这是我们在确定这部著作体例时十分注意的。要保证体系的科学性，一个首要问题是历史发展阶段的划分。在这个问题的处理上，本书没有采取以往较常用的以原始、奴隶、封建社会等经济社会形态名称划分中国古代史发展阶段的做法。这首先是因为这种较传统的划分方式，固然有其理论依据和合理成分，但近年来中国史学界众多学者本着实事求是的原则，对中国古代经济形态的发展做了更深入的探讨，并与世界范围内其他古代文明发展历程进行比较研究，对这一问题已经有了许多新认识。而且，社会历史阶段的划分，应是由各段社会形态特点的差异来决定的，仅以经济形态的一些变化来划分并以这些名称来概括也是不完全的。社会形态的划分，应综合考虑经济基础与上层建筑两个方面。中国古代社会长时间处于独特的地理、自然、人文环境中，其发展在总体上符合人类社会发展的某些共同规律，但同时又有许多自身的特点。鉴于中国古代文明作为世界几大独立起源的文明之一，尤其是其从未间断过的悠久历史、广阔的地理分布，与在世界文明史中所产生的重要影响，中国古代社会形成与发展的历程，无疑应该被视为人类社会发展的重要模式之一。所以，关于中国古代史科学的分阶段、分期问题应该从这一高度做更深入的研究。本书以分卷的形式，每卷包括中国历史上一个时段。虽然并非是对中国古代史做上述意义的分期，而只是从本书编撰方便出发设计的，分卷亦即分时段仍尽可能吸收了史学界与考古学界的多年研究成果，充分考虑了中国古代社会发展的阶段性特征。对于中国古代历史，以若干王朝相聚合为一历史时段，与纯粹的王朝体系是不同的。被归为同一时段亦即同一卷的历史时期，在社会经济与政治形态、社会结构及思想文化发展方面均大致有其可以区别于其他时段的特点。

五、本书虽带有一定的通史性质，但是是以典型文物为线索展开叙述的，文字也要求简练。这样就不可能在每一卷中都像通史著作那样，对政治、经济、文化及事件、人物等都叙述得那么系统、详备，而是要突出时代特色，在叙述清楚各时段历史背景与社会发展的基本脉络以及重大历史事件、重要历史人物的基础上，注意选择本阶段中那些最能体现社会进展，对中国历史进程乃至对整个世界文明史有较大影响的内容展开叙述，并不要求面面俱到。希望通过这样的编撰方法，使读者能够在熟悉文物的同时，对中国古代历史发展的阶段性特点与基本内容有一个较清晰的印象。

六、作为以文物为线索来展述历史的著作，最理想的是所要叙述的每个重要史实，皆有典型文物来体现。本书虽致力于此，但显然难以完全做到。所以采取了如下方式，即凡史实能与文物结合、有典型文物表现的，即多着笔墨，以合乎本书之主旨；而无文物可表现之重要史实，则出于上述通史体例要求而必有所交代，但行文则略为简短。

说明了以上几点，相信会有助于读者理解本书的内容。专家、学者们一般都有体会，写稍普及的著作其实更难，既要将专业知识用较通俗流畅的语言表述出来，同时又要准确、深刻，所谓深入浅出，实非易事。本书各卷作者致力于此，为能使读者满意，已花费了相当的精力，但不尽理想之处与疏误仍在所难免，我谨代表本书编委会与作者诚恳地期待着读者的批评、指教。

朱凤瀚

二○○三年十一月五日

目　录

第一章

夏王朝

在中国历史文物陈列长廊中，当你跨越原始社会与阶级社会交界处时，斑驳的青铜锈色就逐渐取代了古朴的陶风，一件件装饰着神秘纹饰的青铜器会给你留下极其深刻的印象。上层贵族社会与普通平民生活明显的等级差别显示，历史已进入国家与文明社会。此刻，你开始迈进中国历史的"青铜时代"。

中国的文明时代开始于夏代。今天，人们在东周时期青铜器铭文中，依然可以看到"夏"字，东汉学者许慎在《说文解字》中，把"夏"解释为"中国之人"。翻阅中国古代文献，在《左传》、《史记》、《吕氏春秋》等古书中不难看到一些弥漫着神话色彩的有关夏王朝的传说故事（其中以西汉司马迁撰写的《史记·夏本记》记载较为详细），如果把这些故事按时间顺序排列，可以依稀勾画出夏王朝发展的大致轮廓。

第一节　夏王朝传说

一、大禹治水

按《尚书·尧典》、《史记·夏本纪》等古代文献记载，在帝尧统治时期发生了一次大的洪水灾难。滔天洪水泛滥，淹没地域广大，经历时间很长（有人计算达二十二年之久），给当时人们的生产和生活造成

青铜器秦公簋铭文所见"夏"字

二里头文化陶鼎

夏代

1973年河南偃师二里头遗址出土

口径20.5厘米，通高20.5厘米，重1.72公斤

《史记·夏本纪》关于夏禹世系的记载

了很大的危害。

帝尧在征求"四岳"（官职名，总领四方诸侯之事）的意见后，接受了他们推荐的人选，决定任用崇伯鲧治理洪水。鲧采用堵水的方法治理了九年，结果以失败告终，被帝尧（或说继承其位的帝舜）处死于羽山。后来，舜委派鲧的儿子禹治理洪水，禹改堵水为疏导，取得了显著的效果。

大禹治水十三年，劈山导河，到过许多地方。在治水过程中公而忘私，以至于多次路过家门都不入，最后终于平息了洪水。禹凭借着这样辉煌的功绩赢得了众多氏族部落首领的拥戴，取得了部落联盟领袖的地位，立国号夏后（后，即君），姓姒氏，建立了夏王朝。

有关大禹的事迹在西周青铜器豳公盨、春秋时期秦国青铜器秦公簋铭文和汉代画像石上均有所记载和表现。今天，人们依然能够从中国的一些地名，比如龙门、三门峡、三峡，或者娶涂山女为妻、河伯赠送治水的河图、伏羲赠送度天量地的玉简等神话传说故事中感受到距今约四千年之遥的大禹治水的史影。

金文所见禹写作"𠨭"（豳公盨）、"𠨭"（禹鼎）或"𥝝"（秦公簋）。汉代许慎在《说文解字》中把禹解释为"虫"，他的这一看法对后世学者产生了很大影响。即使在今天，仍然有学者认为大禹是传说中的天神或大鱼。

文献中有关禹的事迹记载相对比较多一些，主要表现为治水、禅让继位和军事征伐三方面内容。那么，应当如何看待和理解大禹治水及建立夏王朝这样的传说故事呢？

有一本专门记载周代礼仪制度的古书叫做《礼记》，其中《礼运》篇描述禹以前为"大同"之世（即原始社会），其社会特征是："大道之行也，天下为公，选贤与能，讲信修睦。故人不独亲其亲，不独子其子，使老有所终，壮有所用，幼有所长，矜、寡、孤、独、废疾者皆有所养。男有分，女有归。货恶其弃于地也，不必藏于己；力恶其不出于身也，不必为己。是故谋闭而不兴，盗窃乱贼而不作，故外户而不闭，是谓大同。"而禹以后为"小康"之世（阶级社会），即："今大道既隐，天下为家，各亲其亲，各子其子，货力为己，大人世及以为礼，城郭沟池以为固，礼义以为纪。以正君臣，以笃父子，以睦兄弟，以和夫妇，以设制度，以立田里，以贤勇知，以功为己。故谋用是作，而兵由此起。禹、汤、文、武、成王、周公，由此其选也。此六君子者，未有不谨于礼者也。以著其义，以考其信，著有过，刑仁讲让，示民有常。如有不由此者，在势者去，众以为殃。是为小康。"这段文献记载表明，大禹时期社会形态由"大同"社会向"小康"社会发生转变。导致这种变化的根本原因是原始社会晚期社会生产力水平的发展、剩余产品和财富的增多、部落首领权力的日益增加和社会阶层的逐步分化。

值得注意的是，有关考古学材料亦与原始社会晚期文化遗存中普遍存在的城堡和环壕设施，以及各种洪积迹象与《史记》、《尚书》、《墨子》等文献记载相符合。一些学者将这一时期发生的大洪水，看作不同地域原本高度发展的古代文化在即将迈进文明门槛时刻突然失落的主要原因之一。

文献所见禹治水活动足迹遍及的黄河、长江中下游流域广大地区，被称作"禹迹"或"禹域"。今天人们依然可以在山西、湖南、浙江等地看到与大禹有关的名胜古迹，比如山西河津西北的禹门（也叫龙门）、湖南衡山禹碑、浙江绍兴禹陵。大禹治水活动所涉及的地域，被人们视作探索早期夏文化的重要线索。考古发现在四川、陕西、山西、河南、河北、山东、安徽、浙江都不同程度地存在与夏文化有某种相似的文化因素，这一现象正是夏文化与周邻地区文化不同程度地发生直接或间接交流的反映。

事实上，治理如此巨大的洪水远非单个氏族力量可以完成，大禹治水成功应当是联

大禹治水图

汉代画像石

大禹因在治水中表现出吃苦在前、享受在后、公而忘私的美德，被后人尊为大圣，立社祭祀。在山东嘉祥武梁祠东汉时期的画像石上，保存有一幅大禹治水的画像。画面上的大禹头戴斗笠，手持耒耜，与文献有关大禹治水的记载相符合。

合不同地域氏族部落共同与水患作斗争的结果。这种超越原始社会氏族血缘关系和地缘政治的联合是国家产生的前提。禹因治水有功而声望大增，博得众多部落首领的拥护，终于继舜之后登上了王位，拥有召集诸侯会盟和掌握军队、刑法等公共权力。这些权力使夏王朝国君禹可以凭借盟主的身份召集各地诸侯盟会，并且有权处置不轨的诸侯。比如《左传·哀公十年》记载：禹在建立夏王朝之后，为了确认和维护王权，在涂山（关于涂山的地望，学术界有安徽怀远、宣州、宣城、濠州、凤阳，浙江会稽、绍兴，四川渝州、巴县，河南嵩县等不同说法）召集各地诸侯会盟，奉召前来参加大会的大小诸侯国数以万计。《国语·鲁语下》中还记载：一次，禹在会稽召集各地诸侯举行祭神大会，防风氏首领因迟到而被视为藐视王权，遭到诛杀。

　　禹最终建立的夏王朝，多数文献归于其治水成功受舜禅让的结果，但也有文献（如《韩非子》）认为是用暴力形式完成的权力交替。考古学则以中国原始社会晚期诸考古学文化不同程度出现明显的等级分化和武器、防御工事发达的事实，显示当时暴力已经成为解决分歧最经常使用和最为有效的政治手段，从而不支持"禅让说"。文献记载禹以铜制作兵器，并用装备青铜武器的军队征伐"有苗"族和曹魏之戎。为了维护王权，还制定了"禹刑"。文物与考古材料显示夏文化分布、影响地域之广袤，内部等级差别之强烈，大体符合恩格斯提出的科学意义上的国家应具备"按地域划分子民和公共权力的设置"两项标准，由此判定夏王朝是中国历史上第一个王朝国家。

　　需要注意的是，夏代直接从原始氏族社会演进而来，原始氏族与夏代的氏族有着一

青铜器燹公盨及铭文
西周时期
保利艺术博物馆征集
高11.8厘米，口长24.8厘米
铭文10行98字，内容涉及大禹治水的史实。

脉相承的关系。作为夏代方国部落的大量氏族，与夏王朝之间存在着封建的关系。据《史记·夏本纪》记载："禹为姒姓，其后分封，用国为姓，故有夏后氏、有扈氏、有男氏、斟寻氏、彤城氏、褒氏、费氏、杞氏、缯氏、辛氏、冥氏、斟戈氏。"经过封建之后的方国部落，便在社会组织上成为以夏王朝为盟主的方国联盟的成员。夏王朝在分封的同时大量灭国，《吕氏春秋·用民》说，从"当禹之时，天下万国"，"至于汤而三千余国"，所灭掉的氏族数量相当可观。《国语·郑语》记载的"董姓鬷夷、豢龙，则夏灭之矣"，就是其中的一例。经过分封的氏族成为夏王朝统治的基础，许多氏族担负着夏王朝所委派的任务。如羲氏、和氏为夏观测天象以制订历法，周族的先祖曾为夏的农官以主持稼穑之事，封父是专门为夏制作良弓的部落，夏朝车正奚仲为善于造车的氏族首领，商族的首领冥为夏的"水官"而担负治水事宜。夏代的封建不仅具有政治方面的内容，而且还标志着夏王朝与方国部落间经济关系的建立。《尚书·禹贡》中的"中邦锡土姓"所表示的封建与"厎慎财赋"所表示的赋税征收，就是关于夏代封建与贡赋关系的一个重要记载。夏王朝与其所封建的方国部落之间的这种经济关系，是原始氏族社会演进为夏代的氏族封建制社会后的新形态，表

二里头文化涂朱石璋

夏代

1980年河南偃师二里头遗址出土

长54厘米，最宽处14.8厘米

璋是古代朝聘、祭祀、丧葬、发兵时用以表示瑞信的器物。

明封建的生产关系已经由萌芽状态渐趋成熟。夏代的赋税制度"贡"，虽然其间没有太多的强制成分，是由民众自动地将其收成的十分之一交给贵族，但贡法毕竟作为新的赋税制度出现了。作为一种新的社会制度，夏代的氏族封建制开中国封建社会之先河，对其后的商、西周两代的社会演进产生了重大影响。

　　夏王朝的建立在中国历史上具有划时代的意义，标志着科学意义上国家的诞生，社会迈进了文明与青铜时代，中国历史从此揭开了阶级社会的序幕。

二、启家天下

传说禹治水时曾经娶涂山女为妻。《淮南子》载，有一次，禹在轩辕山（位于河南偃师东南）化作一头黑熊凿山开路，为其送饭的涂山妻见状因受到惊吓而化作石头。在禹的恳求下，石头破裂处生出儿子，故名启。至今在河南嵩山还保存有"启母石"遗址，供游人怀古。

文献关于启的故事有杀伯益、甘之战、钧台之享、武观之乱等。

所谓"杀伯益"是指东夷族首领伯益与启争王位而被杀。伯益，又写作柏翳。史书记载，他曾经与禹共平水土，治理洪水。据说他还擅长调驯禽、兽，发明了水井，可见他的功劳业绩远远超过了启，因此很有可能被众多部落首领拥戴为盟主。在这种形势下，禹也有意传位于伯益。这样就对启继承王位产生了严重威胁。这大概就是《楚辞》所记"启代益作后"和《古本竹书纪年》所说"益干启位，启杀之"的原由。启杀伯益，从此开始了夏王朝家天下的传子世袭制度。

启用武力继承了夏王朝的王位后，遭到维护旧传统、反对家天下的有扈氏的抵制。于是启就亲自率领军队讨伐有扈氏，双方在甘地（学术界探讨甘地所在地望涉及陕西户县境，河南原阳县境、洛阳西南、郑州西等不同地域）进行了一场大战，遂灭有扈氏。《尚书·甘誓》就是夏王启在甘地战前所作的动员令。这一故事反映了夏王朝初年，启为维护"家天下"王朝权力所做的努力。

而"钧台之享"则是指启在都城阳翟钧台（地望在河南禹州境内）大会四方诸侯，标志着夏王朝"家天下"统治至此确立与稳固。从此，启尽享"王"者威仪，开始沉湎于享乐之中。但是，启的日子并不平静，相传其子武观作乱，害国伤民，迫使启不得不诛杀武观，平定叛乱。

夏王朝始于禹还是启，目前学术界还存在不同认识。中国史学界关于夏王朝始于启的重要论据之一，是从启开始变选举为世袭，变传贤为传子，从而否定了具有民主性质的氏族制度。

三、夷人代政

依文献所见，夏王朝建立不久，就与生活在东方的夷族发生了冲突，启杀掉干预王位的伯益，就是夷夏冲突的反映。

启死，其子太康继位。太康即位后因沉溺于游乐而疏忽政事，引起了民众的强烈不

羿射十日图

汉代

河南南阳出土汉画像石所见

有关羿的故事，文献记载中羿为神话传说人物，最早因其善射而曾任帝喾射官，为一方诸侯。尧时曾受命上射"十日"，下射恶禽猛兽猰㺄、貐、凿齿、九婴、大风、封豨、脩蛇。传说美丽的嫦娥曾经是羿的妻子，因偷吃了西王母所赠的不死药而升天，独居月宫，这就是著名的"嫦娥奔月"故事。后来，羿被家臣逢蒙所害。

满。这就是《夏书·五子之歌》所说"太康尸位，以逸豫灭厥德，黎民咸贰，乃盘游无度，畋于有洛之表，十旬弗反"。于是，自钮（河南滑县）迁于穷石（地望有黄河以南的穷谷、山东德州、湖北英山等不同说法）的有穷氏首领后羿，乘机"因夏民以代夏政"，窃取了夏王朝的统治权。

另一次是寒浞之子浇灭夏后氏相，致使相子少康先流落于有仍氏，为其管理放牧；后投奔有虞氏，担任庖正一职。有虞氏首领虞思为少康娶妻，并把他安置在有可耕种的田地和劳动者的纶邑，伺机复国。后来，在夏遗臣靡的帮助下，少康集合夏族余众，消灭了寒浞及其子浇、豷，恢复了夏王朝的统治，这就是历史上所谓的"少康中兴"。

夷人在数十年时间内两次短暂地篡夺夏王朝的统治权，是反映夏王朝早期内政以及与周邻关系的重大历史事件。由于学术界多认为夷人活动的地望偏于夏王朝统治区域东方，所以经常将其与夏代东方有关文化相联系。不过，近年有学者提出后羿是夏王朝西方原始部落首领的论断。也有学者指出中原地区与周邻地区古代文化交往历史甚早，用来自东方古文化的因素与后羿代夏历史事件相联系的前提首先是年代必须在夏纪年内，其次必须与以二里头文化为代表的夏文化直接发生交往，否则不仅夷人代夏事件难以在东西方古代文化交往史中定位，而且还可能导致将不同性质的考古学文化混淆的后果。

四、孔甲乱夏

据史书记载，孔甲继位后因"好方鬼神"、"事淫乱"，导致"夏后氏德衰，诸侯畔之"，夏王朝从此走向衰落。史称"孔甲乱夏，四世而陨"。

文献所见夏王孔甲的故事主要有两个：

一个是根据《吕氏春秋·音初篇》记载。孔甲在东阳萯山的一次田猎中，因遭遇大风而走入一家民宅。于是当地人对国君光临的这户人家的儿子的未来前途分别作出"吉"或"殃"的预言。孔甲听说后，就带走了这个男孩子，并且告诉人们："他作为我的孩子，谁还敢伤害他呢？"后来这个男孩子一直长大成人都没有遇到祸事。不料有一次，风掀动了宫殿的帷幕，碰倒了一把仪仗用的钺，正巧砍断了这个孩子的一只脚，致使这个被国君庇护的人成为残废，只好做了看门人，这一结局应了当年"殃"的预言。孔甲有感于天命如此，遂创作了"破斧之歌"。这首歌被后来人们看作是"东音"的开始。

另一个故事见于《史记·夏本纪》。孔甲之时，天上降下一雌一雄两条龙，但孔甲却不知如何饲养它们。这时，已经衰败的陶唐氏后代有一个名叫刘累的人，曾经跟豢龙氏学过饲养龙的技术。孔甲就委托刘累饲养这两条龙，并且赐其姓为"御龙

二里头文化玉钺

夏代

1974年河南偃师二里头遗址出土

长11.3厘米，刃宽7厘米

钺就是大型的弧刃战斧。原始社会晚期就出现了用玉石制作的钺，成为权力的象征。汉字"王"的甲骨文和金文的字形即像钺。

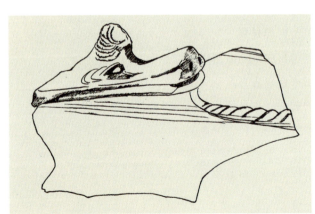

二里头文化陶器残片上的龙

夏代

1992年河南驻马店杨庄遗址出土

龙，自古为中华民族所尊崇，所有的炎黄子孙都把自己视作"龙的传人"。学者考证"龙"的原形动物有蛇、鳄，或是由蛇、鹿、鸡、马、鱼等不同动物组合而成。在二里头文化陶器上所见"龙"的形象与蛇非常接近。

氏"。后来，雌龙死了，刘累不仅隐瞒实情不报，反而将龙肉烹煮后献给孔甲吃，孔甲觉得味道十分鲜美。当不知底细的孔甲要求刘累再一次提供这种食物的时候，刘累因为害怕暴露实情而举族迁走了，据说逃到了河南西南部的鲁山一带。

五、桀奔南巢

当夏王朝传承到桀的时候，内外的关系都变得非常紧张。对外，夏王朝的军队兴师动众讨伐有施、有缗等氏族部落，对外战争的结果不仅使"天下离"，而且严重地消耗了夏王朝的实力。所以《左传·昭公十一年》记："桀克有缗而丧其国。" 对内，夏王桀沉湎于声色，不理朝政，不恤民之财力，大兴土木工程，建造"倾宫"、"瑶台"、"长夜宫"等宫殿，聚集天下珍宝、美女供他享乐。

然而，夏王桀对日益尖锐的内外矛盾却熟视无睹，根本听不进不同的意见。他任用奸臣干辛，囚杀进谏的大臣关龙逢。那么，是什么原因使夏桀如此执迷不悟呢？原来，他认为夏王朝拥有天下，就像天上有太阳存在一样合乎天意，除非太阳消亡了，他的王朝才会灭亡。百姓们因不堪忍受而大声疾呼："时日曷丧，予及汝皆亡。"大意是宁愿与太阳一起灭亡，这呼声强烈地表现出社会矛盾已经尖锐到了不可调和的地步。

当夏王朝面临有缗叛离、昆吾为乱、畎夷威胁西部边陲，大臣伊尹、费昌，太史令终古纷纷出逃的忧患形势之时，雄踞于夏王朝东方不远的商族领袖成汤却顺应时势，乘机联合包括东夷等古族西进，一举在"有娀之虚"（地望在山西运城一带）打败夏桀的军队，随后又在"鸣条"（地望有山西安邑西、河南封丘东等不同说法）彻底击溃夏桀的军队。战败的夏桀被放逐于南巢（地望在安徽巢湖），夏王朝至此灭亡。

根据《史记·夏本纪》的记载推知，从禹开始至桀，夏王朝共传十四世十七王，约四百余年，开创了中国历史上父死子继，附以兄终弟及的王朝世袭制度。

夏桀骑人辇图

汉代

见于山东嘉祥武氏祠汉代画像石

这幅图画描绘了夏王桀骑压在人身上，以人体为车辇代步的情景。

第二节　夏文化的探索

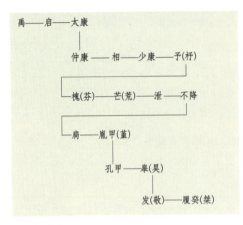

夏王朝世系表

中国古代文献记载，在商王朝以前还存在着一个夏王朝。这一观点长期以来为中国古代史学家确信无疑。然而到了近现代，一些学者对夏王朝存在的可信性产生了怀疑。目前，这些怀疑主要来自国外的一些学者，他们认为由于缺少文字证据，夏至多属于神话传说而不是历史事实。这样，有关夏王朝的历史研究就因关系到中国古代文明和国家起源这样重大的问题而具有十分重要的学术意义。

今天，中国从事历史学研究的学者几乎一致认为，在中国历史上的确存在着一个夏王朝。主要的依据是：在中国最早的文献《尚书》中就有关于夏的记载；周人较早的文献《诗经》以及东周时期的其他著作或西周、东周的铜器铭文中还具体提到了禹的事迹，西汉时期的司马迁根据他所掌握的材料写成的《史记·夏本纪》，还比较详细地记载了夏朝世系和历史；另外，甲骨文的发现使《史记·殷本纪》得到了印证，特别是《史记·殷本纪》中所记属于夏朝时期的商先公，其中一些也在甲骨文中得到了证明。据此判断，同出于司马迁之手的《史记·夏本纪》就决不会全属虚有。因此，他们相信夏朝在中国历史上是客观存在的史实。由于探索夏文化的学术意义重大，所以他们不辞劳苦，前赴后继地追寻夏王朝的文化踪迹。

一、方法途径

早在20世纪三四十年代，中国史学界就开始了探索夏王朝历史的尝试。当时学者主要是依靠文献资料来考订夏代都邑的地望，并且取得了一定的成就。比如认识到夏代早于商代，夏人活动范围主要在黄河中游地区等。但是，仅仅依靠十分有限的文献材料还无法有效地辨认出夏王朝时期以夏族为主体创造的物质文化遗存特征。那么，用什么方法去辨别和寻找夏王朝的遗存呢？

不管出于什么目的，当人们挖掘土地时，往往会发现一些古代遗留下来的痕迹和物品。只要人们能够正确释读这些沉默的古代遗存，它们就会真实地述说其所经历的历史。有人指出，要解决古史中的疑问，惟一的方法就是考古学。

20世纪初期，随着国外一批考古学家在中国开展考古调查与发掘活动和中国部分留学国外的学者的介绍，考古学的田野发掘和研究方法传入中国，并且取得了一系列的成就。其中，1928年至1937年对河南安阳殷墟的发掘可以看作是中国考古学诞生的标志。安阳殷墟考古发掘证明曾经作为传说的商朝历史是可信的，从而印证《史记·殷本纪》有关商王朝的记载基本上是可信的。从考古学文化中确认出商文化这一成功的例子，不禁使人们自然地想到：夏文化是否也能通过考古学找到呢？夏文化问题就这样在中国考古学上提了出来。

夏文化的探讨涉及到许多学科领域的知识。继历史文献学之后，古文字学、考古学、地理学、天文学、物理学等不同学科的专家学者，都不同程度地相继参与到探索夏文化的行列：从事文献学研究的学者更多地致力于对有关文献的可信性进行考证，结合有关文献记载对夏王朝所经历的绝对年代、夏族的迁徙、社会形态、信仰习俗、与周边方国古族的关系等问题进行研究；古文字学家通过对与夏、夏王或重要的地名有关的关键字进行辨识以求有所作为；考古学家根据有关历史文献记载提供的线索，通过对田野考古发掘获得的实物遗存材料的分析研究，对夏文化各个不同发展阶段以及与周邻相关文化的相对年代关系、有关文化特征和性质作出判断；地理学家除对与夏王朝重要历史事件有关的地望进行历史地理研究外，近来还更多对地貌环境予以关注；天文学家借助文献中记载的发生于夏王朝时期的重要天文现象，对"仲康日食"、"五星联珠"等天文现象发生的绝对年代进行推算；物理学家主要是运用测年技术对考古学提供的标本进行绝对年代测定。

多学科研究成果的互相参照，无疑为夏文化探索提供了更多的依据。1996年至2000年实施的夏商周断代工程的一个显著特征，就是对有关学术问题实施多学科联合共同探讨的方法。

文献记载中有关夏的活动线索涉及河南、山西、陕西、山东、内蒙古、安徽、湖北、四川、浙江等省区十分广袤的地域，年代涉及前23世纪至前16世纪约六百余年的跨度，在这样广阔的时空范围内分布着十多个不同的文化类型。为了有效地探索夏文化，有关学者必须最大限度地将夏文化确定在最可靠的时空范围内。因此，探索夏文化首先从三个方面着手研究：

首先是限定夏年范围。关于夏王朝所处的历史编年位置，以往中国历史教科书一般写作约前21世纪至前16世纪。近年来在夏文化研究中也有部分学者认为应在前23世纪至前17世纪。这两种意见都是根据文献中有关夏、商、周三代积年的记载，由两周之际的周平王于前770年东迁雒邑为基点向前推算出来的。由于文献中有关夏、商、周三代的各自纪年记载不同，所以推算出来的结果也不尽相同。由于后一说的推算多采用文献中所见三代纪年中较大数据，所以将夏王朝历史年代大约界定在前21世纪至前16世纪之间的说法比较稳妥。

关于夏王朝本身的年代跨度，文献记载有所不同，主要有《古本竹书纪年》等记载的471年（或472年），《路史》记载的483年，《帝王世纪》等文献记载的431年（或432年），《晋书·束皙传》记载的"夏年多于殷"等不同说法。

由于商王朝自汤至纣共历十七世三十一王，多于夏王朝的十四世十七王，所以夏年不可能多于殷。

有学者统计过，汉以后各王朝每位皇帝平均在位26年，故夏王朝十七王亦不大可能超过450年，以400余年为宜。

其次是限定夏人活动地域。按照先秦时期有关夏人活动地域的文献记载，除了《左传·襄公四年》较为笼统地说"茫茫禹迹，画为九州"外，还有一些对夏人活动地域的记载比较具体，如：

夏墟，《左传·定公四年》："分唐叔以大路……而封于夏虚，启以夏政，疆以戎索。"

大夏，《左传·昭公元年》："迁实沈于大夏，主参，唐人是因。""及成王灭唐而封大叔焉，故参为晋星。"《国语·晋语》也说："实沈之墟，晋人是居。"按照考古学所发现西周初期晋国始封地在山西南部的事实判断，这两地亦应在晋南。

有夏之居，《逸周书·度邑解》："自洛汭延于伊汭，居阳无固，其有夏之居。"表明河南西部地区伊、洛河流域是夏人活动地区。

由此看来，河南西部和山西南部属于夏人活动的主要地域范围，应当予以重视。

最后是在特定的时空范围内寻找相应的文化遗存。上面所列出的两个标准大大限定了探寻夏文化的范围，即只有符合分布于河南西部和山西南部地区，绝对年代在前21世纪至前16世纪之间，相对年代介于当地龙山文化和商代早期文化之间，符合这样条件的文化遗存，才能够成为夏文化探讨的对象。

二、探索历程

近现代中国学者探索夏文化的学术历程大致开始于20世纪三四十年代，主要是有学者在有关文献大致限定的地域范围内，根据当时已经发现的早于河南安阳殷墟的诸考古学文化中去寻找夏文化，先后提出过"仰韶文化是夏文化"和"龙山文化是夏文化"等判断。由于当时中国考古学刚刚起步，许多问题和认识都还没有解决。在这种情况下，当时主要由历史学者作出的"仰韶文化是夏文化"或者"龙山文化是夏文化"的推断，在今天看来，无论在年代或文化内容等方面都与有关考古学发现严重脱节。尽管如此，他们所作的这些探索工作是在古史与考古学结合研究方面迈出的新的一步，自有其意义。

20世纪50年代以来，中国考古学发展很快，各主要地域考古学文化体系的相继建立，促使有关研究不断深入。在中原地区所取得的成就中，最重要的一项，就是把河南龙山文化和殷墟晚商文化之间的空白填补了起来。这主要是通过两种考古学文化的发现完成的，即20世纪50年代在河南郑州二里岗发现的早于殷墟晚商文化的二里岗商文化遗存和在河南偃师二里头村发现的早于二里岗文化、晚于河南龙山文化而文化面貌又与两者不同的二里头文化。至此，中原地区河南境内从新石器时代中、晚期至商代考古学文化的发展序列，即仰韶文化—龙山文化—二里头文化—二里岗文化—殷墟文化就联系起来，基本上没有缺环。

在此基础上，中国科学院考古研究所的徐旭生先生，根据古代文献中所记夏人活动地域多集中于河南西部和山西南部这一线索，于1959年在这两个地区进行了一次夏墟考古调查工作。通过调查，徐旭生先生不仅明确指出豫西和晋南是探索夏人活动的具体范围，还根据"当时的中国远非统一，夏后氏或部落活动范围相当地有限制"这样的特征，提出"从它的活动范围内去研究夏文化的特征，用文化间的异同来作比较，就渐渐地可以找出夏氏族或部落的文化特点"的认识。这一见解对于如何辨认夏文化特征具有特别重要的指导意义。

20世纪70年代，在河南登封告成镇王城岗发现了一座属于河南龙山文化时期的古城址，因附近不远处阳城遗址出土东周时期"阳城"陶文与文献记载"禹都阳城"有所联系，从而引起了国内外学术界的热切关注。为此，1977年11月，国家文物局组织有关专家学者在河南登封召开了"河南登封告成遗址发掘现场会"。这次会议的主要议题是对夏文化展开讨论，从这一意义上讲，可以说这是中国第一次夏文化学术讨论会。在这次会议上对夏文化概念作出的初步界定和公认二里头文化部分遗存是夏文化，标志着夏文化探索从此进入了一个新阶段。

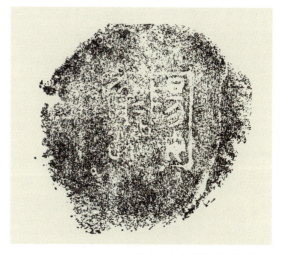

陶器豆盘内"阳城仓器"陶文
战国时期
河南登封阳城遗址出土

三、主要收获

（一）二里头文化——寻找夏文化的重要线索

1959年徐旭生先生调查夏墟时，一个十分重大的收获就是在河南偃师发现了二里头遗址。徐先生当时就据其规模之大判断它应是一处大都会，后来的考古发现证实了这一推断。

二里头遗址位于河南偃师二里头村及其周围自然村落。遗址面积约4平方公里，已经发现有大型宫殿基址群、铸铜遗址、墓葬、灰坑等重要遗迹，还有上层贵族社会使用的铜器、玉器、漆器、陶瓷器，宗教活动使用过的卜骨，生产工具石器、骨器、蚌器等重要遗物。这些遗存告诉人们，二里头遗址不是一般的聚落遗存，而是一处曾经拥有辉煌历史的都邑。

与二里头遗址同类的遗存于1953年在河南登封玉村、郑州洛达庙发现，1954年又在洛阳市东干沟等遗址发现，最初曾被称作"洛达庙类型文化"或者"东干沟文化"。后来随着这一类遗存的不断发现、文化面貌日益清晰，鉴于它的年代介于郑州早商文化和当地的河南龙山文化之间，而且又独具特征，夏鼐先生于1962年在《新中国的考古学》一文中，以最具代表意义的二里头遗址正式命名为"二里头类型文化"，就是今天学术界常说的"二里头文化"。

在明确了二里头文化主要是指以河南偃师二里头遗址为代表的一类物质文化遗存以后，就需要辨明它与夏王朝有什么联系。经过多年的考古工作实践，考古工作者初步认识到二里头文化的主要特征是：作为生活用具中的陶器以灰色为主，在用作炊器的陶器胎中多掺和有沙粒，主要是为了避免加热时因热胀冷缩而导致破损现象发生。在陶器上常常可以见到拍印绳纹装饰，流行鸡冠耳饰和花边口沿，模仿绳索的箍状泥条堆纹比较发达，以底部涂泥的夹砂圜底罐和鼎为主要炊器。食器常见豆、三足盘，盛水器有盆、大口尊，酒器则有爵、盉，另外还有内壁刻槽的澄滤器等，这些构成了二里头文化的代表性器物群。

遗迹中多见规模大小和用途不同的房址、不规则形锅底灰坑、长方形土坑墓葬等。二里头文化编年位置，大体介于郑州早商文化和河南龙山文化之间。综合参照二里头文化自身的文化堆积厚度，遗迹、遗物的阶段性特征变化和有关碳－14测年数据分析，推断二里头文化延续时间大致应在四百年左右。迄今为止已经公布的二里头文化遗址达二百多处，主要分布在山西南部、陕西东部、河南大部分地区，以及湖北西北地区。这一分布态势与文献记载中的夏王朝以及十一个妵姓方国的分布地域基本相合。目前考古学家把二里头文化分为四期，大体代表了二里头文化形成、发展、繁盛、衰落的全过程。根据有关碳－14年代测定数据，二里头文化绝对年代在前2000年至前1600年范围内，与夏王朝的起止年代大体一致。

在二里头文化分布区域内，不同地理单元的文化又不同程度地表现出地方特点。因此，学术界又按照分布地域的不同在其内部划分出若干类型。

二里头文化分布的中心地区是以河南偃师二里头遗址为代表的二里头类型，主要分布于嵩山南北的伊、洛、颍、汝地区，这里是夏王朝的中心统治区。

西北方向是以山西夏县东下冯遗址为代表的东下冯类型，主要分布在晋南地区。这一带正是文献记载"夏虚"和"大夏"位置所在。另外，东下冯类型从南向北的发展趋势，从考古学上印证了"启征西河"、"胤甲即位，居西河"的夏代史实。不过，也有学者认为东下冯类型不属于二里头文化。

西面有以陕西华县南沙村遗址为代表的遗存，有学者称之为南沙村类型，集中分布在关中东部的华山周围地区。南沙村类型在承袭当地龙山文化时期遗存因素的基础上，受到二里头类型和东下冯类型的强烈影响而形成。夏王朝分封的姒姓方国彤城氏，大致在这一地域范围内活动。南沙村类型的发现，从考古学上证明了夏文化在陕西东部的存在。

二里头文化陶三足盘
夏代
1988年河南密县曲梁遗址出土
高12.4厘米，径22厘米

二里头文化陶刻槽盆
夏代
1988年河南密县曲梁遗址出土
高18.1厘米，口径18.3厘米至19.5厘米，底径10厘米

西南方向有以河南淅川下王岗遗址为代表的遗存，有学者称之为下王岗类型，主要分布于豫西南、陕西商洛地区和鄂西北地区。下王岗类型继承部分当地龙山文化时期遗存因素，受到南下的二里头类型的强烈影响而形成。豫西南、鄂西北地区本属"三苗之居"，禹平定三苗之后成为"夏人之居"。这一地区的"夏人"，有可能是

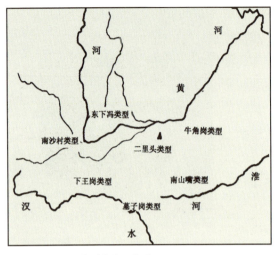

二里头文化主要类型分布示意图

姒姓方国有男氏。下王岗类型的发现，从考古学上证明了这一地区在夏代是"夏人之居"。

东面有以河南杞县牛角岗遗址为代表的牛角岗类型，主要分布于豫东地区。

南面有以河南驻马店杨庄遗址为代表的遗存，主要分布于豫东南淮河平原汝河流域，最大时代跨度在二里头文化二期至四期之间。以河南信阳南山嘴遗址为代表的南山嘴类型，分布于淮河上游两岸。以湖北枣阳墓子岗遗址为代表的墓子岗类型，主要分布于桐柏山南麓、随枣走廊北缘一带。目前所见标本时代大致相当于二里头文化三期。

随着二里头文化材料的不断丰富，学术界在其分布范围内按地域特征和文化层次可能划分出更多的型、类型或亚型。事实表明，二里头文化的分布以伊、洛、颍、汝地区为中心区域，向周边扩展的趋势随时代进展有所变化，反映出二里头文化的兴衰变化态势。

20世纪50年代末至60年代初，已有一些学者认为二里头文化是探索夏文化值得注意的线索，甚至还具体指出二里头文化早、中期属夏文化，但这一重要意见却没有引起学术界足够的重视。当时比较有影响的意见认为这里是商代早期的都城，即汤都西亳。这种意见既有文献支持，又有考古发现的宫殿基址材料为证，因此十分流行。这种认识一直维持到1977年第一次夏文化讨论会时才有所改变。

随着有关二里头文化材料的日益丰富和研究的不断深入，逐渐形成了两种代表性意见：一种意见认为，二里头文化早、晚期之间发生了巨大变化，二里头文化早期是夏文化，晚期属早商文化。二里头文化晚期出现的宫殿是商汤灭夏后所建都城西亳，是夏、商改朝换代的标志。另一种意见认为，一支考古学文化属性只有时代变化而无性质变化，否则不能用同一考古学文化命名，因此二里头文化性质要么属夏，要么属商，两者只能取一。根据二里头文化分布、年代及其独立的文化特征判断，二里头文化是夏文化。

两种意见相持不下，但有一点值得肯定，就是双方都认为二里头文化早期为夏文化，这对于夏文化探讨来说是一个很大的进展。1999年11月，夏商周断代工程在河南郑州、偃师组织召开"夏、商前期考古年代学研讨会",与会的绝大多数学者在参观比较了相邻不远的二里头遗址和偃师商城出土遗物之后,基本认同"二里头文化是夏文化"的学术观点。不过部分学者对"二里头文化是夏文化整体"的观点存在不同看法。比如在关于夏文化下限的讨论中,部分学者认为二里头文化第四期的绝对年代已经进入商纪年,所以二里头文化第四期应是商灭夏以后夏遗民的文化遗存;在有关夏文化上限的讨论中,部分学者认为二里头文化一至四期不能囊括夏文化的整个时段,二里头文化只是后羿代夏以后的中、晚期夏文化,最早的夏文化(即夏文化的上限)要在豫西地区河南龙山文化晚期遗存中去寻找。目前,有关讨论仍在继续进行。

二里头文化的分布地域与文献所记夏人活动地域主要在豫西和晋南相符,而且文化编年位置大体介于原始社会末期的当地河南龙山文化和郑州早商文化之间,本身延续长达四百余年,与文献所记的夏纪年相接近。据此学术界一般认为这很有可能就是人们寻找的夏文化,有的学者甚至直接称其为"夏文化"。

(二)夏代重要地望的限定

《左传·襄公四年》有"芒芒禹迹,画为九州"的记载,在《尚书·禹贡》中可以比较具体地了解所谓九州,即冀州、沇(同兖)州、青州、徐州、扬州、荆州、豫州、梁州、雍州的地理概况。从其中描述的地理形势和风物习俗判断,九州大致可以覆盖北抵河北境内,南面至长江流域,西北方向可进入陕西与甘肃境内,西南方向进入川渝,东南方向可达江浙沿海地区,东面包括山东这样一个幅员辽阔的地域范围。这一广大地域不仅包括夏王朝直接管辖的地区,还应包括夏王朝影响的地区。

因为需要进一步探讨夏王朝直接控制的区域,并且与夏王朝时期发生的重大历史事件相联系,学者们还十分注意对文献所记夏王朝都邑所在地望进行考证。文献所见夏王朝都邑的地望较九州小了许多,主要集中在河南和山西境内,也少量涉及山东和陕西。

禹都:阳城,地望涉及河南嵩山、开封,山西翼城、晋城等地;阳翟,地望在河南禹州;平阳,地望在山西临汾;晋阳,地望在山西太原;安邑,地望在山西夏县。

太康所都:斟寻,地望涉及河南巩义、山东潍坊等地。

相都:商丘,地望在河南商丘;帝丘,地望在河南濮阳;斟灌,地望涉及山东寿光、潍坊、观县、安丘,河南范县。

少康所都:纶,地望涉及河南登封、商丘,山西万荣。

杼都:原,地望在河南济源;老丘,地望在河南陈留。

胤甲所都:西河,地望涉及陕西东部、山西西部和南部、河南北部古黄河以西。

桀都:斟寻、安邑,地望涉及河南巩义和山西夏县。

寻找夏代都邑，如果不拘泥于文献记载的某一具体地点，而把视线放宽一些，可能对判断夏王朝都邑所在地望有所帮助。根据西周初年武王所说"自洛汭延于伊汭，居阳无固，其有夏之居"，《国语·周语上》记载伯阳父所说"昔伊洛竭而夏亡，河竭而商亡"等资料，判断洛水一带是夏王朝的政治中心是没有多大问题的。河南洛阳至偃师伊水和洛水交汇地带发现的夏代遗址，分布十分密集，应该就是文献记载的"有夏之居"，其中面积最大并拥有王室重器的遗址就应当是夏代都邑遗址。

　　位于洛阳平原中部的偃师二里头遗址，就是这样一处夏代都邑遗址。它北临洛河，南距伊河约4公里，面积约为400万平方米。中部为宫殿区，已发现夯土基址数十座，总面积达8万平方米。其中1号宫殿基址，台基近正方形，边长约100米，面积约1万平方米。台基中部偏北处有正殿，四周有廊庑，南有门道，中为广庭，整体布局宏伟壮观。这是二里头文化目前已发现的最大的一处宫殿基址，其正殿可能就是《周礼·考工记》所说夏后氏世室。另外在宫殿区的四周，还设有冶铸铜器、烧制陶器、制作骨器的手工业作坊，其间有道路网络连通，形成一个以宫殿区为中心的拱卫布局。据此推测，《周礼》所记述的古代宫室营建制度，至少在二里头文化时期就已经具备雏形。

　　二里头遗址出土的遗物，也可以反映出该遗址的性质。二里头文化之所以被学术界公认为中国最早的青铜文化，主要是二里头遗址出土了一批铸造工艺水平相当高的青铜器，如鼎、爵、斝、盉、戈、戚、镞、凿、锛、锥、鱼钩、刀、刻刀、钻、铜铃、铜泡、镶嵌绿松石的圆铜牌、镶嵌绿松石的铜牌饰、圆铜片等。这些精美的青铜器在二里头文

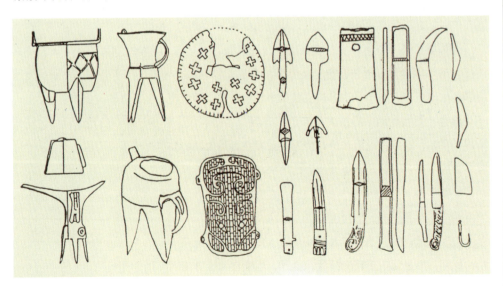

二里头文化铜器群
夏代
河南偃师二里头遗址出土

化的一般遗址中罕见，足以证明二里头遗址的等级是夏文化遗址中最高的，其作为夏代都邑遗址的地位是无可争议的。

另外，二里头遗址还出土了许多精美的玉器，如圭、璋、钺、戚、戈、多孔刀等，在二里头文化一般遗址中均少见。

目前，学术界根据二里头遗址不同时期遗存演变特征，区分为四个时期，代表了二里头文化四个连续的发展阶段，历时约四百余年，表明二里头遗址作为夏代都邑延续使用达数百年之久。从考古年代学角度分析，这一遗址不可能仅仅是夏代某一王的都邑。

同样地，分析二里头文化分布区域和诸二里头文化遗址的规模并参照有关文献记载，对于探讨夏王朝诸都邑的地望无疑会起到推动作用。

目前公布的二里头文化遗址达二百余处，多分布于河南境内、山西南部地区、陕西东部和湖北北部。依据各遗址规模不同，大致可以分为五个等级。

二里头文化青铜牌饰
夏代
1981年河南偃师二里头遗址出土
长14.2厘米，宽9.8厘米

一级：面积在150万平方米以上，拥有宫殿建筑、铸铜遗址、大型墓葬和成套礼器等重要文化内涵。目前所见惟有河南偃师二里头遗址符合。本级遗址规模宏大，文化内涵丰富，判定非夏王朝首都莫属。

二级：面积在50万至100万平方米，拥有精美的青铜、玉礼器。此类遗址在二里头文化一至三期时，只见于河南西部的嵩山—伊洛地区。本级遗址规模较大并有重要遗迹现象发现，判断应属于夏王朝的陪都或重要城邑。

三级：面积在20万至50万平方米，并有铸铜遗址和精美礼器发现。符合这一规模的遗址在二里头文化一期时，只见于河南西部嵩山—伊洛地区；二里头文化二期时，已出现于山西南部地区；二里头文化三期时，在陕西东部也有发现；二里头文化四期时，多集中于山西南部和河南荥泽地区。本级遗址规模较大并有重要遗迹现象发现，判断应属于夏王朝具有不同功用的重要城邑。

二里头文化三孔刀

夏代

河南偃师二里头遗址出土

背长40.2厘米，刃长52.3厘米，宽9.8厘米至10厘米

　　四级：面积在15万平方米左右，有冶铸迹象和精美礼器发现。符合本级标准的遗址较多，除二里头文化一期时只见于河南西部嵩山——伊洛地区外，二里头文化二至四期在几乎河南全境、山西南部及陕西东部、湖北北部都可见到。本级遗址具备一定规模且有较为重要迹象发现，判断应属夏王朝一般城邑或聚落中心。

　　五级：面积在10万平方米以下。本级二里头文化遗址较多，分布较广。因遗址规模较小且文化内涵多与一般社会生活有关，判断属于夏王朝普通聚落。

　　以二里头文化遗存分布范围为标准，可以将文献所记夏王朝早期都邑禹都阳城、阳翟和太康所都斟寻的地望限制在豫西地区嵩山——伊洛平原，在规模至少在三级以上的二里头文化遗址中去寻找，探寻地域范围因此大大缩小。

　　同样，可以将文献所记夏王朝都邑大夏（夏墟）、相所居商丘、帝丘、斟灌，少康所居纶，杼所居原、老丘，胤甲所居西河，在排除山东和河南北部后，在二里头文化分布区内各不同地域相应规模的二里头文化遗址中对照寻找。

　　结合有关文献记载和考古学发现，可以对夏王朝都邑得出如下三点认识：

　　第一，位于伊洛平原上的偃师二里头遗址二里头文化遗存以超常的范围、特有的文化内涵（大规模宫殿建筑和铸铜遗址、精美礼器和兵器）和绵延数百年不断的发展，显示其作为夏王朝统治中心的地位始终未变。联系文献有关自禹至太康与唐虞皆未易都城，太康、羿、桀延续居斟寻，以及夏桀之居"左河济，右太华，伊阙在其南，羊肠在其北"的记载，可判断夏王朝首都在伊洛平原，偃师二里头遗址是具体位置所在。

　　第二，夏文化分布区域内具有三级规模的二里头文化遗址，以其显著的范围、重要的文化内涵（如铸铜遗址和精美礼器、兵器）显示其居于夏王朝重要都邑（或陪都）的地位。文献涉及夏文化分布区内诸多所谓夏都，其中有些应是夏王朝根据形势需要设置的具有不同功用的城邑。

第三，文献所见超出夏文化分布区的夏都，至多可视为此地曾与夏王朝发生过某种程度的联系，也有可能是后人的附会。

1996年启动的夏商周断代工程，经过多学科联合研究，最终在2000年10月公布的年表中，把夏王朝的绝对年代规定在前2070年至前1600年，这一阶段性成果可以看作夏年研究领域中的一种新观点。

四、前景瞻望

经过许多专家学者的努力，有关夏文化的探讨已经取得了很大的进展。在今后的夏文化探索中，有关学者还应对下列理论问题给予更多的研究和讨论，以统一认识。

1. 确立国家与文明的标准。近二十多年来，国际学术界在研究人类早期政治组织问题时，已经普遍使用"早期国家"这个概念。由克烈逊和斯卡尔尼等人撰写、于1978年出版的《早期国家》，是这方面的代表性著作。一般认为，人类最早形成国家是在西亚和北非，西亚在美索不达米亚（两河流域）南部产生了苏美尔国家，北非在尼罗河下游产生了埃及国家。根据考古学年代的测定，两者出现国家的时间都可上溯到前3500年。这两个地区最初形成的国家都是一些小国，被称之为"城市国家"。

中国早期国家的探索是随着考古学的不断发现而推进的。在20世纪20年代，学术界认为中国从周代开始进入国家。1923年6月，胡适写信给顾颉刚，提到"发现渑池（仰韶村）石器时代的安特森近疑商代犹是石器时代的晚期（新石器时代）。我想他的假定颇近是"。1925年，法国考古学家摩根（J.de Morgan）甚至认为中国文明的开始大约在前7世纪至前8世纪，更早的便属于中国史前时代。此后，安阳殷墟的发掘与研究，把中国进入国家社会的年代提前到商代晚期；郑州商城的发掘与研究，把中国进入国家社会的年代提前到商代早期；偃师二里头遗址的发掘与研究，把中国进入国家社会的年代提前到夏代。需要指出的是，这里所说的国家，并非中国古代文献中记载的"国"，而是恩格斯从科学意义上界定的国家，其主要特征有两个，一个是按地域划分臣民，另一个是公共权力的设置。

在新石器时代末期的中原地区，率先发生了国家进程的演化，相继诞生了夏王朝、商王朝和周王朝，史称三代，成为中国早期国家。这里采用"中国早期国家"这个概念，基于以下两点。

首先，夏王朝、商王朝和周王朝具备了早期国家至少应有的特征：是从原始社会直接演化而来，或可以被看作是这一演化发生后的最初一些阶段；形成中央集权的最高权力中心；有行政和政治管理机构；社会阶层或阶级分化；形成领土观念；出现国家意识形态。

其次，不少考古学家从考古学文化的视角观察，把夏文化、商文化、周文化的分布范围与夏王朝、商王朝、周王朝的统治地域等同，认为夏王朝、商王朝、周王朝均是统一的中央王朝。其实，考古学文化的分布有很复杂的原因，它有可能是政治实体扩张的结果，也有可能是族群大迁徙的反映，还有可能是文化因素的传播，与王朝的统治地域不能等同对待。中国早期国家从原始社会直接演化而来，处在发生国家进程的最初一些阶段，远未形成大一统的局面，夏王朝、商王朝、周王朝只是林立邦国中的佼佼者。

国家是与文明相联系的。自从美国人类学家摩尔根（H．Morgan）把人类历史按照社会发展划分为蒙昧、野蛮和文明的不同时代之后，有关文明的讨论日益成为具有国际性的研究课题。对于中国文明的诞生，近年来也逐渐为人们所关注，有的学者根据恩格斯把文明与国家相联系的判断，认为中国文明时代始于夏王朝的建立。也有学者根据考古学材料，认为中国文明时代始于原始社会晚期的龙山文化，甚至更早。

文明指人类经济生活（物质生活）、社会生活和精神生活进展到一定阶段的文化，它不是与人类同时出现的，而是人类文化演进到高级阶段的产物。那么，衡量文明诞生的标准是什么呢？

摩尔根认为文明社会始于标音字母的发明和文字的使用。恩格斯把文明史称为有文字记载的历史，并且进一步认为文明时代是人类学会对天然产物进行进一步加工的时期，是真正的工业和艺术产生的时期，国家是文明社会的概括。中国学者夏鼐把文字、城址和金属器作为判断文明社会的三个要素。

此外，国外学者还提出了更多的标准。比如英国学者柴尔德提出把城市类型的大型定居地，宏伟的公共建筑，有税收制度或定期的征贡制度以及资金的集中积累，商品交换有一定程度的发展，专门的工匠分离出来，文字，科学的萌芽（算术、几何学、天文学）有了某种程度的发展，发达的艺术，特权阶级存在，国家等作为衡量文明社会的十个标准。埃伯哈德将分成阶层的社会和国家机构、用牲畜耕作的谷物农业、至少有一个城市类型的中心、有文字和记载、有金属视为衡量文明社会的五个标准。也有中国学者根据中国文明社会的特点，把龙的起源、农业水利灌溉、图腾崇拜、原始文字等作为探讨中国文明社会诞生的条件。

2．统一有关夏文化的认识。夏鼐先生早在20世纪70年代已经指出，夏文化指夏王朝时期夏民族的文化。今天在有关著作中仍然不难见到像"夏文化"、"夏族文化"、"夏代文化"、"夏时文化"、"早期夏文化"、"中、晚期夏文化"、"早夏文化"、"先夏文化"、"后夏文化"等各种不同概念。如果对夏文化的理解不统一，由此而产生的学术意见分歧将影响夏文化探索的进展。

3．界定夏文化的时限。年代问题是历史研究中的首要问题。由于这一问题牵涉到夏文化的上、下限如何划分，直接涉及到夏年定位，所以成为学术界长期讨论的焦点。

将文物考古材料与文献记载历史王朝更替结合来判断夏文化时限，难以回避的问题是王朝与文化的变化是否同步。认为两者变化不同步的学者以此为依据，提出夏文化的上限可以突破二里头文化一期，进入河南龙山文化晚期，二里头文化四期可能是进入商纪年的夏遗民文化遗存。近来有学者提出，王朝改变后，与之相应的考古学文化能够很快作出反应，这种意见支持二里头文化是夏文化整体的学说，即夏文化上限始于二里头文化一期，下限终于二里头文化四期。

产生上述不同认识的客观原因，主要是对文献中有关夏年记载的择取不一致，以及有关考古发掘与研究相对薄弱。

4．考古材料与文献有机结合。文献是研究夏王朝历史的重要依据，然而有关夏史的文献记载非常疏略，且全属后人追记。实践证明，仅凭借这样十分有限的文献探索夏史很难奏效，只有将有关文献记载和考古出土实物资料科学地结合起来，才有可能得出近于实际的认识。

出土实物资料与文献记载两者的关系是，文献是历史研究的导引，对其不仅不能轻率地否定或修改，而且要下大工夫去积累和分析，只有这样才能对有关文献具备全面、深入的认识，避免盲目信从或按需引征。联系夏史与夏文化探索，选用有关考古学材料应考虑两项标准：有关考古学文化的年代必须在文献规定的夏纪年范围内；同时有关考古学文化性质与文献记载大体相符。以此为基础的探讨才会有成效。"二里头文化是夏文化"这一学术观点的提出和论证，以及这一学术观点对于夏史与夏文化探索所起到的巨大推动作用，堪称将文献与考古学材料科学结合并取得成功的一个典范。

中国学者经过近半个世纪的不懈努力，不仅初步认识和掌握了夏文化以及周边相邻文化遗存的特征，而且对有关文化遗存的分期、结构包含各种因素比例都能够做到深入细致的研究，以此把握文化起源、传播方向和传播途径。尤其是近些年来，对环境资源和人种学的研究、夏王朝与中国古代国家与文明的关系的研究，大大拓宽了研究视野。中国历史上夏王朝的真实面目正渐渐脱出尘封，依稀显露出轮廓。可以说，夏王朝探索的前景是充满希望的。

尽管夏文化的探索取得了很大的成就，但是要想更多地了解夏代的历史，这只是一个良好的开端，许多问题还有待于历史学家和考古学家去探索，尤其寄厚望于考古学家能够提供更多富有说服力的实物证据，其中最为重要的是夏代文字材料的发现。

第三节　夏史遗痕

夏王朝的诞生，是中国历史发展进程中一个重要的转折点，主要表现为中国历史从此出现了科学意义上的国家，跨进文明社会的门槛，进入了青铜时代。

一、等级社会

二里头遗址已经发现了不少宫殿夯土基址，这些宫殿基址布局严谨、规模宏大，其中仅1号宫殿的台基就达1万平方米，其夯土土方总量在2万立方米以上，如果再加上挖基、盖房等工序，工程量就更大。这样巨大的建筑工程是原始公社制单一的氏族社会所无能为力的，只有通过国家的组织才能完成。有的学者注意到，在广庭之上发现一些祭祀坑，里面埋葬的死者双手被捆绑，填土经过夯打，这些非正常埋葬很可能与某些宗教仪式有关，因此判断二里头遗址宫殿群很可能包含有统治者供奉祖宗的宗庙。《左传·庄公二十八年》记述："凡邑，有宗庙先君之主曰都。"古代宗庙不仅是统治者供奉祖宗的庙宇，还是重要的行政场所，因此，宗庙成为古代政权的象征。

二里头文化乱葬墓
夏代
河南偃师二里头遗址出土

《吕氏春秋·慎势篇》记："古之王者，择天下之中而立国，择国之中而立宫，择宫之中而立庙。天下之地，方千里以为国，所以极治任也。"《墨子·明鬼下》记："昔者虞、夏、商、周，三代之圣王，其始建国营都日，必择国之正坛，置以为宗庙。"二里头遗址位于二里头文化分布区域中心，地近洛阳。洛阳之地古有"中国"、"土中"和"中州"之称，应当符合文献所称天下之中，又有宗庙建筑和规模很大的遗址，表明二里头遗址就是夏都。当时国家政权已经产生，庞大而威严的宫殿群、考究的地面建筑与半地穴小屋形成鲜明的对照。

目前所见有关二里头文化的墓葬报道数以百计。按照这些墓葬规模大小、随葬品的数量多少，大致可以分为三类：

大墓：墓室为长方形竖穴土坑，长3米左右。有木棺，有的还有木椁，墓底铺朱砂，垫席。随葬铜、玉、绿松石等礼器。这类墓主人占有较多的财产，具有很高的地位。

·中、小墓：面积只有大墓的三分之一或五分之一，长方形竖穴土坑。仰身直肢葬式，随葬品主要是陶器，有的也有玉器、贝等物。这类墓主人有一定的财产，随葬品的多寡表明存在贫富差别。

乱葬：被抛弃于灰坑、灰层中，有的双手被捆绑，有的身首异处，周围有零散的骨骼。没有任何随葬品。这部分人一无所有，甚至失去了人身自由，可能是战俘或处于社会底层的奴隶。

上述三类墓葬反映了当时人们拥有社会财富的差别和社会等级分化的现象，甚至出现一部分人压迫另一部分人的事实，表明社会上存在着压迫者和被压迫者两个不同的阶级。

文献所见夏王朝已经有了国君"后"和"六卿"、"三正"等官职，并制定有"禹刑"，建立有军队，接受各地的贡赋，表明当时社会分化和国家机器的存在，与考古发现和有关文物材料显示的信息相一致。

关于夏礼，文献中有所记载，但具体内容怎样，连生活于春秋时期的孔子都感叹文献不足征。从有关夏文化考古发现来看，有关宫殿制度、墓葬制度、用玉制度和器物组合等方面的遗存不同程度地反映了夏礼。《礼记·明堂位》记载："灌尊，夏后氏以鸡夷，殷以斝，周以黄目。"郑玄注："夷读为彝。"有学者认为鸡夷就是二里头文化中具有代表性的器物盉。《论语·为政》有"殷因于夏礼"之说。虽然夏、商、周三族的礼制各有特征，但夏礼对商、周两代的影响是非常明显的，这在考古学上也有所反映。

二、社会经济

（一）农、副业

夏人活动地域主要集中在肥沃的伊洛平原和晋南平原，从单位遗址出土动物骨骼中喜水性动物和喜暖性动物所占比例较高判断，这一时期气候偏暖，水源丰沛，为农业的发展提供了理想的客观条件。另外，大禹治水的故事表明夏人已经能够通过兴修水利为农业生产提供保证。农业是一种季节性很强的生产活动，夏人已经具有历法知识。保存在《大戴礼记》中的《夏小正》这部中国现存最为古老的月令历书，以及《礼记》、《史记·夏本纪》中提到的"夏时"和今天中国农村仍然广泛使用的"夏历"（也称"农历"），据说都与夏人遗留的历法知识有关。

尽管当时已经能够用青铜制作工具，但目前发现的青铜工具多为手工业工具。农业生产工具多为木、石、骨、蚌质，主要特征为矩形有孔石刀、有孔石斧、长条形石镰、石铲。在河南偃师二里头遗址发现有细长条形、三角形、长方形三种工具痕迹，推测可能是耒耜、石铲所留痕迹；洛阳东干沟遗址540号灰坑的东壁也发现有排列密集的呈尖头细长条形工具痕迹，推测可能是木耒的痕迹；在山西夏县东下冯遗址还发现了木铲的实物遗存。

另外，在河南方城八里桥遗址发现用于储存粮食（粟类）的窖藏坑，在河南洛阳皂角树遗址发现谷、麦、稻、豆等粮食作物遗存。酒器流行，表明当时农业生产的粮食确有剩余。从一些二里头文化遗址规模达数十万乃至数百万平方米，判断当时聚集人口数量已经相当可观，如果没有发达的农业和足够的粮食供应，形成如此规模的聚集地是不可能维持长久的。

从文献中可以见到有关夏代土地制度的记载，比如顾炎武在《日知录》"其实皆什一也"条中指出："古来田赋之制，实始于禹。"《左传·哀公元年》记载少康因受浇之逼迫流落有虞，"虞思于是妻之以二姚，而邑诸纶，有田一成，有众一旅，能布其德，而兆其谋，以收夏众，抚其官职"。这里所记载的"成"当是夏、商时期土地制度中区划土地的单位名称。

应当指出，夏王朝诞生之初，原始氏族田制依然保留了一个时期，尽管性质正在悄悄改变。《孟子·滕文公上》记载："夏后氏五十而贡。"《说文》："贡，献功也。"《初学记》卷二十记载："《广雅》云：'贡，税也，上也。'郑玄曰：'献，进也，致也，属也，奉也，皆致物于人，尊之义也。'按《尚书》：'禹别九州，任土作贡。'

二里头文化陶盉
夏代
河南偃师二里头遗址出土
通高31.5厘米，口径17.2厘米

其物可以特进奉者曰贡。"贡的本意，是远古时代年终农事既毕，人们以辛勤劳动之所获奉献神明，以酬往昔、祈来岁，所献之物纯属自愿，不含剥削意味。在夏代，贡的形式、名称虽仍继续保留，但性质已变，统治者在"贡"（献功）的名义下向氏族成员收取一定的贡纳，成为夏代初期实行的一种赋税制度。正如《周礼·夏官司马·职方氏》所云："制其贡，各以其所有。"贡，应是夏代初期公有制传统还相当顽强的历史条件下的产物，还不存在"公田"与"私田"的明显划分，土地虽已定期分配给各个家族使用，但土地的公有制仍很强。

二里头文化拥有用石、骨、蚌、陶制成的鱼叉、鱼钩、网坠、镞、矛等渔猎工具，并伴随出土有牛、羊、猪、狗、马、鹿、鱼、獾、獭、龟等动物骨骼。这一现象表明除了农业以外，当时人们还从事渔猎活动和畜牧业。

（二）手工业

从二里头文化有关遗存观察，当时的手工业生产已经有了分工。

青铜冶铸业是夏代手工业最高水平的代表。与原始社会末期铸铜技术相比，夏代铸铜技术规模大、种类丰富、技术高，完成了一次历史性的飞跃。

《史记·封禅书》记禹收九牧之金铸鼎。《越绝书》记禹之时使用铜制的兵器。这些记载在夏文化中已经得到印证。二里头遗址已经发现面积达万余平方米的铸铜遗址，有坩埚、铜渣、浇铸面等重要遗迹和遗物的发现。目前出土铜器种类达十九种，计有鼎、爵、斝、盉、觚、戈、镞、戚、钺、凿、锛、锥、钻、镢、鱼钩、铃、牌饰、圆铜片、铜条。铸造工艺采用合范浇注法，成分据电子探针测定含铜92%至98%，锡1%至7%。

二里头文化青铜盉
夏代
1984年河南偃师二里头遗址出土
通高25.5厘米

烧制陶器的陶窑多为直壁圆筒形，算下有长方形柱。这时期还专门烧制供贵族使用的白陶器，甚至制作原始瓷器，代表了当时制陶业的最高水平。作为当时人们日常生活中的必须用品，发现的陶器十分丰富，一般生活用品有鼎、深腹罐、簋、豆、三足盘、盆、大口尊、缸、瓮等；酒器有觚、爵、盉等；艺术品有羊、龟、蟾蜍、狗、鸟、蛇（龙）、兔等。

在二里头遗址发现了若干个专门存放骨料的坑，表明当时应当拥有专门的制骨作坊。目前，已经有相当丰富的二里头文化骨器出土，包括农业工具铲、镰，手工业工具锛、凿、刀、锯、锥、针，武器镞、矛，生活用具簪、匕、梳，装饰品象牙器、雕刻器、管、珠等。从出土骨料上残存的痕迹，可以辨认出砍、砸、切、锯、磨、钻等技术的实施。

二里头文化青铜爵
夏代
1975年河南偃师二里头遗址出土
通高22.5厘米.

二里头文化纺织品痕迹
夏代
河南偃师二里头遗址出土

二里头遗址发现的玉器制作工艺精致，种类较多，计有柄形饰、戈、钺、刀、琮、柱、筒、玦、镞、圭、璋、璜、板等。从琢玉水平推断当时已经有了专门的玉器工匠和作坊。

纺织方面，除考古出土大量用于纺织的陶、石纺轮外，在一些青铜器上还可以发现包裹二至六层多种类的纺织品遗迹，测量其经纬线每平方厘米分别为8根×8根和52根×14根，代表了粗细不同的纺织品。经过鉴定，这些纺织品主要是麻布。渭南南沙村出土的一块纺织品印痕显示，平纹细纱线每平方厘米经纬线为25根×27根。

另外，还有金器、漆器、竹编等手工业产品的发现，不过目前发现与公布的材料还不太丰富。

（三）商业与交通

发生于原始社会的手工业与农业分离的第二次社会大分工，直接导致为交换而进行的商品生产的出现和发展。最初的商品交换采用以物易物的方式，以后随着交换活动的频繁和范围的扩大，逐渐产生了固定形式的交换媒介——货币。

据《管子》、《史记·平准书》、《盐铁论》等古代文献记载，夏王朝时期已经使用金属货币和贝币。

二里头文化骨贝和蚌贝
夏代
河南偃师二里头遗址出土
一般长2.1厘米至3.6厘米不等

在二里头遗址一些墓葬中发现有随葬贝的现象，比如9号墓和11号墓中分别出土了海贝70枚和58枚。海贝产于海洋，为内陆不易得到的稀有物品，将其随葬在墓中应具特殊意义。联系文献中有关贝曾是中国历史上最早的货币的记载，推断二里头遗址出土的海贝以及仿海贝的骨贝、蚌贝、石贝、铜贝，除用作装饰外，还有可能充当货币职能。铜贝可能就是文献所说的金属货币。

目前有关二里头文化考古材料显示，这一历史时期在重要的都邑有用于交通的道路。考古工作者已经在河南偃师二里头遗址和山西夏县东下冯遗址发现了夏代的道路。其建筑工艺有两种，一种是用碎陶片和石子作为建筑材料铺垫修成，路面宽1.2米至2米，厚5厘米；另一种用石板和鹅卵石砌成，路面较窄，约宽0.35米至0.6米。据有关报道，二里头遗址目前已经探明的大道有三条，最长可达700米；由大道和小路构成的道路网，辐射面积可达12万平方米。

尽管文献有关于夏代奚仲做车的记载，但目前尚未发现这一时期的交通工具遗迹。不过，1993年考古工作者在河南洛阳皂角树遗址发掘出土了一片陶盆残片，上面有一个刻画符号，表现车辕、轴和车轮形象，被初步释为"车"字，这是一个值得注意的线索。

（四）居住

当时建筑分三种规模，大型宫殿坐落在夯土台基上，由殿堂、廊庑、门房、排水设施统一布局构成；一般地面建筑有隔间，木骨泥墙，居住面上铺料礓石或草拌泥，门外铺石子路。小型居址多为半地穴式，穴壁经拍打并抹草泥墙皮，室内有灶坑或泥台，室外铺石子路。晋南还发现窑洞式建筑。在居住址附近常见不规则形浅坑和圆形或椭圆形口、壁上有脚窝的水井。

（五）文化艺术

文字的发明及其应用于文献记录，是由野蛮时代的高级阶段过渡到文明时代的重要标志之一。先秦文献引证的《夏书》、《夏训》、《夏小正》应当有对夏人典册的保存。目前已发现夏文化陶器刻画符号几十种，其中有的造型十分接近商代的甲骨文，不排除属于文字的可能。

有关夏王朝艺术的发展水平，从考古出土的夏文化艺术品中可见一斑。

二里头文化刻画符号

夏代

河南偃师二里头遗址出土

二里头文化铜铃

夏代

1984年河南偃师二里头遗址出土

长9厘米，宽7厘米，通高7.5厘米

陶器艺术，表现手法有陶塑，如蛤蟆、羊头、龟、龙、鱼、蛇、猪、狗、鸟等造型。陶刻图案，如人像、饕餮纹、蛇纹、鱼纹、几何形图案等。有一片陶器残片上刻有两条蛇（龙）的形象，巨眼，利爪，身上饰有鳞片，其中一条为一头双身，在蛇（龙）身体的上方刻有一只仰卧的小兔。线刻中涂有朱砂，眼眶内涂翠绿色，堪称陶器艺术一绝。

骨雕技法有圆雕，主要用于象牙器的制作。还见到刻画的鱼纹和凤尾纹，有的还施以彩绘等纹饰。

乐器发现有陶埙、陶铃、石磬、铜铃。

第二章

商王朝

至少在20世纪初，一些学者对中国古代文献中记载的商王朝社会性质估计得相当原始，甚至将其视作传说时代。甲骨文的发现和安阳殷墟考古发掘出土的大量商代遗物，使商王朝走出传说变为信史。今天，有关商王朝的存在与否虽已不成问题，但涉及商族的发祥地、都邑迁徙和社会性质等重大问题，仍然是国内外学术界关注的焦点。

第一节　商族起源

一、寻根漳水

在《诗经·商颂》、《史记·殷本纪》中记载着这样一个神奇的故事：帝喾有一位选自有娀氏名叫简狄的次妃，在一次沐浴的时候，恰巧有一只玄鸟飞临并产下一枚卵。出于好奇，简狄吞食了玄鸟所产下的这枚卵，因此怀孕而生下契。契，就是后来被商族尊奉的始祖。这一简短的故事至少告诉人们两个信息：一个是商族经历过"只知其母，不知其父"的母系氏族社会阶段；另一个就是商族曾经将禽鸟与始祖相联系而加以崇奉。关于玄鸟，传统说法是黑色的燕子，现代学者还有认为是凤鸟或者是雄鸡等不同看法。

那么，商族为何称为"商"呢？学术界对这个问题主要有两类解释：一类解释认为与商族活动地望名称有关，其中比较有影响的看法是

甲骨文和金文所见"商"字

与"商丘"或"商县"有关。以此为依据，一些学者把探寻商族发祥地的目光投向河南东部的商丘一带，或转向陕西商洛地区。《韩非子·外储说左下》、《吕氏春秋·勿躬篇》中有"商"与"章"古音相通的文例。《水经·河水注》还记载漳水下游有水名商河，俗称小漳河，郦道元注曰："商、漳声相近，故字与读移耳。"因此近些年来出现商因"漳水"而名的主张，认为漳水即是滴（商）水，商人远祖居住在漳水，最早的漳水大概叫做滴（商）水，商族因此得名。据此判断，商族兴起于漳河中游地区。

另一类解释则从其他方面考虑。比如，与商业的联系，与祭祀联系，与居住窑洞联系。不过这一类解释远不如前一类解释具有影响力。

商族究竟起源于何地呢？按照文献记载，学术界对于商人发祥地的探讨主要有涉及陕西境内的西方说、涉及山东与河南交界地域的东方说、涉及辽西及幽燕地区北方说、涉及漳河流域的豫北冀南说等不同看法。长期以来，历史学家们限于对文献理解不同而难于统一认识，有关讨论分歧很大，莫衷一是。

20世纪60年代，考古学为这一问题的解决带来了希望，这就是先商文化的提出与探索。

先商文化，是指夏王朝时期以商族为主体创造的物质文化遗存。探讨先商文化的意义主要在于，为郑州早商文化寻找源头，同时也连带找出商族发源地；明确夏代的遗存不仅是夏人的遗存，还有其他民族的遗存，如果能将之加以区分，对于确定夏文化的特征和地域、探讨夏与周邻民族的关系很有益处；在夏商文化比较中，以同期的先商文化特征进行比较，排除时间差，将更有说服力。

根据从已知求未知的方法推导，探讨先商文化的支点必须是已经为学术界认知的商文化，用已知的商文化特征为标准，来衡量何者为先商文化。当考古工作者掌握了郑州早商文化特征以后，就为从考古学上寻找先商文化提供了依据。按照郑州早商文化特征追寻，可以发现在今太行山东麓的豫北、冀南地区存在着一种时代相当于夏代、文化特征与郑州早商文化有着共同特质，并明显具有渊源关系的考古学文化遗存，这类遗存被称作先商文化。

根据地域差异，学术界将先商文化分为几个类型。

1. 漳河型。学术界或称之为下七垣文化。主要分布于滹沱河与漳河之间沿太行山东麓一线。目前所见考古学材料表明，其时代上限最早可至二里头文化二期偏早阶段，下限延至二里头文化四期晚段。代表性特征为：陶器多装饰以细绳纹、楔形点纹和锁链状附加泥条堆纹等富于特色的纹饰。以炊器卷沿鬲、腰饰泥条堆纹的甗，盛器橄榄形深腹平底罐，食器碗形豆为典型器类。拥有小刀和镟等小件青铜器。占卜多选用牛肩胛骨，次为羊、猪肩胛骨，也有少量用鹿骨和龟甲。除牛肩胛骨施钻外，一般不加整治而直接施灼。居址多构筑半地穴式，亦见窑洞式建筑。灰坑有圆形、长方形或不规则形等形式。除了这些自身特征以外，还包含有部分来自河南西部的二里头文化二里头类型、山西南部的东下冯类型、山东岳石文化和北方青铜文化特征，显示出彼此之间有着不同程度的联系。

2．辉卫型。学术界或称之为辉卫文化。主要分布于黄河以北淇县以南，包括沁河、卫河上游一带。时代上限约与二里头文化三期偏晚阶段相当，下限延至二里头文化四期偏晚阶段。陶器多装饰清晰、规整的细绳纹。以卷沿鬲、腰部饰附加泥条堆纹甗、鼓腹盆为典型器类。发现有青铜小刀。卜骨多选用猪、羊肩胛骨，不加整

先商文化陶鬲
夏代
1957年河北邯郸涧沟遗址出土
高15厘米，最宽15厘米

治直接施灼。遗迹发现有圆形陶窑、圆口灰坑和小型长方形竖穴墓。除上述特征外，还包含有二里头文化二里头类型、东下冯类型和北方青铜文化因素。

3．南关外型。主要分布于河南郑州及其郊区。时代约在二里头文化三、四期之交。陶器以细绳纹为主要纹饰。以卷沿鬲、卷沿甗、鼓腹盆、槲口深腹罐等为典型器类。铜器发现有小刀和鱼钩。卜骨多选用牛肩胛骨，次为羊、猪肩胛骨，有少量龟甲，一般不加整治而直接施灼。遗迹主要为圆形或椭圆形口灰坑。除上述特征外，本型还不同程度地包含有二里头文化二里头类型、东下冯类型、岳石文化和北方、南方青铜文化因素。

4．保北型。学术界或称之为下岳各庄文化。主要分布于河北中部拒马河—涞水流域。时代上限不晚于二里头文化二、三期之交，下限延至二里头文化四期晚段。其陶器多掺不均匀细砂，多见深灰色陶，施以清晰、规整的细绳纹，较大型器类如罐、盆、瓮多采用分段套接制作工艺，典型器物为垂腹肥袋足鬲、平底盆。铜器有镞、簪、耳环等。居住遗迹有土坯和灰坑发现。除上述特征外，还包含有夏家店下层文化和岳石文化因素。

5．二里岗下层型。以河南郑州为中心向外辐射，最大范围西至陕西东部，东到豫东栾台，北达晋中，南抵江汉平原。时代上限进入二里头文化四期，下限与二里岗上层文化相接。陶器中为泥质陶多于夹砂陶，以灰（黑）色为主，胎较薄，以绳纹为主要纹饰，典型器物群为卷沿鬲、卷沿甗、粗柄豆、直口缸等。早期铜器数量很少，仅见铜

镞；晚期拥有成组的铜礼器和兵器。早期卜骨以羊、猪肩胛骨为料，一般不经整治而直接施灼；晚期多选牛肩胛骨为料，兼用少量鹿骨和龟甲，少数经整治平整后施钻。遗迹有宫殿基址和城墙，以及不同规模的居住址、陶窑、灰坑、墓葬。除自身特点外，本型还包含有二里头文化、南方青铜文化因素。

6．鹿台岗型。分布于河南东部。其时代上限不早于二里头文化三、四期之交，下限可至二里头文化四期晚段。陶器特征以夹砂灰陶为主，砂质陶胎较薄，泥质陶胎较厚，以细、中绳纹为主要纹饰，典型器物有卷沿鬲、橄榄形罐。卜骨系用动物肩胛骨施排列较为整齐的钻和灼。遗迹有圆形地面泥墙居址、圆形口锅底灰坑。除上述特征外，还包含有二里头文化和岳石文化因素。

以有关先商文化诸类型的相应年代关系为依据，勾画先商文化的传播态势是，分布于豫北冀南地区的漳河型是目前所知时代上限最早的先商文化遗存，可以视作先商文化播化的源头。先商文化继漳河型诞生以后，最先向北方发展至拒马河—涞水一线，与夏家店下层文化大坨头类型相接触，大致以北易水为界，开始了两种文化的交流。夏家店下层文化大坨头类型属北方民族族系，其族属并不单一。据《山海经》、《古本竹书纪年》、《楚辞》记载，夏代易水流域活动着有易氏部落，商族曾与之发生过畜牧贸易和掠夺战争。先商文化保北型时值夏代晚期，其在拒马河—涞水一带和夏家店下层文化相接触的考古学现象与文献所载大体吻合。

继北上拒马河—涞水一带之后，在漳河型南部相继派生出辉卫型和南关外型。这是先商文化南下逐步接近并最终进入二里头文化分布区的结果。辉卫型与二里头文化相邻，两种文化大体沿黄河两岸交错分布，相互影响。南关外型在郑州的出现，标志着先商文化越过黄河进入二里头文化分布区。文化因素分析显示，南关外型先商文化内部还隐含着二里头文化因素和岳石文化因素，表明夏、夷、商三族对此地都发生了影响。南关外型此时已经开始在郑州营建宫殿，很有可能就是文献所称"汤始居亳"、"从先王居"。

二里岗下层型虽然出现时代较晚，却为

先商文化诸类型分布示意图

先商文化诸类型中最强大者，表现为拥有大型宫殿建筑、城墙、青铜礼器与兵器，标志着先商文化进入最强盛的时期。据文献记载，此时商族对不归服的诸侯进行多次征伐，如《古本竹书纪年》记"汤有七名而九征"。《孟子·滕文公》云汤"十一征而无敌于天下"。被征讨国家见之于文献的有葛、韦、顾、昆吾等，卒使"诸侯皆归汤"。《左传·昭公四年》记载"汤有景亳之命"，标志着商族此时取得了对除夏王朝以外诸古国的控制权。据学者考证，商代只有一个亳邑，以目前考古学材料衡量，最具备"亳都"条件者莫过于郑州商城。

先商文化南下的同时，还向东方拓展，豫东地区出现的鹿台岗型就是先商文化东进的产物。随着先商文化的到来，在豫东地区杞县一带形成了以二里头文化、岳石文化和先商文化为代表的夏、夷、商三古族交汇并存的局面。三种考古学文化在豫东地区并存的历史背景是夏初"太康失国"，一部分夏民流落至豫东地区。夏复国之后，东夷对夏时叛时服，至夏王朝晚期则不听命于夏，《孟子·滕文公》所记"九夷之师不起"即是证明。此时商族乘势进入豫东地区向东方扩大其影响，从而建立起了商夷联盟。

先商文化西向发展主要分两个阶段进行，较早时期约在二里头文化二期之时，由漳河型先商文化通过晋中地区对晋南地区的东下冯类型发生影响，这一影响一直维持到夏代晚期。较晚时期发生在二里头文化四期，主要是二里岗下层类型以郑州商城为据点，西向伊洛平原，取代以二里头文化为代表的夏文化，最终完成了商代夏这一历史进程。

二、商族迁徙

据《史记·殷本纪》、《尚书·序》等文献记载，商族在立国前曾经历过八次较大规模的迁徙，涉及地域相当辽阔。由于商族迁徙关系到商族起源和活动地望的问题，所以为后世学者所关注。王国维根据古代文献记载，大体排出了自契至汤的迁居顺序："契自亳迁居蕃，一迁。昭明自蕃居砥石，二迁。昭明自砥石迁商，三迁。相土自商迁商丘，四迁。相土自西都商丘迁居东都泰山下，后复归商丘，五迁。商侯自商丘迁于殷，六迁。殷侯复归于商丘，七迁。汤始居亳，八迁。"

以先商文化为衡量标准，王国维排列的八迁中有两个地区值得注意：一个是漳河中游地区，这一带是先商文化漳河型的中心区；另一个是河南东部的黄淮平原地区，这一带属于先商文化鹿台岗型的分布区。

《世本》记商始祖契居蕃。学者或认为在河北平山，或认为在山东滕县。以考古学文化衡量，前者在先商文化分布范围内，而后者位于东夷文化分布范围内。

《世本》记昭明居砥石。有学者认为在河北境内石家庄以南，也有学者认为在内蒙古

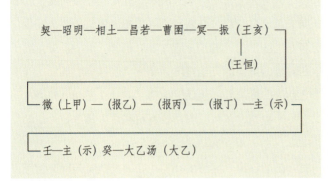

商先公世系

本表参照《史记·殷本纪》和商代甲骨文排序，括号内为商代甲骨文中记载的商先公名。本表显示商族在立国之前以传子为主要的继承制度。

境内克什克腾一带。以考古学文化衡量，前者在先商文化分布范围内，后者则位于北方青铜文化分布范围内。

《荀子·成相篇》记昭明由砥石迁于商。关于商在何地，学术界存在陕西商洛地区，河南北部安阳、濮阳和东部商丘等不同意见。从考古学文化遗存考察，安阳、濮阳都位于先商文化分布范围内，商丘西面不远也发现先商文化遗存，惟陕西商洛地区超出了先商文化分布范围。

《左传·襄公九年》记相土迁商丘。比较有影响的意见认为即河南东部的商丘，也有认为在河南北部。前者虽然在其西面不远的杞县已经发现先商文化遗存，但基本处于东夷文化与先商文化交汇区域的边缘地带；后者则位于先商文化分布区域内。

《左传·定公四年》杜预注记相土的东都建在泰山下（今山东泰安）。此地超出了先商文化的分布地域。

《今本竹书纪年》记商侯迁殷。有学者认为即河南安阳殷墟。这里属于先商文化的分布区，有先商文化遗存发现。

先秦诸子著作中较多地记载着汤所居的首都"亳"，现代学者或称之为"亳都"。《史记·殷本纪》、《尚书·序》还记载，汤在此建都是"从先王居"，表明在汤以前，商族就曾经到达过此地。有关"亳"的地望，自汉代以来就存在着不同的意见，主要涉及地望有：陕西长安，即东汉许慎所提、晋人徐广加以明确的"杜亳"说；河南偃师，即东汉班固、郑玄所提，西晋皇甫谧明确的"西亳"说；山东曹县，即晋人臣瓒所提、西晋皇甫谧明确、清末王国维力主的"北亳"说；河南商丘，即西晋皇甫谧所创的"南亳"说；山西垣曲，即源于宋代的"垣亳"说；河南内黄，即起于明代的"内黄"说；河南郑州，即现代学者邹衡所主的"郑亳"说。

由于"亳都"是跨越先商与早商的一代首都，所以具有十分重要的划时代意义。

以先商文化衡量上述众多的学术见解，陕西长安、山西垣曲、山东曹县、河南商丘超出先商文化的分布范围，难以与汤都亳发生联系，只有位于先商文化分布范围内的河南内黄和发现先商文化遗存的郑州，以及存在发现先商文化遗存可能性的河南偃师有可能与汤都亳相联系。三者当中，以郑州发现的一座由商人在商王朝之前营建的城池的可能性最大，因为这里大量出土的东周时期"亳"字陶文，提供了此地至少在东周时期仍然名"亳"的硬证。

第二节　商邑翼翼

自有国家诞生以来，国都便是一国之政治中心。《诗经》中所谓"商邑翼翼，四方之极"，写出了商王朝都邑的磅礴气势和题凑四方的中心作用。

据《尚书·盘庚》记载，商人在建立商王朝之后又经历了五次迁都。故张衡《西京赋》有"殷人屡迁……不常厥土"的感叹。其实，关于成汤以后的殷都屡迁问题，主要指仲丁迁隞至盘庚迁殷的中商文化时期。据《左传·宣公三年》、《孟子·尽心下》、《古本竹书纪年》记载，商的纪年大约在五六百年之间。这五六百年时间内，自汤至太戊五世十王均居亳，按每世30年计算，计有150年之久；《史记·殷本纪·正义》引《竹书纪年》记载，自盘庚徙殷至纣之灭，二百七十三年，更不徙都。与中国历代王朝相比较，亳与殷作为国都的时间算是长久的。例如三代之巅西周，建都于丰镐265年；封建盛世西汉、唐代建都于长安，分别是230年和289年。客观地讲，仲丁迁隞之前与盘庚迁殷之后，殷人是"常厥邑"的。《尚书·盘庚上》认为是"不常宁"引起了"不常厥邑"。分析商代中期历史，"不常宁"的因素，可以分为内部的和外部的。内部因素关到商朝王权统治，外部因素关系到商朝盟主地位。黎虎先生认为，"比九世乱"和"恪谨天命"反映出商王朝内部政局很不稳定，导致商都迁徙无常。所谓"九世之乱"，就是商王朝内部王位纷争，诸弟子或争相代立。由于王位纷争，这个期间商王年祚均极短促，也由于王位纷争产生的统治阶级内乱，导致这个期间商都迁徙无常。如河亶甲迁相、南庚迁奄后的阳甲时期，都是殷道衰落时期。邹衡先生从军事角度分析，认为"当时选择王都的地点，不能不考虑到作战的方便，就是说，不能不从军事的角度上考虑问题"。如"仲丁即位，征于蓝夷"，实为攘外之举。祖乙时，"殷复兴"，迁邢，起到了坐镇北方的政治威慑作用。在夏商周三代，战争就是最大的政治，所谓"国之大事，在祀与戎"（《左传·成公十三年》）。战争的结果，巩固了商王朝在方国联盟中的盟主地位。晁福林先生从研究方国联盟的发展入手，探索殷都屡迁的原因，指出迁都是为了巩固商王朝的盟主地位。从商代社会结构分析，方国联盟的演变与商王朝的兴衰是紧密相关的。

有关商王朝建立以后五次迁都涉及的地望，自汉代以来不断有学者考证，提出了不少见解，考古学为甄别这些不同的意见提供了客观标准。

一、亳都学案

《史记·殷本纪》、《今本竹书纪年》、《礼记·祭法》等文献记载，商在先公时期一直是臣属于夏王朝的一个方国，并且契以后的昭明、相土、昌若、曹圉、冥还担任了夏王朝司空的职位，他们在位时做出的突出政绩之一是治水。比如文献记载商族始祖契佐禹治水有功，商侯奉夏王少康之命治河，冥恪勤职守而死于水。《诗经·商颂·长发》所谓"相土烈烈，海外有截"，反映的是先公相土时，商族势力得到显著的发展。夏代末年，夏桀无道，众叛亲离，臣服于夏王朝的商汤，趁机以亳都为据点，四出扩张征伐，以十一征而无敌于天下，最后灭亡了夏王朝，建立了商王朝。文献记载被商汤灭亡的国家有葛国、韦国、顾国、昆吾。成汤是商王朝的第一位王，"亳"是商王朝第一个国都。

见于文献记载的与"亳"有关的故事有网开三面、征讨葛伯、灭夏复亳、桑林祈雨、太甲放桐等。

据《吕氏春秋·异用》记载，成汤有一次在郊外打猎，看到一个人四面张网捕鸟，而且还念念有词地祷告，希望来自四面八方的鸟都落入他的网中。成汤见到这一情景，就告诫这个人说，你这样做会把鸟类捕尽的，这样的事情只有残暴的夏桀才能做出来。他要这个人以蜘蛛织网为榜样，撤除三面网，只存留一面网。网开三面，表明成汤仁义之心惠及动物，所以当时不少小国闻风归附成汤。

《孟子·滕文公下》记载，成汤所居住的"亳"地附近有一个名叫"葛"的小国。有一次，成汤得知葛伯不祭祀神和祖宗，就问其原因。葛伯回答说，没有可以用作祭祀的牺牲。成汤就派人送去用作牺牲的牛和羊。葛伯没有把这些牛、羊用于祭祀，而是自己吃掉了。当成汤再一次询问的时候，葛伯回答说缺少供奉的谷物。于是成汤就派亳地的百姓帮助葛国耕种田地，并送去粮食和酒肉。不料，葛伯却杀人越货，抢夺了这些物品。成汤以此为借口，攻打葛国，开始了"十一征而无敌于天下"的战争。

《史记·殷本纪》记，在消灭了夏王朝周邻作为屏障的国家韦、顾、昆吾之后，成汤一举灭亡了夏王朝，放逐了夏桀。然后返回亳地，正式建立商王朝。

《尚书大传》记，在取代夏桀之后，商王朝经历连年干旱，有的书中记载长达七年之久。巫师认为必须用人作为牺牲来祭祀天上的神，才能解除这场旱灾，于是成汤用自己的身体作为牺牲，奉献于"桑林之社"，终于感动上天，普降甘雨。

成汤去世之后，商王朝到第三世第五位王太甲时，发生了大臣伊尹放逐太甲于桐宫的事件。《史记·殷本纪》的说法是，太甲不遵守成汤之法，于是被伊尹放逐于桐宫思过，经过三年的悔过自新后，又被迎接回亳都，并重新当政。《竹书纪年》则说是伊尹放逐太甲，篡夺了商王朝的政权。后来太甲从桐宫潜回亳都，杀掉伊尹，夺回失去的王权。

上述几个故事，主要描写成汤施仁政和取代夏王朝的合理性，同时也反映出商代夏的系列战争、商初所经历的自然灾害以及维护王权的斗争。

汤作为开国之君所居的亳都地望成千古历史之谜，长期为历代史学家讨论。经过考古学对"汤都亳"地望不同意见的甄别，目前学术界讨论的目标主要集中于河南郑州和偃师发现的两座商代早期城址上。

（一）郑州商城

20世纪50年代初期，在郑州市东南方向一处名叫二里岗的地方，发现了商文化遗存，经过考古发掘与研究，确定其为早于安阳殷墟的早商文化遗存，并命名为二里岗文化。

以河南郑州二里岗遗址为代表的早商文化（或称早商期、商代早期文化、二里岗文化），是在先商文化基础上，吸取了夏文化和其他文化因素，经过改造和创新，形成发展起来的。该文化以郑州商城为中心，分布范围大体包括了河南全省、山东西部、安徽西部、河北南部、山西南部、陕西东部。凡是夏文化分布范围内，几乎都分布有早商文化的遗存。目前在这一范围内发现的七座商代早期城址，即河南境内的郑州商城、偃师商城、焦作府城、安阳洹北商城，山西境内的东下冯商城、垣曲商城，湖北境内的黄陂盘龙城，除洹北商城和盘龙城外，多数城址直接建在原夏王朝统治地域之内。此外，东下冯商城、垣曲商城和盘龙城商城均建在盛产铜矿的地区，当与商王朝控制铜矿资源有关。早商文化中出现大量的青铜礼器、兵器和工具等，有些是夏文化所未见的新产品。上述这些现象反映出原夏王朝的统治地域已并入商王朝的版图，殷

窖藏坑出土青铜器

商代

1996年河南郑州南顺城街出土

青铜方鼎
商代
1974年河南郑州杜岭街出土
高100厘米，重86.4公斤

埋人头骨的壕沟
商代
河南郑州商城宫殿区出土

革夏命的历史进程最后完成，商王朝的大国地位已经奠定。《诗经·商颂·玄鸟》说："古帝命武汤，正域彼四方。方命厥后，奄有九有。"周代青铜器叔夷钟也有铭文记载成汤"咸有九州，处禹之堵"。《诗经·殷武》有"昔有成汤，自彼氐羌，莫敢不来享，莫敢不来王，曰商是常"的记载。这些都反映了商代早期具有强大的影响力。

二里岗文化一个十分重要的内涵就是郑州商城。该城发现于20世纪50年代，至70年代基本弄清了城墙的大致结构，并取得了判断其年代的有关资料。80年代中期还发现了外城墙。郑州商城分为内、外两城，内城略呈长方形，东墙长约1700米，南墙长约1700米，西墙长约1870米，北墙长约1690米，城垣周长约6960米，总面积约300万平方米以上，为商代早期最大的城址。城内有大型宫殿遗址并发现了像大型青铜方鼎这样的王室重器，城外分布着铸铜、制陶、制骨等手工业作坊和墓地。

在郑州商城中部及东北部一带约50多万平方米的范围内，发现了大面积的夯土台基和大型房基。其中有一座房基东西长61米，南北宽14米，其上有两排柱础。其建筑面积约为二里头1号宫殿基址的二倍，应是早商时期的王宫。值得注意的是，如果从二里头夏都复归郑州亳都，自郑州商城北门进入宫殿区最为便捷，这与《史记》记载伊尹从有夏复归于亳、入自北门的路线相合。

作为开国之都，郑州商城遗址的青铜器窖藏坑出土了一批王室重器。如1974年在郑州商城西郊的杜岭街发现了属于王室所有的两件大青铜方鼎，其中一件高100厘米，重86.4公斤，器呈方斗形，腹部饰有饕餮纹和乳钉纹，是已发现的商代早期青铜器中最大的一件重器。

商城周围有各种手工业作坊遗址，城南的南关外、城北的紫荆山是铸铜遗址，城西发现制陶遗址，紫荆山北是制骨作坊遗址。在郑州商城宫殿区一条壕沟内还发现大量被锯开的人头骨。

郑州商城的文化特征与殷墟晚商文化有着明确的渊源关系，可以说这里是早于安阳殷墟的又一处商代都邑。那么它是商代何王所都呢？

最初学术界认为这就是文献所记仲丁所迁之隞都。关于隞的地望，按照《史记·殷本纪·正义》引《括地志》的记载："荥阳故城在郑州荥泽县西南十七里，殷时敖地也。"郑州商城既为王都，又在荥阳附近，因此有学者将两者比附，证之为隞都。这一看法长期以来颇具影响。

以往有关夏文化的讨论多在文献考订与尚未确定性质的二里头文化和更早的龙山文化中进行，由于这些考古学文化的性质尚处于未知阶段，所以很难令人信服。有的学者经过反思以后，认为要确认夏文化，必须从已知的商文化着手，如果在考古学上区分出夏年与商年，夏文化的问题就会迎刃而解。据史书记载，商汤是建立商王朝的第一位商王，他生活在夏、商王朝交替的历史时期，商族取代夏族的统治地位这一重大历史事件在考古学文化中必然会有所反映。因此，如果能够在考古学上确认出商王朝最早的遗存，那么年代上早于它、晚于龙山文化，而文化面貌又与之不同、分布地域符合夏人地望的考古学文化应该就是夏文化。由于有了殷墟商文化的基础，确认早商文化就能够做到。

在经过对已有的相关考古学材料进行全面分析以后，邹衡先生于1978年著文提出郑州商城即汤都亳。这一论点的提出在学术界引起了很大的震动。其主要论据有三：第一，郑州商城考古学编年，可以容纳从商王朝第一位商王成汤到仲丁迁隞前五世十王所经历的年代。第二，文献《左传·襄公十一年》记："秋，七月，己未，同盟于亳城北。"晋代学者杜预注解说："亳城，郑地。"《史记·晋世家·集解》引东汉学者服虔和三国学者韦昭《国语注》均言"亳城北"。郑州商城发现了大量东周时期"亳"字陶文，甚至还有

陶文"亳"、"亳丘"
战国
河南郑州出土

"十一年"的陶文，有学者将其与传世文献所记"十一年"相联系。第三，郑州商城作为汤都，与文献记载与葛为邻、伐桀路线、汤放桀而复薄（亳）等地理位置相符。

成汤及所居亳都必定经历了两个时期，即灭夏之前的先商时期和灭夏之后的早商时期。考古资料表明，郑州商城始建于先商文化时期，又沿用于早商文化时期。也就是说，在夏代末年，郑州已经矗立起商汤亳都。

20世纪初安阳殷墟的发掘，把人们对中国文明史的认识由周代提早到商代盘庚迁殷以后。而郑州商城的发现与发掘，则进一步把人们对于中国文明史的确切认识由商代晚期推进到商代早期，提早了数百年。

由于郑州商城始建年代接近夏商更替之年，所以它还是夏商分界的基石。"二里头文化是夏文化"就是在郑州商城即成汤亳都的基础上提出来的。这样，郑州商城对于推动夏文化的研究也具有十分重要的意义。

郑州商城的发现不仅为安阳殷墟找到了源头，而且还为寻找先商文化提供了文化特征识别依据。以此为线索，商人的发祥地被追寻到河南北部和河北南部的漳河流域地区，使商族起源地这样的重大学术问题初步有了着落。

更为重要的是，以郑州商城为主要文化内涵的郑州商文化编年，已经成为认识周边地区商代考古学文化的标尺。

因此可以说，郑州商城在中国国家与文明探索研究中具有举足轻重和不可替代的作用。

（二）偃师商城

当学术界关于二里头遗址和郑州商城性质的讨论仍十分热烈，各种意见相持不下的时候，1983年春因修建首阳山电厂在河南偃师塔庄发现了一座商代早期城址。这就是学术界经常提到的"偃师商城"；又因当地有一条名叫"尸乡沟"的土沟横贯这座城址中部，因而又有学者称之为"尸乡沟商城"。

偃师商城位于二里头遗址东北方约6公里处，平面略呈刀形，北部较宽，南部短窄如刀柄，南北最长1700余米，东西最宽1200余米，南端仅宽740米，城垣周长约5500米，总面积约165万平方米，规模仅次于郑州商城。

在大城内西南部有一座小城，平面大致呈长方形，南北长1100米，东西宽740米，面积约80万平方米。小城中部偏南部位是宫城，面积约4万平方米，其中2号宫殿的正殿台基长90余米。宫城内有多座水井和较完备的排水系统，其东、西两侧各有一条用石板垒砌或上铺木料封盖的排水暗渠，经大城东、西墙的南门下通往护城壕。在宫城的西南隅和东北方各有一座类似府库的建筑遗址。

另外，在大城中、北部还发现了一般居民区、制陶作坊、铸铜遗迹、宫苑水池以及祭祀等遗迹。此外，还发现有车辙的痕迹，从实物遗存上把中国用车的历史从商代晚期提早了数百年。

由于《汉书·地理志》"河南郡偃师县尸乡"条班固自注"尸乡，成汤所都"，刚巧与横穿该城址、至今当地仍称作尸乡沟的土沟相合，这样二里头遗址为汤都西亳的观点很快被尸乡沟商城为汤都西亳说所替代。这一学术认识的变化，客观上促成学者们在"二里头文化是夏文化"这一点上趋于共识，同时还印证了《春秋繁露·三代改制质文》所记"汤受命而王，应天变夏作殷号……作宫邑于下洛之阳"的商代史实。

关于偃师商城的性质，至今仍然属于学术研讨的问题，主要有两种认识：一种意见认为偃师商城是汤灭夏后所建立的西亳，是夏商分界的界标。另一种意见认为偃师商城与郑州商城相比较，两者文化特征相同、年代相近，均属于商代早期都邑。不过尸乡沟商城早商文化年代上限不早于郑州商城，面积只及郑州商城三分之二，文化内涵也没有郑州商城丰富，因此郑州商城才是亳都，偃师商城只是陪都。也有人认为是商代早期为镇抚夏人所营建的军事重镇，或认为是"桐宫别都"。

确定偃师商城是"汤都西亳"，还是"桐宫别都"，对商代早期历史的认识将产生很大的影响。

东汉郑玄首先说："亳，今河南偃师县，有汤亭。"后来，班固也认为尸乡为成汤

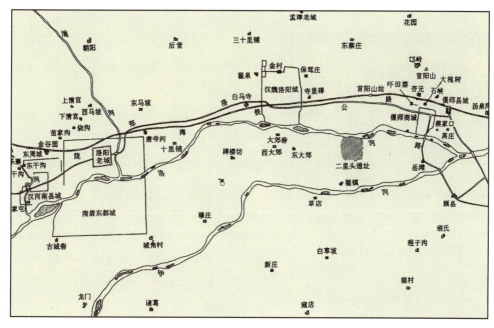

偃师商城与二里头遗址位置关系

所都。"西亳"一词最早见于西晋皇甫谧的《帝王世纪》。皇甫谧认为汤先都南亳，后迁西亳，并具体指出"偃师为西亳"。按商代之"亳"是一个由共称衍化为特称的字，凡有"亳社"之地皆可"简称为亳"，以偃师商城位于郑州商城之西的方位，称偃师商城为"西亳"也未尝不可，但这是相对于汤都郑亳而言。

《史记·殷本纪·正义》"桐宫"条引《晋太康地记》说："尸乡南有亳阪，东有城，太甲所放处也。"这表明所谓"桐宫"，指的是一座城址，而不仅仅是一座宫殿。太甲是商代前期继商汤之后第二个有所作为的商王，史称"太宗"。据《竹书纪年》记载，从汤崩至太甲大祫于太庙，仅十六年之隔。若按孔氏传《尚书·伊训》"成汤既没，太甲元年"，不言有外丙、仲壬，太甲俨然是商汤之后的第一个真正的接班人。

二、隞都觅踪

成汤居亳，建立强盛的商王朝，经过早期五世十王的相对稳定时期，传到第六世第十一位商王仲丁时，商王朝内部发生了诸弟子或叔侄之间争夺王位的斗争。这场权力争夺持续了很长一段时间，一直到第十世第十九位商王阳甲时才结束。因为涉及九位商王，历史上称为"九世之乱"。商王朝内部的斗争严重地削弱了商王朝的力量，于是诸侯大多不来朝觐，更有甚者，位于东方的东夷还背叛了商王朝，引发了仲丁征蓝夷的战争。

青铜建筑构件
商代
1989年郑州小双桥遗址采集
高18.5厘米，宽18.8厘米，侧面宽
16.5厘米
正面饰饕餮纹，侧面饰龙、虎、象等
纹饰。

内忧外患，终于使仲丁离开亳都，迁往隞（古音隞、嚣相通，故隞即嚣。隞，也写作敖）地建立新都，开始了商代中期"不常厥邑"的动荡时期。

关于隞的地望，历代学者看法不一。西晋皇甫谧认为在河南郑州西北方向荥泽隞山。即隞都得名于隞地，隞地得名于隞山。东晋李颙认为在河南开封一带。由于黄河改道和被泛滥积沙掩埋，故此说暂且无从查考。近人丁山依据隞山和甲骨卜辞"爻"主张在山东沂蒙山区。考古材料在这一带发现有商代晚期带"爻"字铭文的铜器和春秋时期带有"隞"字铭文的铜器。

自郑州商城发现以来，安金槐先生首先明

确提出这一城址就是仲丁所迁之隞都。郭沫若曾经在1959年视察该城址后，挥毫赋诗一首，诗中提到"郑州又是一殷墟，疑本仲丁之所都"。苏秉琦先生1989年在参观郑州商城之后也留下"隞墟"墨迹。然而，有关考古学材料越来越清楚地显示，郑州商城经历年代远非仲丁时期可以囊括，其上限甚至进入先商时期。因此，当郑州商城是汤都亳这一学术观点提出之后，隞都说受到了很大的冲击，隞都地望仍需进一步考证。

郑州西北郊区在古代文献《括地志》所记殷时隞地地望范围内，考古学家曾在这里多次展开过调查和小规模的发掘。20世纪80年代末，当地小双桥农民挖出一件青铜建筑构件和一件磨制精美并染有朱砂的石器。这一重大发现引起了河南考古工作者的高度重视，很快进行了较大规模的考古发掘，发现了一处大型商代遗址，由于其时代接近于商代中期，为探寻仲丁迁隞提供了重要的线索。

小双桥遗址位于郑州商城西北约20公里，遗址西北约5公里即荥阳古城，遗址东北约2公里即荥泽古城，北距邙山约5公里。邙山北邻黄河（古济水），即古隞山。小双桥遗址的总面积约144万平方米，稍小于偃师商城，具备了都城遗址的规模。

在遗址的中心区已发现数座商代中期的宫殿建筑基址，其中最大的一座东西长约50米，南北宽约10米，面积约500平方米，夯筑结构与郑州商城基本相同。在宫殿区内还发现有青铜建筑构件，其形制近方形，平面呈凹字形，两侧面铸有长方形孔，正面和侧面均铸有花纹，正面饰单线饕餮纹，侧面方孔周围各饰一组龙虎相斗纹。其中一件高21.5厘米，正面宽21厘米，侧面宽18厘米，重8.5公斤。古建筑专家推测是安装在宫殿正门两侧枕木前端的装饰性构件。从结构形制可推断该建筑规模宏大，非王宫莫属。如此华丽的建筑构件，在商代都城遗址中系首次发现。尤值得注意的是，在宫殿基址附近，还发现一座商代中期的巨大夯土台，台高达12米，台基长50米，宽40米，面积约2000平方米。在宫殿建筑基址附近，发现宽3.5米、深约1.75米的壕沟。类似的壕沟在郑州商城宫殿遗址区内和偃师商城宫殿遗址区内均有发现。在壕沟内发现一块经过加工的大石板，长70厘米，宽50厘米，推测是宫殿建筑的柱础石。另外，宫殿区内还发现多处祭祀坑，内埋牛、猪、狗、鹿、象等动物和祭品，也有人头和人骨架。有的陶器碎片上还有朱书文字。

有的学者认为小双桥遗址可能是仲丁时的宗庙遗址。也有学者以小双桥遗址的商代遗存时代主要属于商代中期的"白家庄期"，而郑州商城在"白家庄期"已处于废弃阶段，一兴一废，交错衔接，为仲丁自亳迁于隞都作出了考古学上的注解。对于小双桥遗址的性质，学术界还存在着是隞都的祭祀场所或隞都的田猎区等不同认识。

仲丁迁隞到盘庚迁殷这一历史阶段以商人为主体创造出来的考古学文化，目前被有的学者称为中商文化（或称中商期、商代中期文化）。在这一段约150年的时间里，商王朝内部发生了"九世之乱"和对东方"蓝夷"、"班方"的用兵，并多次徙都，处于动荡时期。根据中商文化发展的阶段性特点，可以将其区分为早、中、晚三期。

早期以河南郑州白家庄遗址商代上层遗存和小双桥商代遗址为代表，称为白家庄期。此期上承二里岗早商文化余风，分布地域远至湖北盘龙城。小双桥商代中期都邑遗址的发现与仲丁迁隞的研究，成为本期的焦点。

中期以河北藁城台西14号墓为代表。此期最西的分布地区到达陕西泾渭地区，如陕西扶风白家窑水库遗址和岐山京当铜器墓葬。邢台曹演庄中商文化遗址的发现与祖乙迁邢的研究，有可能成为本期的重点。

晚期以殷墟文化第一期为代表，可称为殷墟一期。此期开启了殷墟晚商文化的先河。本期的分布范围并不限于殷墟遗址，除殷墟遗址附近的三家庄、柴库、郭村西南台遗址以外，在河北中南部也比较常见，如磁县、邯郸、武安、邢台和藁城等地发现多处遗址。殷墟遗址的发现与盘庚迁殷的研究，是本期的特点。

在内忧外患、迁徙无常的商代中期，商王朝征东夷是国之大事。《古本竹书纪年》将"仲丁即位，征于蓝夷"与"河亶甲整即位，自隞迁于相。征蓝夷，再征班方"作为中商文化时期的重大事件载入史册。从考古学方面比较观察，整个早商文化时期，鲁西（以今津浦路左右为界）所发现的商文化遗存能早到早商文化晚期的只有十几处，然而到了中商文化时期，以鲁西地区为中心，商文化遗存突然增多起来。这一考古现象反映了河亶甲迁相、南庚迁奄的商都东迁史影和商王朝迫近东夷、拓展东土的历程。中商文化时期，鲁西地区商文化遗存叠压在岳石文化遗存之上的考古现象，反映出商王朝已经直接统治了这一地区。

在小双桥商代遗址中，特别是在祭祀坑中发现数十件方孔石器，这种石器造型特征为长方形，三面刃，上部均凿有长方形的大穿孔，形体较大，其中有一件长29.3厘米、宽12.8厘米。石质均为蚀变闪长岩，有的器表还涂抹有朱砂点或画有红色条带。这种方孔石器在以往的商文化遗址中还未发现过，却在鲁中南地区岳石文化中常见，具有"礼器"的功用，应当属于蓝夷、班方等东夷集团统治权力的象征。有学者甚至认为小双桥遗址出土的这些方孔石器，可能是仲丁时自蓝夷带回的战利品。

三、相都线索

继仲丁迁隞之后，是河亶甲迁相。《帝王世纪》、《括地志》等古代文献记载相的地望大体在黄河以北，并具体指出其所筑的城址在内黄县。宋代以后，还有学者认为安阳有亶甲城。近代学者丁山和陈梦家曾主张相在安徽宿县北面的符离集。

1999年，考古工作者在河南安阳西北方向约3.5公里处的洹河北岸花园庄发现了一座年代上限可至商代中期的城址，考古学家称其为"洹北商城"。这一城址大致呈方形，四面城墙长约2150米至2200米，面积约4.7平方公里。

在城址东部偏南发现有几十处宫殿基址，其中平面呈"回"字形的1号宫殿基址是迄今发现的最大的商代单体建筑，由

河南安阳洹北商城宫殿区1号基址
东西173米，南北80米至91.5米，面积近1.6万平方米。

主殿、西配殿、庭院、回廊、南庑、门塾等组成。另外在城址中还发现灰坑、水井、墓葬、房基等商代遗迹。关于该城性质，有一种意见认为可能是河亶甲所迁之相都。

四、邢都待现

《史记·殷本纪》载："祖乙迁于邢。"邢的地望，有的学者根据西周铜器铭文证明河北邢台为邢国始封地。近年来，邢台发现了中商文化时期遗存、西周有字卜骨、春秋早期邢侯墓等重要遗存，为探寻祖乙所迁邢都增添了新的旁证。冀西南地区广泛分布商代中期文化遗址，其中以邢台西南的曹演庄遗址规模最大，邹衡先生认为祖乙所居邢都很有可能就是此地。夏商周断代工程发掘邢台东先贤遗址，其中第一期遗存属于中商文化，此类遗存在邢台附近分布十分广泛，进一步证明了这一观点。

五、殷都璀璨

《尚书·盘庚上》载："盘庚迁于殷。"对于盘庚迁殷的原因，历代学者有不同看法。汉代学者认为是"去奢行简"，近代学者认为是"避河患"，现代学者则分别从对付来自北方民族的威胁、贵族与平民的矛盾和避"九世之乱"等方面解释。盘庚迁殷之后，百姓安宁，殷道复兴，诸侯来朝，商王朝的政治发展进入了一个新阶段。

盘庚去世后，小辛、小乙为王时，殷道再一次衰微，后来传位到小乙之子武丁。《尚书·无逸》说，武丁年青时"旧劳于外，爰暨小人"，所以才能"作其即位，乃或

亮阴，三年不言"。武丁当政后，以大臣甘盘、傅说为辅佐，勤于政事，是殷代少数明君之一，号称高宗。

在武丁统治时期，商王朝从衰败中重新振作起来。据甲骨学者研究统计，与武丁相关的卜辞共600多条，为晚商诸王之最，其中关于征伐战事的卜辞也比较多，被武丁征伐的方国达八十一个。这一现象表明武丁时期也是商王朝向外用兵较多的时期。武丁主要用兵于西北方向的羌、戎，对南方的荆楚、巴族进行过大规模的战争，对东方的人方也进行过战争。综合有关文献和甲骨卜辞的记载，武丁时期南征江淮，北伐河套，西拓渭汭，可谓武功赫赫。所以，《孟子·公孙丑上》说："武丁朝诸侯，有天下，犹运之掌也。"

殷墟甲骨出土情况

武丁以后继位的商王，大多只知安逸享乐，不关心民情，不重视发展经济，社会矛盾渐起。到了第十七世三十一王的帝辛（即纣王）时，任用费仲、恶来这样的奸佞之人，宠幸妇人妲己，酗酒淫乐，大修离宫别馆，大力搜刮民财，充实鹿台和巨桥（相当于国库）。这些做法引起了百姓的怨恨，一些诸侯也开始背叛商王朝。帝辛对此采用了镇压的措施，使用了像"炮烙之刑"之类的酷刑，甚至残酷地醢九侯，脯鄂侯，剖王子比干之心，同时还穷兵黩武地对西方的黎和东方的夷进行大规模战争。商王朝各种矛盾至此已经达到了极端尖锐化的地步，最终导致了商王朝的灭亡。

那么，当年盘庚所迁的殷都在哪里呢？有关殷墟的地望，《史记·项羽本纪》这样记载："项羽乃与（章邯）期洹水南殷虚上。"《括地志》进一步指出："相州安阳本盘庚所都，即北冢（蒙）殷墟，南去朝歌城百四十六里。……（邺）城西南三十里有洹水，南岸三里有安阳城，西有城名殷墟，所谓北冢（蒙）者也。"

殷墟地望引起有关学者的关心源自商代甲骨文的发现与研究。清朝末年，河南安阳一带农民在劳动中

甲骨文
商代
1991年河南安阳花园庄出土

经常挖出一些带字的兽骨和龟甲。由于缺乏文化知识，这些带字的兽骨或龟甲或被用作肥料，或被抛弃于枯井，也有一部分被当作可以治疗创伤的"龙骨"卖给中药铺，后来逐渐引起了古董商人的注意，并被当作骨版之类的古物收购。1898年至1899年，这些带字的兽骨和龟甲终于引起有关学者的注意，并探察其出土地点。罗振玉经过研究和探访，首先指出甲骨是殷王室之物，小屯是殷墟之所在。王国维进一步指出这些带有文字的甲骨卜辞出自殷墟，是商王朝盘庚至帝乙时的遗物。

安阳殷墟小屯殷代宫殿遗址地形全貌

安阳小屯甲十二宫殿基址复原建筑

殷都的最终确定，缘于1928年秋，由中央研究院历史语言研究所考古组在河南安阳小屯村开始的考古发掘与研究。经过数十年的考古发掘，证明盘庚所迁之殷，就是安阳西北五里的小屯村及其附近地区。相当于盘庚时期的遗址和墓葬已在殷墟发现，在小屯村北部的三家庄、花园庄一带，还发现了武丁以前的城址。考古学家的发掘与研究结果表明，殷墟文化发展连续不断，晚期的年代已与西周早期衔接。这一现象与《古本竹书纪年》"自盘庚徙殷至纣之灭，二百七十三年更不徙都"的记载相符。

目前勘定的殷墟范围，东西长约6公里，南北宽约4公里，总面积约24平方公里。在此范围内，分布着密集的居住遗址和墓葬。如果把上述范围附近的零星地点计算在内，殷墟的范围达到30平方公里。当然，殷墟的范围是逐步扩大的，盘庚迁殷至武丁早期时规模尚小，武丁晚期后迅速发展，到商纣时达到顶峰，成为商王朝最宏伟的一座都城。

殷墟的中心在洹河南岸的小屯村东北，这里是殷都的宫殿宗庙区，总面积约3.5万平方米，已经发掘出数十座宫殿夯土基址。宫殿宗庙区的西、南两面环有一条人工挖成的壕沟，与东、北两面的洹河组合成殷都的防卫屏障。

小屯村南约1公里的苗圃北地是铸铜作坊遗址，面积约1万多平方米。这里发现有翻制青铜器的陶范和陶模，熔铜的炉子和坩埚，浇铸铜器的流道，作为燃料的木炭。从陶范判断，这里主要生产青铜礼器。另外,苗圃北地东北的薛家庄和小屯村东北地两处铸铜遗址也以生产青铜礼器为主，而在小屯村西北约2.5公里的孝民屯西发现的铸铜作坊则主要生产工具和武器，表明铸铜手工业生产已有较明显的分工。

制骨手工业作坊发现有两处，一处在洹河北岸的大司空村，另一处在小屯村西北约3公里的北辛庄。在制骨作坊中发现有用于生产骨器的半地穴式的房子和存放骨料用的土坑。经过鉴定分析，用于制作骨器的材料主要是牛骨，也有猪、马、羊、狗、鹿等骨骼。制作工艺主要是利用锯、刀、磨石对骨料进行裁、锉、削、切、钻、磨等加工，产品有用于束发的笄、缝纫工具针和用于装饰的环等。

苗圃北地以西地段分布有陶窑遗址。

小屯村以西、孝民屯以东地段，是平民居住区。发现有半地穴式和在地面上建造的房子，在居住区中还发现有水井、储藏物品的窖穴等生活设施。

小屯村以西的白家坟西和孝民屯南地一带，小屯村以南和西南的刘家庄与戚家庄遗址，小屯村东南的薛家庄北地和高楼庄后岗一带，洹河北岸的大司空村南地一带，都是殷代的重要墓葬区。侯家庄西北岗、武官村北地是殷王朝的王陵所在地。

据《括地志》记载，殷墟是有城墙的。20世纪90年代末，考古工作者在小屯村北部的三家庄、花园庄发现了一座年代上限可至武丁以前的城址，因位于洹河北岸而被称作"洹北商城"。该城址大致呈方形，四面城墙都在2000米以上，面积超过400万平方米。目前在城中发现有宫殿基址、房基、水井、灰坑、墓葬等重要遗迹，初步判断年代上限可至商代中期晚段，有学者认为此城可能是盘庚所迁殷都。

殷墟出土的遗物中，以甲骨文最为重要。就某种意义而言，没有甲骨文的发现，就没有殷墟的发现。甲骨文的发现与研究，使《史记·殷本纪》成为信史，而《史记·殷本纪》在帝王、世次、称号上的一些错误，也因此而得到纠正。十几万片甲骨文的发现，极大地丰富了商代史料，把中国有文字可征的历史上推了几百年。甲骨文的内容涉及到商代政治、经济、文化、意识形态等各个方面，成为全面研究商代社会史的珍贵文献资料。

殷墟还出土了种类繁多的青铜礼器。仅在商王武丁的配偶妇好的墓葬中（编为小屯5号墓，也称妇好墓）就出土了20多种210件青铜器，如

青铜甗
商代
1976年河南安阳殷墟妇好墓出土
通高68厘米，长103.7厘米，重138.2公斤

玉人
商代
1976年河南安阳殷墟妇
好墓出土
通高9.5厘米

鼎、三联甗、分体甗、汽柱甑形器、簋、偶方彝、方彝、尊、觥、壶、瓿、卣、罍、缶、斝、盉、觯、觚、爵、斗、盂、盘、罐、方形高圈足器、箕形器等。

　　殷王朝拥有数量相当可观的玉器，据《逸周书·世俘解》记载："商王纣取天智玉琰五，环身厚以自焚。凡厥有庶告，焚玉四千。……凡武王俘商旧玉亿有百万。"即使按王念孙《读书杂志》所校，武王俘商获得的宝玉，也有"万四千"之多。殷墟出土玉器的种类相当齐全：礼器类有琮、圭、环、璧、玦、璜、簋、盘、柄形饰。仪仗类有戈、矛、大刀、玉援铜内戈、戚、钺。工具类有锯、锛、斧、凿。文化用品类有调色盘、小刻刀。生活用品类有梳、匕、耳勺、笄、镯、圆箍形饰。象生类有人像、人面兽面合雕、龙、凤、马、兽面、牛、羊头、羊头形器、兔、狗、虎、象、鹿、熊、鸽、鸟、雏燕、鸱鸮、鹰、鹤、鹦鹉、螺蛳、螳螂等。

　　另外，殷墟还出土了5500件以上的石器、24000多件骨器以及大量的陶器等等。如此丰富多彩的殷墟遗存，向人们展示了商代后期以商人为主体所创造的灿烂文化。

第三节　商史遗迹

一、等级差别

　　文献所见商朝社会等级分化相当明显，大致可以区分为上层贵族、普通平民和奴隶几个不同的阶层。上层贵族以商王为总代表，还有诸子、诸妇、侯伯、大臣这样的王室贵族，多尹、众感、旧人、邦伯师长、百执事、百僚庶尹等大小官僚，带兵的马、多马、亚、射、卫、服、戍等军事将领，从事宗教活动和记录的巫、祝、宗、卜、史、作册等史官。而"百姓"、"众"、"蓄民"、"百工"则是一般的小贵族和平民，从事社会生产。而像"妾"、"僮"、"仆"、"奚"、"宰"、"臣"等社会地位十分低下，主要服侍贵族，甲骨文中的"臣"字，像一只被刺的眼睛。命运最为悲惨的当属战俘，他们的生命没有保障，并多被用作祭祀神灵的牺牲。

商王朝用来维护这一等级社会的重要手段是刑法和军队，文献记载商代刑法很多，有"刑三百"之称。可以见到的有汤刑、炮烙、刖、脯、醢等，甲骨文中的"执"字像一个双手戴枷的人。军队有左、中、右三师，由王和王室大臣统领，战时征召平民充当步兵，贵族组成车兵，使用戈、矛、斧、钺、镞、胄等先进的青铜兵器。

商代考古材料也明显存在着等级划分的现象。

商代居住遗存大致可以区分出几个级别，即：（1）宫殿基址。建筑在夯土台基上，运用青铜构件、大理石雕刻和装饰有壁画的大型宫殿群，无疑是当时社会地位最高的统治者国君及王室贵族成员祭祀、行政和居住的场所。（2）中型建筑基址。建筑在夯土台基上的中型房屋建筑，其建筑工艺虽然同于宫殿建筑，但其规模、组合远比不上宫殿建筑，是当时贵族祭祀、行政和居住的场所。（3）小型地面建筑。一般建筑在地面上，多为单体建筑，有隔间，地坪经过夯打、烧烤或涂抹白灰面。这一类建筑是具有一定社会地位的小贵族的居住场所。（4）小型居室。一般是采用在地面上向下挖出方形或长方形的浅坑建造而成，面积在4平方米至10平方米之间。应当是社会地位低下的平民居住地。（5）小型地穴。一般为半地穴式，面积不大，当为社会最底层的工匠和奴隶劳作和居住的场所。

与此相应，墓葬表现出来的等级制度也十分明显，有：（1）大型墓。占地面积可在上千平方米，有长长的墓道，陪葬车马坑，雕漆棺椁，覆盖丝织品，随葬丰富的青铜器、金器、玉石器、陶瓷器、骨蚌器、贝币。有相当数量的殉人。这类墓的墓主人社会地位最高，往往是国君或王室成员。（2）中型墓。一般面积为数十平方米，配置棺椁，覆盖丝织品，随葬车马器、青铜器、金器、玉石器、陶瓷器、骨蚌器、贝币。有一定数量的殉人。这类墓的主人是社会地位较高的贵族。（3）小型墓。一般面积在几平方米，有棺椁，随葬青铜器、陶器、骨蚌器等。有少量殉人。这类墓的主人属于具有一定地位的小贵族。（4）普通小墓。面积大小仅能容身，有单棺和随葬少量的陶器，有些甚至没有随葬品。这类墓的主人应当是社会地位比较低下的平民。（5）殉人与祭祀坑。多出现在大、中型祭祀建筑或墓葬及其附近，数量很多，属于非正常死亡。这些人显然失去了人身自由。

在商代考古中，不难发现在建筑基址的主要部位、祭祀场所附近、墓葬中或周围，大量存在着用人祭祀和殉葬的现象。从甲骨卜辞记载来看，有关人祭的卜辞接近2000条，其中有一次动用人牲500人的记载。另外，在1976年安阳武官村北地殷王陵区考古发掘中，在墓区东侧发现一个面积达数万平方米的祭祀场，在已经发掘的4700平方米的范围内，清理出来191个祭祀坑，其中共埋葬1178具用于祭祀的人牲。除此之外，在商代的一些灰层或灰坑中，也发现有埋人的现象。这些用于祭祀的人牲，有的被捆绑，有的带有刀痕，有的甚至肢体残缺不全，与牲畜一起埋葬，应当与某些有特定目的的祭祀活动有关。

安阳殷墟武官村大墓殉葬人

武官村大墓墓口南北长14米，东西宽12米，深7.2米，北墓道长15米，南墓道长15.6米，共殉葬45人以上。

除了杀人祭祀以外，在商代大、中、小型墓中，还普遍发现用人殉葬的现象，比如安阳武官村一座商代贵族大墓中殉葬人至少在45人以上。

有关考古材料显示，有些殉葬人被埋葬在墓主人棺椁的周围，有的还有随葬品，这些人与墓主人关系比较密切，属于贴身侍从或手工工匠；有的埋在墓葬的底部和四角，执有青铜兵器，属于武装卫士；还有一些被肢解后埋在距离墓主人较远的地方，属于地位十分低下的役人。虽然这些殉葬人被埋葬的形式有所差别，但是他们失去人身自由、命运掌握在贵族手中的境遇是相同的。

与商代社会分化相关的还有对"众"、"众人"身份的认识问题。甲骨文中"众"字作日下三人形。学者们对于卜辞中记载的"众"、"众人"的身份，看法颇不一致。

最早有学者认为甲骨文中出现的"众"、

甲骨文中的"众"

商代

传出土于河南安阳

上面的刻文为"王大令众人曰协田其受年"，大意是商王命令众人从事集体耕作农田的农业劳动。

"众人"就是烈日炎炎下从事农业生产的奴隶；既而有学者认为"众"是受商王和小臣管理的家长制家庭公社成员；还有学者认为"众"是商人族众，有自己的家族和一定程度的独立经济，能参加一定的宗教活动和战争，因此应属于平民和自由民；也有学者认为"众"是商代社会中的奴隶主。

甲骨文中有不少描写商王祈求风调雨顺和丰收的卜辞，也有表现商王亲自视察耕作和粮食长势的记载，还有命令"众"从事协田（一种集体耕作方式）、种黍，或者命令"小臣"这样的官吏监督"众"从事农业生产活动的记载。有卜辞记载商王前往某地亲耕时，有"众"人相随。看来"众"应当是王室所依靠的农业生产者，其身份接近平民。在商代社会，众和众人作为氏族组织的基本成员，是主要的劳动生产者，他们被命令参加藉田等农事，带有一定的强制性质，是劳役地租的一种付出方式。

从卜辞记载"众"可以参加商王举行"藉礼"、承担王室农役和战争等活动来看，"众"这一阶层也应有所分化，其中除一般平民外还可能包含有具有一定社会地位的小贵族。在安阳殷墟宫殿区发现的一座圆形窖藏坑中，集中堆放着400多把有使用痕迹的石镰刀。王室贵族是不直接参加生产劳动的，即使是在商王举行"藉田"亲耕仪式的时候，贵族们使用的也是带有礼仪性质的青铜生产工具。所以，这些石镰当然不会是王室贵族使用的工具，而应该是定期发放给为王室从事农业生产劳动的人使用。看来这些连起码的劳动工具都没有的劳动者的经济地位和社会地位是十分低下的。

二、氏族宗法

商代继承了夏代的氏族封建制，并且有很大的发展。在商代社会结构中，氏族的力量比以前有所加强。丁山先生根据当时已经刊布的甲骨文资料进行统计，认为商代的氏族至少有二百个以上，并且断定殷商后半期的国家组织，确以氏族为基础。晁福林先生进一步认为："就整个殷商时代而言，也未尝不可这样说，即殷商时代的国家组织，确以氏族为基础。"

商代的族可以称为氏，如"殷民六族：条氏、徐氏、萧氏、索氏、长勺氏、尾勺氏"（《左传·定公四年》）。商王朝的诸族可以分为以国为姓和以职业为姓两类，如"契为子姓，其后分封，以国为姓，有殷氏、来氏、宋氏、空桐氏、稚氏、北殷氏、目夷氏"（《史记·殷本纪》），都是子姓族被分封后而以国为姓。前面所提到的"殷民六族"，索氏是以制造绳索而著名的氏族，长勺氏、尾勺氏是以制造酒器而著名的氏族，"殷民七族，陶氏、施氏、繁氏、锜氏、樊氏、饥氏、终葵氏"，陶氏是以制陶著名的氏族，施氏是以制作旌旗著名的氏族，繁氏是以制造马缨著名的氏族，锜氏是以制造釜著名的氏族，樊氏是以建造篱笆著名的氏族，终葵氏是以制造锥著名的氏族。在商代社会，"以国为姓"的氏族社会地位较高，以职业为姓的氏族则是子姓部族中的下层。在商代社会，王族与众多子族是很重要的社会集团，他们或参与戍守，或执行王命，社会地位十分重要。另外，商王朝的王畿地区除了子姓诸族以外，还居住着不少异姓部族。伊、旧、何、父、几、耿、肃、执等"殷之旧官人"（《逸周书·商誓解》），可能都是商的异姓部族的名称。这些异姓部族在卜辞中称为"多生（姓）"。商代晚期，氏族因发展壮大而形成分支。商末青铜器的族徽铭文，常见有两个乃至两个以上的氏族名号，并且在不同的器物上有不同的组合形式，组合成复合氏名。朱凤瀚先生研究统计了关于与"戈"组成复合氏名的青铜器，或铭有与"戈"有复合关系的其他名号的青铜器，指出记明出土地点者共44件，其中年代属殷代的器物较集中地出土于安阳及其邻近地（如河北藁城），共30件，占全部44件的68%，反映出商代晚期的戈氏已经产生了许多分支，与"戈"组成复合氏名徽号者就是"戈"氏分支氏族的族徽。综上所述，商代社会的基本组织形式是氏族。商代的氏族既是社会成员的血缘组织，又是商王朝基本的社会基层组织、商王朝的军事组织以及征收贡赋的基层单位。商王朝以氏族为基础，促使氏族封建制在商代得到了极大的发展。

三、社会经济

（一）农业

《史记·宋微子世家》记，有一次商亡臣微子路过曾经是商王朝首都的殷墟，当他看到这里生长着郁郁葱葱的农作物，而当年巍峨的宫殿群却已经沦于破败，不禁触景生情，无比伤感地咏出《麦秀之歌》。诗中"麦秀渐渐兮，禾黍油油"一句，生动地描绘出麦子抽穗出芒，丰收在望，绿油油的禾、黍生机勃勃、长势喜人这样一幅田园风光。

甲骨文中可以见到的商代农作物品种主要有：

禾（稷）类包括：禾，就是谷子，脱壳后为小米。秫，黏谷子。黍，现在

黍	（黍）现在仍旧称为黍，去皮之后称为大黄米。
禾	（禾）现在称为谷子，去皮之后称为小米。
来	（来）现在称为小麦。
麦	（麦）麦在商代可能专指大麦。
稻	（稻）在商代已经有稻，有人说"稻"字就应读"稻"。

商代甲骨文所见主要谷物

青铜铲（左）青铜镢（右）

商代

铲为1976年河南安阳殷墟妇好墓
出土

长17厘米，刃宽8.8厘米

镢为河南郑州二里岗出土

长16.4厘米，宽6厘米

商代甲骨文所见农具

石耜

商代

河南新安玉梅水库出土

长23.3厘米，宽23.5厘米

叫黍子，去皮后又叫大黄米。穄，黏黍子。这是当时
主要的粮食作物。

麦类包括麦（大麦）、来（小麦）。

另外，还有稻、菽（大豆）、高粱等。

考古工作者在河南郑州白家庄商代遗址发现稻
壳痕迹、在河南安阳后岗杀殉坑中发现小米遗存，
从实物遗存印证了甲骨文的记载。

今天，从事农业生产的人们喜欢用"五谷丰登"
来形容丰收年成。"五谷"即黍、稷、稻、麦、豆，
在商代已经具备。

在安阳小屯的考古发掘中，考古工作者在一些商
代窖穴壁上发现了残留下来的农业生产工具铲、镢、
耒遗留痕迹，对其中一件木耒痕迹测量数据为齿长19
厘米，齿径7厘米，两齿间距8厘米。另外，还发现了
木锨的实物遗存。更为重要的是发现有青铜耜、镢、
铲等青铜农具，从有关铸铜作坊存在铸造铜镢的范判
断，当时应当有一定数量的青铜农具用于特定场合的
生产活动。

从各地商代遗址出土的农业生产工具来看，当
时农业生产工具仍然是以木、石、骨、蚌质为主要
原料制成，器类有翻土工具耒、耜、铲，中耕工具
锄，收割工具镰、刀等。

从甲骨文记载中可以了解商代农业生产的一般程
序：在二月选择耕地（省田），然后清除草木（柞、
耨），继之开垦荒田（衰田），翻耕土地（劦田、藉
田），整治田垄（埒田），施肥播种（粪种），进行
田间管理（灌溉、除草、治虫），最后收获。不难看
出，这一农业生产程序需要相当长一段时间，甲骨文
中"年"字就像一个人肩负着禾，表示禾生长成熟后
被人收获。因此，禾的生长期被用来计时，这就是年
具有的时间含义。

收获之后还要进行脱粒、去皮加工、入仓廪等

石镰（左）蚌镰（右）
商代
石镰为河南安阳出土
长17.5厘米
蚌镰为河南郑州出土
长14.9厘米，宽3.8厘米

活动。在商代遗址中发现较多的窖穴，这些窖穴一般挖掘较深，修造比较讲究，其中有些窖穴应该是用来储藏粮食的，考古学家在安阳殷墟深达5米的窖藏底部发现有腐朽的谷物痕迹。考古发现，商代使用石臼对粮食进行去皮加工。

商代酒器比较流行，说明商代的粮食产量不仅能够满足当时社会的正常食用，还有剩余用于造酒。

由于农业生产是当时的经济基础，所以商王和各级贵族都非常重视农业，甲骨文中有商王对于农业生产进行占卜询问的卜辞，涉及求雨、问某地收成、亲自视察耕作和农作物、督令农业生产者集体进行农业生产。

甲骨文中的"田"字，是商代田地经过田垄和沟洫规整疆理的形象写照。同时，甲骨卜辞中还能看到关于藉田的记载，依靠氏族的人力或族众所藉的田地应当是"公田"。"公田"由氏族的人力或族众集体耕种，收获

石斧
商代
河南安阳四盘磨出土
长16厘米

物就作为交给王室贵族的一种赋税，这是一种典型的劳役地租的赋税制度。因此，《孟子·滕文公上》有"殷人七十而助"、"惟助为有公田"、"同养公田"的说法。

（二）畜牧业和渔猎

在农业发展的基础上，商代的畜牧业也很兴旺，后来所谓的"六畜"马、牛、羊、猪、狗、鸡在此时都已经具备。这一时期饲养的家畜，除用于食用或动力外，大量用于祭祀活动，作为奉献给神灵的牺牲。当时用牲少则几头、几十头，多则数百头，甚至上千头，甲骨文中有一次祭祀用千牛的记录，这也反映了当时畜牧业具有相当的规模。

渔猎在商代社会经济活动中也占据一定的地位，在商代遗址中发现的渔猎工具像镞、弹丸、网坠等，都可以在甲骨文中找到相应的文字。商代遗址出土的动物遗骸经过鉴定，属于野生动物的有象、犀牛、熊、虎、豹、野猪、狐、獐、麋、鹿、獐、羚、獾、猫、兔、鼠、各种鸟类、青鱼、鲤鱼、黄颡鱼、草鱼、赤眼鳟、田螺、蛤蜊、鳖、龟、河蚌以及海产鲟鱼、鲸鱼、海蚌、海贝等，其中绝大部分应是渔猎活动所获。

（三）手工业

商代手工业分工明确，种类较多，从文物上可以分辨出有金属铸造业、陶瓷业和纺织业等。

金属铸造业以青铜冶铸业为代表。由于青铜铸造业是当时最为先进的生产技术，所以在商代各类手工业中居于最为重要的位置，直接由王室控制，为王室服务，属于官府手工业。

目前发现的商代青铜铸造作坊主要见于商代的都邑，在郑州商代早期都城发现了两处较大规模的铸铜遗址。一处在郑州商城以南（南关外东南约0.5公里的地方），总面积约1050平方米。遗址出土坩埚碎片、红烧土（经过烧烤形成的红色焦土硬块）、炼渣、木炭、浇铸青铜器的陶范。坩埚是熔炼青铜的容器，这里发现的坩埚是用陶器灰陶大口尊或直口红陶缸抹草拌泥制成，或者用草拌泥直接制成炼炉。从陶范残片可以看出，这里生产青铜礼器鬲、斝、爵，工具镢，兵器镞。而另一处在商城北部（河南饭店一带），面积约270平方米，发现有附着铜渣的硬土面和陶范，可以辨认出器类有刀、镞、钺等，主要是兵器。两处铸铜遗址产品种类的差别，表明不同的手工业作坊分工有所不同。

目前，在商代早期都城郑州商城发现的青铜器种类，礼器类有鼎、鬲、盉、斝、觚、爵、盘、卣、尊、盂、罍、簋，工具类有斧、锛、镢、凿、锯、斨、刀、舌、锥、钻、鱼钩，兵器类有戈、矛、刀、镞、钺，另外还有车马器、建筑构件等。

其中青铜容器的造型，一般多仿自陶器，足多呈锥状，也有柱状，多见平底。青铜器较多地装饰带状单线尾部上卷的饕餮纹，花纹结构比较简单。铭文少见，有铭文者，字数也较少，或为族徽，笔道刚劲。以1974年9月在郑州杜岭街出土的大型青铜方鼎最具代表性，是商代早期王室重器。

商代晚期，青铜冶铸业达到了高峰。当时的首都安阳殷墟是青铜铸造业的中心地区，规模较商代早期大得多。小屯东南1公里处的苗圃北地铸铜遗址，估计总面积约在1万平方米以上，出土了数以千计的陶范。安阳殷墟出土的商代晚期青铜器种类，礼器类有鼎、鬲、甗、簋、盉、斝、觚、爵、角、觯、觥、罍、尊、瓿、盘、卣、盂，工具类有斧、锛、镢、凿、锯、斨、刀、锤、锯、铲、畚、锥、钻、鱼钩，兵器类有戈、矛、刀、镞、钺、盔，乐器有铙、铃，另外还有车马器、建筑构件等。

青铜器通体装饰被称为"满花"的繁缛纹饰，用底纹衬地后形成多层花纹，以尾部下卷的饕餮纹最为常见，且变化极其丰富，鸟纹、蝉纹开始盛行。铭文渐长，出现由一个字或几个字到几十个字的短篇铭文，笔道多显波折。器物造型，多半为柱状足，也有兽足，多圜底。簋出现双耳。

在所有出土的青铜器中，以1939年河南安阳武官村一座商代大墓出土的司母戊大鼎最具代表性。这件青

司母戊青铜鼎

商代

1939年河南安阳殷墟出土

高133厘米，宽78厘米，实际重量为832.84公斤

铜鼎是目前发现的中国古代青铜器中体积最大、重量最重的青铜鼎。因铭文"司（后）母戊"而名，属于国家一级文物，现藏中国国家博物馆。当时司母戊鼎的发现者，为防侵华日军的掠夺，曾打算将其肢解埋藏，后只锯掉一耳便埋藏起来。现在人们看到的"司母戊"大鼎，有一只耳是按照另一只耳翻铸的。关于司母戊鼎的重量，历史教科书上一般介绍为875公斤。20世纪90年代初经重新检测，除去四个足内残存的内范泥土后，实际重量为832.84公斤。经光谱定性分析，知道它主要由铜（84.77%）、锡（11.64%）、铅（2.79%）三种合金制作而成。与《考工记》记载"六分其金，而锡居其一，谓之钟鼎之齐（剂）"的比例大体相合。

考古发现商代晚期有一种俗称"将军盔"的陶容器，主要用于浇铸熔化的青铜液体。据计算，一个将军盔一次可熔铜12.5公斤，要铸造司母戊这样的大鼎至少需要七十个将军盔同时进行工作才能够完成。正如马克思所说，简单的协作也可以产生出伟大的结果。商代先进的青铜冶铸技术是当时从事冶铸手工业劳动的工匠们

铸铜坩埚"将军盔"

商代

河南安阳殷墟出土

高32厘米，口径22.8厘米

据测定，一次能熔铜12.5公斤。

铁刃铜钺
商代
1973年河北藁城台西遗址出土
残长11.1厘米，栏宽8.5厘米

原始瓷尊
商代
1953年河南郑州出土
通高11.5厘米，口径18.3厘米
高岭土做胎，施青绿色釉，体饰方
格纹。

刻纹白陶簋盖
商代
河南安阳殷墟出土
高6.5厘米，口径18厘米

协作实践创造的结晶。

另外，在安阳殷墟、河北藁城台西村、北京平谷刘家河均发现属于商代的铁刃铜钺，经过化验，所用的铁是天体中自然陨落的陨铁。这一史实显示，中国在商代不仅初步认识并使用了陨铁，而且掌握了锻打和铸接铜与铁的技术。

陶器在商代仍然是人们日常生活中主要使用的器物。河南郑州铭功路所发现的一处规模较大的商代早期制陶遗址，在1400平方米的范围内，发现有陶窑十四座，房基十余座。陶窑呈圆形，上面是窑室，下面是火膛。周围发现有用于生产陶器的工具有陶拍、陶垫、印模，还有陶坯和烧坏的陶器。从这里出土陶器以盆和甑为多的现象判断，这里是一处专门生产陶器的作坊遗址。

有两种烧制技术最能够代表商代陶瓷制造业水平：一是原始瓷器的烧造。不少商代遗址都发现有商代的原始瓷器，这些原始瓷器以高岭土（又称瓷土，其化学成分是氧化硅占70%以上、氧化铝占20%以上）做胎，胎质非常细密，器体表面有一层青绿色薄釉，吸水性很弱，烧制火候在1000℃以上。器物种类较少，有尊、豆、罍、罐、壶、瓿形器、瓮等。总体上说，这一时期瓷器烧制水平不高，属于中国瓷器的初创阶段。二是刻纹白陶的烧造。这种白陶是用高岭土做胎，烧制火候比较高，质地坚硬，色泽皎洁。在中国历史上，原始社会末期大汶口文化、龙山文化就已经出现白陶，主要是鬶；夏王朝遗存也有发现，不过发现数量有限，主要是酒器爵、盉，种类较少。商代的白陶制作工艺达到了高峰，表现为种类增多，已经发现有豆、盂、盘、簋、罍、斝、尊、瓿、卣、瓮、器盖、埙等，而且有较大的器形。一个非常重要的特点是，这些白陶产品造型和纹饰都模仿当时的青铜礼器，是专供王室贵族使用的贵重物品。

考古所见商代的纺织工具主要是纺轮，商代的纺织品遗痕主要见于覆盖于车和棺椁上的帷帐及青铜器的包裹，质量分粗细麻布和丝织品，染以黄色、红色，或在其上以黑、白、黄彩绘出蝉、几何花纹和饕餮纹。有关分析研究显示当时纺织的经纬最小密度为每平方厘米10根×8根，最大密度为每平方厘米72根×35根。不仅能够织造各种平纹，如纨（平纹纱）、縠（纹纱类的纱罗，平纹绸丝）、畦纹等，而且能够织出菱形暗花纹的文绮和刺绣，而织出文绮这样的花纹图案需要有专门的提花装置的织机才能完成。安阳殷墟后岗还发现成束的

包裹青铜器的纺织品痕迹
商代
1953年安阳殷墟大司空村出土

丝线、丝绳和麻绳。从出土的一些商代人物形象的艺术品上，也可以看到当时人们的衣裳形式和上面装饰的花纹图案。

考古发现，商代社会在生产、生活、文化等各个领域都广泛使用骨、角、牙、蚌器。商代早期，已经有了专门制作骨器的手工业作坊。位于郑州商城北面的一处骨器作坊遗址中，有一个骨料坑，其中出土了1000多件骨器或半成品、骨料、废料，伴随出土的还有磨制骨器用的砺石。这些骨器的成品或半成品大半是镞和簪，可以推断这是一处主要加工生产骨镞和骨簪的作坊。经过鉴定，用于骨器生产的骨料有牛骨、猪骨和鹿角，但有一半是人的肢骨和肋骨。在距此不远的商城内部一条商代壕沟内，发现有近百个被锯开的人头骨，显然是被用来制作器皿。商代晚期，骨器生产规模扩大，位于安阳小屯西面3公里处的北辛庄的一处骨器作坊遗址，发现有骨料坑、半地穴式的房基。出土与骨器制造有关的半成品、骨料、废料计5000多件，主要是牛、猪骨，也有马、羊、狗、骨和鹿角，上面遗存有切、锯、钻、磨的加工痕迹，伴随有青铜刀、锯、钻和砺石等加工工具的出土。加工生产的产品以笄为主。另外在郑州、安阳、辉县、益都等地都发现有比商代更加精美的骨器，产品种类有皿、尊、觚、杯、埙、匕、笄等。观察商代骨器可以发现其制作工艺有裁、剖、刮、削、磨等工序，包括象牙器。而青铜工具的使用可以镌刻出细密流畅的线条，表现出精美细致的图案。不过，高级骨器制品一般用于贵族生活，普通百姓使用的骨器多为锥、刀、锯这样的生产工具。

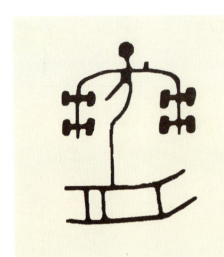

甲骨文所见人担着成串的贝的形象

着装玉人
商代
1976年河南安阳殷墟妇好墓出土
高7厘米

玉蚕
商代
1953年河南安阳殷墟大司空村
出土
长3.1厘米

鲸鱼骨
商代河南安阳殷墟出土
大块高23厘米，小块高14厘米

（四）商业

从有关商代手工业内部出现的产品分工生产的现象，人们不难看出当时存在着以交换为目的的商品生产。考古发现，商代用贝数量较多，目前已经发现商代有铜贝和海贝。其中以海贝数量最多，在万枚以上。有一个甲骨文字很有意思，表现出一个人站在一条船上，担着成串的贝。

在商代，用贝殉葬或祭祀的现象比较普遍，少者数枚，最多者数以千计，比如在山东益都苏埠屯发现的一座地方方国贵族的大型墓葬，其中随葬海贝3790枚；在商代首都安阳小屯村出土的一座中型墓中随葬6000多枚海贝；甚至有的死者口中还含有贝。

甲骨文有赏赐贝和取贝的记录。关于贝的单位，王国维认为古代以五个贝为一系，两系共十个贝为一朋。郭沫若认为并无定数，二或五个贝作为一朋均可。

因为贝的来源受到地域限制，所以受到当时人们普遍的珍视，拥有特殊的价值，具有作为原始货币的条件。因此，在考虑其用作贵重装饰物之外，作为交换媒介的可能性是很大的。在商代早、晚期都城所在地河南郑州和安阳均发现了鲟鱼鳞片、鲸鱼骨、海蚌、大龟、玉等，有些并非本地所产，有的产地相距遥远，其来源除了进贡之外，不排除通过商业贸易交换得来的可能。

（五）交通

商代交通道路有陆路和水路两种。目前所见陆路主要发现于当时的都邑，比如在河南偃师商城内发现11条大路，构成棋盘式交通网络。路土坚硬细密，路面一般宽6米，最宽可达10米。南方的江西吴城遗址发现这一时期的道路长达百米，宽3米至6米。

目前，从文物角度认识商代的交通工具主要有车和船。车是陆路的主要运载交通工具。甲骨文和金文形象地表示车由辕、轭、衡、舆和装有条辐的双轮等部件构成。有关商代考古，在河南偃师商城遗址发现了属于商代早期的车辙遗痕，在郑州商城发现了用于浇铸车轴青铜轴头的陶范。从安阳殷墟发现的数十辆属于商代晚期车的遗存可以看出，商代车大体属于木质结构，由车架、车舆和车轮三个重要部分组成。其中车架是车的骨干，包括导引方向的车辕、安装联结动力轭的车衡和支撑车舆、车轮的车轴，车轴两端安有起保护作用的青铜害；车舆用于载物，一般从后边上下，周围安有文献称之为轼和轿的护

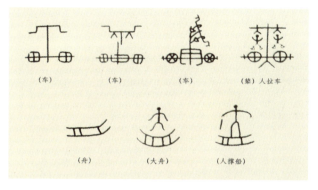

商代甲骨文中车、舟的象形字

马车坑
商代
河南安阳殷墟孝民屯出土

栏，上面有盖；车轮两个，对称地安装于车体两侧，为了防止车轮脱落，在车轴两端的铜軎上留出的孔中安有木辖，车轮的辐条数为18根至26根。

船是水上交通工具。关于商代船的形象主要见于甲骨文，可以看出其形制大致与现在的小木船差不多。

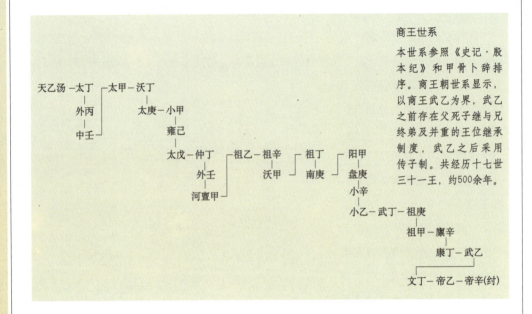

商王世系

本世系参照《史记·殷本纪》和甲骨卜辞排序。商王朝世系显示，以商王武乙为界，武乙之前存在父死子继与兄终弟及并重的王位继承制度，武乙之后采用传子制。共经历十七世三十一王，约500余年。

第三章

西周王朝

中国古代史教科书上所讲的西周王朝，指周武王灭商到平王东迁雒邑，以丰、镐二京为统治中心这样一段历史时期，是中国历史上第三个王朝国家。

西周时期，以宗法等级制度为基础的一系列政治、经济制度的日趋完善，标志着中国王朝社会达到了鼎盛。随着社会内外矛盾的不断尖锐，西周中期以后开始衰微，西周王室日益走向没落。

今天，有关周族的起源、西周年代、各个诸侯国的始封地望以及宗法、礼乐制度仍然是学术界关注和探讨的重点。

第一节　周族兴起

翻开《史记·周本纪》，可以从中找到有关武王灭商以前的周人世系：

后稷（弃）—不窋—鞠—公刘—庆节—皇仆—差弗—毁隃—公非—高圉—亚圉—公叔祖类—古公亶父—季历—文王（昌）

武王灭商之后直至幽王亡国周人世系：

武王—成王—康王—昭王—穆王—共（恭）王—懿王

孝王—夷王—厉王—宣王—幽王

从以上世系可以看出，周族在立国前后基本实行传子的王位继承制度，只是懿王死后，由共王之弟辟方立为孝王；孝王死后，诸侯复立懿

甲骨文和金文所见"周"字

青铜器成周戈铭文所见"周"字像疆域齐整的"田"。何尊铭文所见"周"字则在"田"下增加"口"。

王之子燮，是为夷王，这样，西周王朝共经历十一世十二王。值得一提的是，2003年1月19日，陕西郿县杨家村五位农民在挖土时发现一座西周时期的青铜器窖藏坑，里面埋藏有27件属于单氏家族的青铜器，有鼎、鬲、盘、盂、壶、盉等器类。此次发现的同一窖藏的20多件青铜器全部都有铭文，总数达4000余字，多次同时使用年、月、日、干支与月相，完整地记载了从文王到宣王十二位周王的名称位次和有关事件等，在中国青铜器发现史上尚为首次。

一、周族起源

《史记·周本纪》记载，有一位来自有邰氏的女子，名叫姜嫄，是帝喾的元妃。有一次，她在野外出游的时候，看见一个巨人留下的足迹，一种莫名其妙的兴奋与冲动促使姜嫄践踏了这个足迹，她因此而有了身孕，并生下一个男孩。这个男孩子由于来历不明，被看成是不祥之人，人们把他抛弃在狭窄的街巷里，然而过往的牛羊不仅避免踩踏他，而且还用奶水哺育他；人们又准备把他抛弃在一处树林里，恰巧遇到不少人在这里砍树；后来把他抛弃在野外的冰面上，不料天上飞来许多鸟用翅膀温暖他。在遇到这些奇异的现象之后，人们只好把他抱回来交给他的母亲抚养。由于多次遭到抛弃，这个男孩被称为"弃"。弃，就是周人尊奉的始祖。弃从小就喜欢玩种植五谷、植物、瓜果的游戏，长大后喜好农耕，并且向人们传授种植五谷的技术。后来弃被帝尧任命为农师，以农业造福于天下百姓。帝舜时封弃于邰（一说在今陕西扶风、武功两县境内，一说在山西南部汾水流域）这个地方，以后稷为号，因姬水为姓。在陶唐、虞、夏之际，后稷兴盛起来。

这段故事至少向后人透射出这样的信息：周族是一个具有悠久历史的古老民族，从文献上看至少可以追溯到夏代，甚至更早；周族经历过"只知其母，不知其父"的母系氏族社会。

甲骨文、金文都有"周"字。稷，是中国古代对生长于北方的一种耐旱作物粟（谷子）或黍的称呼，因是五谷之长，而被看作是农业的象征。在民以食为天的古代中国，农业是关系到国计民生的大事，所以备受重视。中国文学艺术作品中常常提到的"江山社稷"，代表了国家至为重要的疆土、土神和谷神。从周族及其始祖后稷的取名，不难理解周人是一个善于农业生产的民族。

《史记·周本纪》记载，后稷去世以后，他的儿子不窋继承王位。由于夏后氏政治衰落，忽视农业，不窋失去了掌管农事的官职，周族从此流窜于戎狄之间。

这种游荡不定的生活局面一直到第四位先公公刘的时候才得以改变。公刘虽然生活在戎狄之间，但他重新开始重视和恢复农业生产，并且采取了一系列有力的措施，使居者有积蓄、行者有路费、人民生活有保障。周边不少百姓都来投奔公刘，周人的势力逐渐壮大。

后来，公刘率领周族由邰向北迁徙到豳（在今陕西彬县、旬邑、长武境内，也有认为在山西临汾），在这里开垦农田，营建祭祀祖先的宗庙，壮大武装力量，周族从此复兴。《诗经·大雅·公刘》是专门记载和歌颂公刘事迹的篇章，表达了后代对公刘的追思之情，其中"乃埸乃疆，乃积乃仓，乃裹糇粮"，"弓矢斯张，干戈戚扬"等诗句描写了此时周族有了巩固的疆域并大力发展生产和增强军力的情况。

公刘以后相继的八位先公，史书记载非常简略。从第十三位先公古公亶父开始，见于文献记载的事迹较为丰富。《诗经·大雅·绵》有相当多的篇幅是后代歌颂古公亶父的诗篇，应当是对历史的写照。

《史记·周本纪》记载，古公亶父在位的时候，继承后稷和公刘的事业，积德行义，得到国人的拥戴。然而这一安居乐业的局面，却因薰育、戎狄等游牧民族的不断骚扰和掠夺而受到威胁。古公亶父不得不率领周族离开豳地，渡过漆水、沮水，翻越梁山向西南方向转移，一直走到岐山南面山脚下的周原（今陕西岐山、扶风、凤翔、武功等县交界地带），因这里水源丰沛、土质肥美，适于农耕而居住了下来。原来在豳地生活的豳人也跟随周族迁到岐山，附近一些古国听说古公亶父到来，纷纷慕名前来归附。于是古公亶父在周原废除戎狄习俗，接受和学习东方的商文化，建筑城郭，兴建宫室，设置官吏，周人在岐山很快兴盛起来。这一时期，周人已经在周原建立了自己的国家。周人立国之所以称"周"，大约与周原地名有关。

上面叙述的几个有关周先公的故事主要来自于文献记载，这些故事与周族的起源和发展有着紧密联系。那么，周族在建立西周王朝之前的文化遗存是什么样子的呢？这一时期周族生产力又是怎样的水平呢？先周文化的提出和研究对于解答这些问题具有十分重要的实证意义。

先周文化是指西周王朝建立以前以周族为主体创造的物质文化遗存。根据《史记·周本纪》、《史记·匈奴列传》、《国语·周语》的记载判断，从后稷到武王克商大约经历了四五百年时间，大体在商纪年范围之内。

为先周文化的提出奠定基础的考古工作，是1933年至1937年间北平研究院史学研究所对陕西宝鸡斗鸡台遗址的发掘；随后，在1943年，中央研究院历史语言研究所在陕西武功、彬县、旬邑、岐山、扶风、长安等地探寻与文献记载周人早期活动的邰、豳、岐、丰、镐地望的联系。这些考古活动所获得的主要研究成果是，苏秉琦先生通过对陕西宝鸡斗鸡台遗址墓葬出土炊器瓦鬲的时代研究，认识到斗鸡台遗址初期和中期遗存可

先周文化陶鬲
商代
北京大学赛可勒考古与艺术博物馆藏
高18.8厘米，口径18厘米

能是周人建立西周王朝之前的遗迹。

20世纪60年代初，中国科学院考古研究所对陕西长安沣西、沣东遗址的发掘，为苏秉琦先生所提出的斗鸡台瓦鬲墓初、中期找到了地层依据。

70年代中期，陕西省博物馆等单位在岐山贺家村属于瓦鬲墓初期的墓葬中发现了铜器随葬现象。邹衡先生结合50年代以后发现的有关考古材料，对斗鸡台瓦鬲墓重新加以分析，在此基础上提出了"先周文化"的命名，并且具体指出先周文化的时代在商王祖甲至帝辛时期，其分布地域主要在陕西和甘肃的泾、渭地区，分布特点是早期偏重于西方，以宝鸡、岐山为中心；晚期东移，以长安沣西为中心。他还提出先周文化存在三个主要来源，即来自山西境内的姬周文化，来自甘青地区以辛店、寺洼文化为主的姜炎文化，来自东方的商文化，他以此为依据判断陕西邠县、长武、麟游、岐山、扶风、凤翔、宝鸡、武功、乾县、耀县、泾阳、咸阳、户县、长安、凤县，甘肃平凉、灵台等地均有先周文化遗存，大致与《诗经》、《孟子》、《史记·周本纪》等古代文献所记周人早期活动地域相符。

关于先周文化的渊源，学术界除以上介绍的观点之外，还有源于陕西关中地区的客省庄二期文化，山西汾水流域晚期龙山文化、二里头文化东下冯类型，甘青地区的寺洼文化或辛店文化等不同意见。目前，有关讨论仍在继续。

考古发现表明，周人立国以前的生产力水平已比较高，已经掌握青铜铸造技术，有了文字，社会财富不均表明社会已分化为不同的阶层，这些迹象说明先周文化属于青铜文化。

二、翦商大业

据《诗经·鲁颂·閟宫》记载，太王古公亶父迁岐之后，随着周族力量的不断强大，商周之间矛盾渐起，商王武丁曾对企图翦商的周族进行过讨伐。周的第十四位先公季历即位后，通过一系列的军事进攻，打败了西北方长期威胁周人的众多戎狄部落，如西落鬼戎、燕京之戎、余无之戎、始呼之戎、翳徒之戎等，威震西陲，因而被商王朝授命为

"牧师"，成为西方强大的方伯之国。随着周族势力的不断壮大，商周之间的冲突逐渐升级，导致商王文丁杀了季历。

季历的儿子姬昌即位后，继续北逐猃狁，西攘混夷，伐犬戎，以武力征服西方密须、阮、共、虞、质、幽等部落方国，巩固了后方。接着又向东方征伐耆（或黎，地在山西东南）、邘（或盂，地在河南沁阳）、崇（河南嵩山一带，或说在陕西长安一带）等部落方国，并且在沣水西岸建立新都丰邑，号称"西伯"。从周原发现的周人甲骨卜辞中，可以看到有"伐蜀"、"征巢"、"楚子来告"等历史事件的记录，表明周族的影响已经到达江汉、江淮和四川盆地。《史记·齐太公世家》描述此时三分天下，周有其二，说明当商王朝趋于衰落的时候，周族迅速崛起。商王朝已经感到了周的威胁。文献记载商王帝辛曾经一度将姬昌囚禁在商都附近的羑里，应当就是商周冲突的反映。《史记·周本纪》中记载了这样一个故事，虞和芮这两个小国因田地争端，不去找商王判决，而是相约找文王姬昌仲裁。在周的境内，两国国君看到周人相互礼让的质朴风俗，感到很惭愧，最后以礼让的方法解决了争端，这就是所谓的"虞芮之讼"。这一事件表明周在众多方国中享有的威望已经超过了商王朝。文王就是在断"虞芮之讼"这一年称王，称王九年后去世。

文王死后，其子姬发即位，是为武王。这个时候，帝辛统治的商王朝正处在风雨飘摇之中，背叛商王朝的诸侯国越来越多。武王为完成文王的遗愿，继续在沣水东岸营建镐京，积极做东进灭商的准备。《史记·周本纪》记载，武王即位后第九年曾经对商王朝诸侯国的效忠程度进行过一次试探。他以观兵会盟为由，向东到达黄河的一个重要渡口。因为从这里渡过黄河，就可以长驱直入到达商王朝的首都，所以武王在此观兵会盟的目的十分明显。许多事先没有接到通知的部落方国得知这一消息后，纷纷赶到这里参加会盟，据说参加会盟的大小方国首领有八百多位。这一渡口也因这次会盟而被称作盟津。今天河南洛阳北部靠近黄河南岸有地名孟津，应与当年武王会盟事件有关。孟津之会的意义在于通过盟津之誓，显示众多方国首领愿意听从周的号令，表明商王朝统治已经到了分崩离析的地步。

孟津之会后两年，商王朝内部矛盾进一步激化，发生了帝辛杀王子比干、囚禁王叔箕子的事件。武王得知这一消息后，立即抓住机会，联合庸、蜀、羌、髳、纑、彭、濮等部落方国兴师伐商。当时，周人的兵力有甲士四万五千人、虎贲（勇士）三千人、战车三百辆。

武王十一年正月甲子日，周人的军队到达商王朝首都郊外的牧野（地在河南汲县北），在这里进行了战前的誓师大会，保存在《尚书》中的《牧誓》，就是对这次誓师大会的记录。商纣王也派出大军迎敌，《诗经·大雅·大明》描述"殷商之旅，其会如林"。然而，商军数量虽众，但士气低落，甚至心怀异志，以至于发生"前徒倒戈"的

利簋
西周
1976年陕西临潼出土
高32厘米
有32字铭文，铭文记载了武王克商
事件。

事件。战争的结果是周军战胜了商军，攻入朝歌城，纣王登鹿台自焚身亡，历时五百余年的商王朝被推翻。

1976年，在陕西临潼出土了一件属于武王时期的青铜簋，因为这件青铜器由当时担任右史职务、名叫"利"的人为纪念武王克商后对他进行赏赐而铸造，所以被称作"利簋"。利簋上的铭文记载了武王克商时间是"隹（唯）甲子朝"，从而印证了《尚书·牧誓》所记"时甲子昧爽"和《逸周书·世俘解》记载的"甲子朝"的正确性。

武王克商是中国历史上的一件大事。由于这一历史事件对于划分商周王朝纪年具有重要的意义，所以在西周年代学研究领域备受关注。迄今由古今中外学者提出的有关武王克商的年代集中在前1130年至前1018年之间，达44种之多，其间最小相差一年，最大相差一百多年。2000年10月公布的夏商周断代工程阶段性成果，选择前1046年为武王克商之年。

武王于克商二年后去世。由于即位的成王当时十分年幼，不能单独管理新建的王朝国家，所以由武王的弟弟周公旦摄政（有学者甚至认为周公旦曾经当政称王）。管叔鲜（武王之弟，分封于管，地在今河南郑州西北郊区一带，这里已经出土有西周初期贵族铜器墓）和蔡叔度（武王之弟，分封于蔡，地在河南驻马店上蔡）对于周公旦当政十分不满，甚至怀疑他有夺取王位的意图，于是他们联合以纣王子武庚为代表的殷王朝残余势力，以及东方的徐、奄、亳姑等夷人部落方国起兵反叛。周公旦亲自率领军队东征平叛，战争进行得非常激烈，持续时间长达三年，最后周王室的军队取得了胜利，管叔被杀，蔡叔被流放，武庚被迫北逃，参加叛乱的东方部落方国被平定。周公东征的胜利，粉碎了殷遗民复辟的企图，保持了灭商的成果，稳定了周初的局势。今天，人们可以从一些出土的金文材料上感受到周初发生的这场战乱。

《逸周书·度邑解》记载武王灭商之后，为镇

禽簋
西周
高13.7厘米，口径19.2厘米
23字铭文记载周成王伐叛乱的盖
（奄）侯事件。

抚和统治东方，曾经打算在东方的洛水、伊水的转弯处建立
新的城邑，并且亲自考察了伊洛地区的地理形势。由于武王
过早去世，这一计划未能实现。1963年，陕西宝鸡贾村出土
的西周成王时期的青铜器何尊铭文证实，武王确曾有意在洛
阳一带建都。周公东征胜利结束后，继承武王的遗愿，在瀍
水东岸营建雒邑（今河南洛阳东），驻军八师，把旧殷"顽
民"迁移到这里，直接控制。

从此，坐落在西面关中平原的首都镐京，因属于周人兴
起的根据地，被称为"宗周"。坐落在东方伊洛平原以王城为
中心的雒邑，因属于护卫宗周的屏障和镇抚东方的重镇，被
称为"成周"。

据《逸周书·作雒解》记载，作为西周王朝东都的成周
城规模相当可观，城方千七百二丈，城内建有宗庙、社稷坛
等宫殿和道路。今天在河南洛阳瀍河西岸的北窑村已经发现
了西周贵族的墓葬群、祭祀坑、车马坑、带有商文化特征的
殷人墓、铸铜作坊遗址等重要遗迹，在洛阳老城区庞家沟也
发现有西周贵族墓葬，并出土有大量的随葬器物。另外，洛
阳考古还发现了属于西周时期的青铜礼器鼎、簋、尊、彝、
罍，兵器戈、钺、短剑，车马器。在一些青铜器上还有"太
保"、"召公"、"蔡叔"、"丰伯"等重要铭文，这些遗
迹现象与雒邑成周有着密切的联系。

青铜人形车辖
西周
河南洛阳北窑西周墓地
出土
人形辖首高18.5厘米

青铜方鼎
西周
河南洛阳北窑西周墓地
出土
高35.3厘米，口长28.1
厘米，宽21.5厘米，重
11.7公斤

第二节　封邦建国

"封建"一词在中国古代的含义，就是封邦建国。按照
《史记·五帝本纪》的说法，黄帝的时候"监于万国"，
帝尧的时候"合和万国"，众多的方国部落只是服从于黄
帝、尧、舜，都还没有"封建"之事。《史记·夏本纪》记
载"禹为姒姓，其后分封，用国为姓"，大概属于氏族封建。从《左传·定公四年》、
《史记·殷本纪》的有关记载来看，商代大致也是如此。

西周时期分封制度的实施，促使宗族形成并进一步发展。这种分封制度使社会等
级与血缘的亲疏远近相联系，宗法成为处理各级贵族之间关系的准则。实际上，分封

与宗法是一项政策的两个方面，分封本身贯穿着宗法的精神，宗法制度在分封过程中形成。西周时期的宗族严格区分嫡庶，并且由此而形成了严密的大宗与小宗的体系。

一、封建诸侯

按《尚书》中《大诰》、《召诰》记载，周原本是商王朝西方的一个小邦，在前11世纪灭商，取代"大邦殷"成为天下共主。为了维护和巩固西周王朝，从武王灭商之后立即开始实行封藩建卫措施，分封诸侯国，以藩屏周。

文献中有关西周王朝比较大规模的分封主要见于西周早期的武王和成王时期，分封的诸侯国数量很多，既有同姓国，也有异姓国，这些封国根据需要布控于各个要害区域。

周武王灭商以后，将神农氏、黄帝、帝尧、帝舜、大禹等古老氏族的后裔进行"褒封"，如封神农的后代于焦（今安徽亳州市），封黄帝的后代于祝（今山东历城一带），封尧之后代于蓟（今北京），封舜的后代胡公满于陈（今河南淮阳），封禹的后代东楼公于杞（今河南杞县）。

武王封商纣王的儿子武庚于殷，"以续殷祀"（《史记·殷本纪》），同时把商王朝的王畿分割成邶、鄘、卫三部分，派自己的弟弟霍叔、蔡叔、管叔领兵驻扎在殷都附近，史称"三监"。

周公东征，平定三监之乱以后，总结历史经验，"吊二叔之不咸，故封建亲戚以蕃屏周"（《左传·僖公二十四年》），开始实施大规模的分封制度。所封建的国家数量很多，《吕氏春秋·观世》有"周之所封四百余，服国八百余"的说法。

据《左传·僖公二十四年》记载，周初分封有下列几种：

属于文王子辈的诸侯国有管（地在河南郑州）、蔡（地在河南上蔡）、郕（地在山东汶上县一带）、霍（地在山西霍县一带）、鲁（地在山东曲阜一带）、卫（地在河南浚县一带）、毛（地望涉及陕西扶风和河南宜阳）、聃（地在河南平舆一带）、郜（地在山东成武一带）、雍（地在河南焦作一带）、曹（地在山东曹县一带）、滕（地在山东滕县一带）、毕（地在陕西咸阳一带）、原（原在山西沁水，后迁河南济源一带）、酆（地在陕西境内）、郇（地在山西临猗一带）等国；

属于武王子辈的有邘（地望涉及河南沁阳）、晋（地在山西曲沃一带）、应（地在河南平顶山一带）、韩（地在山西芮城一带）等国；

属于周公子辈的有凡（地在河南辉县一带）、蒋（地在河南固始一带）、邢（地在河北邢台一带）、茅（地在山东金乡）、胙（地在河南延津一带）、祭（地在河南郑州

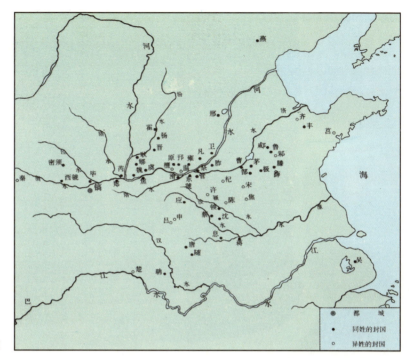

西周分封诸侯图

北）等国；

　　属于亲戚关系的有燕（地在北京房山琉璃河一带）、挚（地在河南汝南）、畴、杞（地在河南杞县）、缯（河南南阳与湖北交界随枣走廊一带）、齐（地在山东临淄一带）、许（地在河南许昌一带）、申（地在河南南阳）、吕（地在河南南阳）、陈（地在河南淮阳）等国。

　　在所有的封国中，数量最多的是姬姓国。至于西周王朝到底分封了多少个姬姓之国，文献记载不一，比如《左传·昭公二十八年》记载封姬姓国四十人，《荀子·儒效篇》记载分封姬姓国五十三人，所以很难确定。见诸文献的姬姓国有：毛、毕、鄇、管、卫、蔡、邘、胙、雍、虢、祭、霍、晋、原、韩、郇、鲁、聃、滕、郕、郜、茅、邢、曹、燕等。这些姬姓国主要分布于北方的陕西、河南、山西、山东、河北、北京等地，以燕国居于最北部。分布于淮河流域的有应、息、蒋、沈等国，分布于汉水流域的有唐、樊、随等，长江下游有宜。

　　姬、姜两姓自古联姻，所以西周分封时，异姓国中姜姓封国独居重要地位。文献所见姜姓国，封于东方的有齐、纪、向，汉水流域有申、吕等诸侯国。

　　异姓国除武王褒封之外，还可见到宋（封微子，地在河南商丘）、鄅（妘姓）、莒（嬴姓）、蓼（己姓）、挚（地在河南汝南，任姓）、畴（任姓）、邓（曼姓）、楚

（芈姓）等。

周代的分封，极大地提高了周王室王权的地位。从诸侯之长的夏商王朝到诸侯之君的西周王朝，其间的显著差别，就是西周王朝实行了宗法制度。通过分封，确保了周王朝对各地的控制，维护了"天子之尊"。

二、封国拂尘

青铜斧
西周
传河南浚县出土
高9.1厘米
斧上带有"康侯"铭文。

对于西周时期分封的诸侯国，历代文献记载详略不一。有关地望或存不同意见，或有所失载，很难一一考定，因此多成为历史悬案。所幸的是考古学为拂去历史尘封，再现这些封国的地望和文化面貌提供了可能。目前，经过考古工作能够基本落实下来或取得重要线索的封国有卫、管、鲁、燕、晋等。

卫国是武王之弟康叔的封国，都朝歌（地在河南汲县北），统辖地域大致在河南北部和河北南部。考古发现这一带有不少的西周时期遗址和墓葬，其中最为重要的是1932年至1934年在河南浚县辛村发掘的西周时期贵族墓地。这里分布有大、中、小型墓葬，还附设有车马坑，出土了青铜器、玉器、原始瓷器、骨器、

角器、蚌器和竹木器。其中青铜器铭文有"卫侯"字样。另外，1931年河南北部地区出土了属于西周成王时期的青铜器沫司土簋，其铭文记载王伐商邑，令康侯在边远的卫地建邑，指的就是康侯封卫的历史事件。还有一件传说出土于河南浚县的青铜斧，斧身上也有"康侯"铭文，器主属于殷遗贵族。

上述发现使卫国的始封地域在考古学上初步得到了证实。

管也是武王之弟的封国。管的地望以往多认为在今郑州市内，有的学者甚至认为郑州商城就是管，但在今郑州市内几乎不见西周文化遗存。经过考古调查，在郑州西北郊区发现有西周早期的遗址，有的遗址面积还相当大。1999年10月至2000年3月，郑州市考古工作者在郑州西北郊区的洼刘村发现并发掘清理了西周早期的贵族墓葬，出土了成组的青铜器礼器、兵器、车马器和贝饰等丰富的随葬品。这些线索引起了有关考古学家的注意，看来管很有可能在郑州市西北郊区一带。

鲁是周公旦之子伯禽的封地，是在灭亡臣服于商王朝的方国奄的废墟上建立起来的封国。在山东曲阜、邹县一带，以汶河流域和泗河中上游为中心，分布着数量丰富的西周时期遗址，尤其是在曲阜地面上还残存有鲁国故城的夯筑城墙。鲁国故城址坐落在洙河与沂河之间，西北和西南是广阔的平原，这里土质肥沃，利于农耕。东南是丘陵山区，东汉学者应劭认为鲁国城中有高出地面、逶曲长七八里的阜（矮丘），故名曲阜。

1942年至1943年，日本学者关野雄、驹井和爱等人曾经对鲁国故城进行过一些考古发掘与调查工作，主要获得两汉以后的材料。从1953年起，在鲁国故城中相继出土西周时期包括青铜器在内的重要遗物。1977年至1978年，山东省文物考古研究所等单位对该城址进行了全面钻探和重点发掘，初步了解到该城始建于西周时期，东周及秦汉时期沿用。已发现属于西周时期的城垣，并在城址中南部发现了冶铜遗迹，在城址的北部发现了制陶遗迹，在城址的西部发现了居住址和墓葬等遗存。这些考古发现证实了《史记·周本纪》、《史记·鲁周公世家》所记载鲁国受封的史实。

燕乃召公始封。何以名燕，有不同的解释，主要有燕支草说、燕石说、东夷偃姓之民说、燕亳古族说等。

郭沫若认为，燕是自然生长的国家，与周或通婚姻或通盟会而已。侯仁之先生认为，燕乃是随地方生产的发展而自然生长的一个奴隶制国家，并不是从周朝的分封所开始的。王国维曾考证郾即是燕。可见，燕是西周王朝分封以前就已经存在的一个古国。

据《史记·燕召公世家》记载，武王灭商后，即封召公奭于北燕，作为西周王朝的北部屏障。关于燕的始封地，汉代以来，意见各异，后来的文献记载也不一致，比如：《史记·燕召公世家·索隐》记在唐代幽州蓟县故城；《史记·周本纪·正义》引徐才《宗国都城记》谓在燕山，《括地志》记燕山在幽州渔阳县东南六十里；《太

青铜壶
西周
山东曲阜鲁国故城出土
高38厘米，口径10.2厘米，
腹径28厘米

玉饰
西周
山东曲阜鲁国故城出土

伯矩鬲

西周

1974年北京房山琉璃河黄土坡西周
燕国墓地出土
通高36.4厘米，口径22.8厘米，重
7.53公斤

平寰宇记》易州条记在涞水县；清末，河北涞水丁家洼曾经出土过一批邶国铜器，王国维考证邶就是燕。

虽然有关文献对于燕的始封地望记载不一，但大致范围还是集中在北京及其与河北省交界地域。

20世纪50年代以来，在河北涿州、易县、北京房山发现了不少年代上限可至商周之际的西周遗址。其中，1962年由北京市文物工作队发现的房山琉璃河遗址，在经过多年的考古工作后，已经确认就是燕国的始封地。

有关琉璃河西周遗址的重要考古发现有：20世纪70年代在董家林村发现了建于西周早期的古城址，北城墙残存829米，东、西城墙残存北半部约300米，南城墙和东、西城墙的南半部可能已被毁坏。目前，地面上尚可见到残高3米左右的夯土墙。在城内发现古代房基、窖穴、废弃物堆积坑等遗迹，城外有护城壕。90年代在城的东北角发现用鹅卵石垒筑的通往城外的排水道，在城偏北部发现宫殿建筑基址群和陶窑，在城的西北角发现平民居住区。从20世纪70年代开始，对分布于董家林西周古城东面和东南方向的黄土坡村西周墓葬进行了发掘，发现了带有墓道的大型墓葬和车马坑，出土大量的青铜器、玉器、原始瓷器、漆器等随葬品，其中青铜器铭文多处出现"匽侯"字样，表明这是一处燕侯家族墓地。另外，这里出土的西周早期的甲骨文和青铜器铭文还显示出这里与首都宗周和成周的交往关系。琉璃河西周遗址的发现与发掘，使人们得以确认西周王朝所封燕国的地望，初步认识西周时期燕文化的特征。

西周初年，随着武王封燕，周文化从此扩张到北京地区并成为当地的主导文化因素，标志着北京地区正式纳入西周王朝的版图。而作为土著文化的张家园上层类型文化则随着周燕文化的形成、扩张而日益退出北京地区，逐渐走向消亡。

匽侯盂

西周

辽宁喀左马厂沟出土
高24厘米

从辽宁喀左马厂沟出土了一批属于西周早期的青铜器，其中有一件自铭"匽侯"的青铜盉，表明西周时期燕文化对北方地区的影响范围相当广泛。

《史记·晋世家》记载，西周初年，唐这个小国家因发生变乱而被周公诛灭。成王有一次同弟弟（也有说是叔叔）叔虞开玩笑，把一片削成圭形的桐叶封给叔虞。一位名叫史佚的大臣见状，立即请求选择吉利的日子分封叔虞。成王解释说这不过是一个玩笑，史佚却说，天子是没有戏言的，说出来的话，是要被史官记录下来的，不能不算数。于是成王封叔虞于唐，叔虞从此也被称作唐叔虞。这就是有名的历史典故"桐叶戏"。

到了叔虞的儿子燮父时，因都城依傍晋水，而改唐为晋，后来早期晋都又被称为绛。自汉代以来，学者们对于早期晋都唐的地望即有分歧，文献所见主要涉及山西省的夏虚，太原地区的晋阳，汉代学者服虔提出的在晋南汾、浍之间等不同地望。后一种意见得到了清代学者顾炎武和近代学者徐旭生的支持。

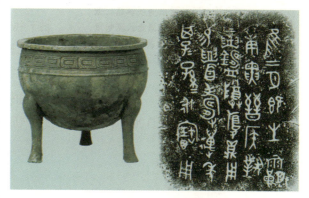

带"晋侯"铭文的青铜鼎
西周
山西曲沃天马—曲村遗址北赵晋侯墓地出土
口径31.2厘米，高27厘米

为了寻找早期晋都，落实晋的始封地望，北京大学历史系考古专业的师生，从1979年开始在山西南部和太原一带展开了考古调查和研究，在对有关文献和考古材料进行梳理分析之后，最后将目光集中到了山西南部。通过对所有西周遗址进行认真的调查和复查，位于山西翼城和曲沃交界处面积达1000万平方米的天马—曲村遗址引起了他们的注意。1000万平方米意味着什么呢？就是相当于丰、镐二京所在地陕西沣西、沣东两处遗址的总和，是当时全国所见最大的西周遗址，这里应该就是早期晋都绛，也是晋始封唐地所在。从1979年开始，北京大学考古专业的师生连续在这里有计划地进行定点发掘实习，陆续发现西周时期居住址、祭祀坑、冶铜遗迹、随葬青铜器的贵族墓葬和车马坑，时代上限可以早到成王时期。探寻早期晋都浮现出希望的曙光。

当寻找早期晋都的科学发掘按计划逐步进行的时候，从1986年开始，严重的盗墓之风使天马—曲村遗址惨遭破坏，至1992年秋，重要的大墓十之七八被盗墓贼盗掘。1992年春至2001年1月，北京大学考古系和山西省文物考古研究所对位于北赵村连续遭到盗

带"虢季"铭文的青铜鼎

西周

1990年河南三门峡虢国墓地出土

高39.8厘米，口径44.2厘米，腹径42厘米，

腹深21.4厘米，重17.4公斤

掘的大墓进行了六次清理发掘，共清理9组19座晋侯及其夫人墓，出土带有铭文的青铜器涉及至少七位晋侯的名字，表明这里是埋葬晋侯的墓地。

晋侯墓地的发现，揭开了早期晋都唐（故绛）所在地望的谜底，为人们认识西周时期的晋文化特征提供了依据。

虢属于西周王朝分封的姬姓之国。但有关文献记载较少，且因涉及西虢、东虢、南虢、北虢、小虢等不同名称和地望，显得关系与线索不甚清晰。

1955年至1957年，为配合三门峡水库工程而进行的考古调查与发掘，在河南三门峡上村岭发现了一处属于两周之际的虢国贵族墓地。墓地北临黄河，为山地环绕。当时共发掘墓葬234座、车马坑4座。各个墓葬大小虽有差别，但头向大多为南北向。规模较大的墓室为长方形竖穴土坑，有四阶、棺椁。随葬七鼎或五鼎，附葬车马坑。出土大批青铜器、玉器和陶器。其中，1052号墓随葬七鼎，青铜器有"虢太子"铭文，表明其相当于国君的地位。

1990年至1999年，河南省考古工作者再次对虢国墓地进行勘探发掘，共发掘不同等级的墓葬18座、车马坑4座、马坑2座。最为重要的是发掘出国君及其夫人墓（即虢国国君"虢季"墓及夫人梁姬墓）、太子墓；虢国国君"虢仲"墓及夫人孟姬墓、夫人丑姜墓。另外，还有大夫墓和士一级墓葬。列鼎可以分为七、五、三、一等不同等级。

墓中出土带有铭文的青铜器、缀玉面罩、成组的玉佩、墨书等，这些迹象再一次证实这里属于虢国聚族而葬的公共墓地。

根据《汉书·地理志》"北虢在大阳，东虢在荥阳，西虢在雍州"的记载，可以判定这里属于北虢。

另外，传世西周时期青铜器有带有"虢伯"铭文的簋、甗、鬲，带有"虢仲"铭文的盨、鬲、簋，带有"虢叔"铭文的鼎，带有"虢季"铭文的簋、盘、壶、卣等。陕西扶风县强家村1974年发现一座窖藏，出土师𩵋鼎、师望鼎、师奂钟、望簋、即簋等青铜器。其中师𩵋鼎是目前所见虢国青铜器中体形最大、铭文最长的一件青铜器，铭文记载了一段虢国历史史料。

西周成王封周公旦子为邢侯，属于姬姓国。《史记·殷本纪》记载商王祖乙曾经迁都于邢，有关商文化的研究表明，在今河北邢台一带分布着比较丰富的介于郑州商文化和殷墟商文化之间的商文化遗存，有学者据此判断邢台即商王祖乙所迁之地。

1978年，河北元氏西张村发现西周早期墓葬，出土青铜器的铭文记载了邢侯与戎作战的史实。1991年，对河北邢台南小汪遗址的发掘中，出土了西周时期的甲骨文，其中有邢国国君向王使进献高贵漂亮的母马的记载。1993年以来，在邢台葛家庄遗址发现了西周时期的墓地和车马坑，其中大型墓葬带有墓道，这些迹象表明西周时期始封的邢国可能就在今河北邢台。

应为周公所封（也有说是成王所封），属姬姓国。不过文献对于始封的第一位应侯的身份有不同的说法，《汉书·地理志》"颍川郡父城"条下记是武王的弟弟，而《左传·僖公二十四年》杜预注、《国语·郑语》韦昭注皆言是武王的儿子。

依据商代甲骨文和《竹书纪年》等文献材料，可知应国在商王朝时期就已存在，不过其地望因史籍缺载而一时难辨，近有学者提出在山西应县与雁门关一带，或在山西长子县应城。

至于西周所封应国地望，综合考察《汉书·地理志》、《水经注·滍水》、《括地志》、《国语·郑语》等文献记载，大致可以确定应国地域在河南宝丰以东、鲁山东南至平顶山、叶县、襄县一带。1985年10月，河南省文物考古研究所有关人员在平顶山市文物管理委员会库房中注意到一批20世纪80年代以来出自滍阳岭的青铜器，随即前往调查。根据调查发现的重要线索，河南省文物考古研究所从1986年初开始在此展开钻探和发掘，终于发现了周代的应国贵族墓地。

应国贵族墓地位于平顶山市北滍村西的滍阳岭上，西临应河、沙河（古滍水），隔河可望应山。这里分布着两周时期的周人贵族墓葬，按时代从早到晚自南向北排列分布。墓葬结构为长方形竖穴土坑，有一条墓道和四阶，棺椁铺撒朱砂，随葬铜器、瓷器、玉器等器物，并出土了带有"应侯"铭文的青铜器，这一考古发现使西周分封的应国地望大体落实下来。

带"应侯"铭文的青铜甗

西周

河南平顶山应国墓地出土

高44厘米，口径31.2厘米，壁厚0.4厘米至0.5厘米

宜侯夨簋
西周
江苏丹徒出土
高15.7厘米

西周时期所封姬姓宜国，其地望不见于历史文献。1954年，在江苏丹徒龙泉乡烟墩山出土了西周早期的青铜器。其中有一件宜侯夨簋，120余字的铭文记载了康王之时改封虞为宜的事迹。宜侯就是虞侯。一说虞和吴古时可以通用，所以宜侯也可以读作吴侯。这为研究吴国早期历史提供了线索。

1956年至1958年，考古工作者在南京市北阴阳营遗址进行考古发掘，发现了属于商周时期的遗存，这类遗存在南京、镇江、湖熟、丹徒都有发现，曾经被命名为"湖熟文化"。考古工作者将其族属与荆蛮联系，并认为与历史传说中周太伯仲雍率领一部分周人奔荆蛮、周初封其后周章于吴有关。

西周的分封实际是一种在各地的武装驻防，目的是让各诸侯国成为西周王朝的屏障，以防备外族的入侵，并在西周王朝的势力范围内控制各主要地域，监视被征服的各个民族。周代称王朝职官为内服，诸侯为外服，各诸侯国要根据同王朝的亲疏和远近关系，按期对周王室朝觐、纳贡并出兵参与周王室的军事行动，当周王室遇到灾患时还要提供各种援助。

第三节　王道衰微

西周王朝经过文王、武王时期的创建，到成王、康王时期趋于稳定，从昭王、穆王之时开始走向衰落。《史记·周本纪》历述了昭王之时王道微缺、穆王之时王道衰微、懿王之时王室遂微的情况。《礼记·郊特牲》记载，到了夷王的时候，甚至出现了周王下堂见诸侯的场面。这些现象说明西周王朝的地位日益下降，导致这一局面出现的主要原因是民族矛盾和社会矛盾的日益激化以及诸侯坐大。

一、民族积怨

据文献记载，西周时期东方有东夷，东南方向有淮夷，南方有楚国，北方和西北方为游牧部落，其中最为强大的是鬼方和猃狁，东北方向为肃慎。

西周王朝与周边民族的关系是一种征服与被征服的关系，西周分封诸侯国就是对各地的武装驻防，目的在于震慑各族，使其臣服并按时交纳贡赋。兮甲盘和驹父盨记载了淮夷对西周王朝的贡赋关系，《左传·僖公四年》、《国语·鲁语下》也有楚国定期进贡用于过滤祭奠用酒的包茅、肃慎氏进贡用楛木制作的箭杆和用石头制作的箭头的记载。

西周王朝与周边民族的矛盾从王朝建立伊始就存在。比如前面提到的西周初年周公东征讨伐淮夷，灭东夷奄国。到了西周中期以后，由于周边各族的发展，各族与周王室的矛盾逐渐加剧，战争不断发生。在文献记载中比较著名的事件有昭王南征和穆王西征。

在《楚辞·天问》等历史文献中，都有关于西周昭王（第四代周王）游历南方未能回来的记载。其故事大体是，南方有一个名叫越裳的方国，准备向周王朝进贡白颜色的野鸡。贡品还没有来得及送来，昭王就亲自带领人马去取，顺便游历南国风光。昭王南行给沿途方国带来了许多麻烦，引起了人民的不满。在昭王返回途经汉水的时候，楚国人为昭王提供了用胶黏合木板制造的船只，不明真相的昭王及其随从乘这样的船渡河，船行驶到河中心时解体了，昭王落入汉水被淹死。

楚国人为什么如此怨恨昭王以至于要设计害死他呢？从《左传》、《吕氏春秋》、《竹书纪年》等传世文献记载来看，是由于昭王多次对楚国进行过讨伐战争。另外，在出土的过伯簋、霙簋、史墙盘等西周时期青铜器铭文中，也记载有昭王讨伐荆楚的战争。看来，昭王的死与南征楚国有关。

在《穆天子传》这本古书中，记载了西周穆王（第五位周王）西游的故事。书中记载穆天子乘坐造父驾驭的由八匹骏马拉的车子，从北方向西方行进，一路上，在阳纡山见到了水神河伯，登昆仑山参观了黄帝的宫殿，沿途接受了赤乌人赠送的美女，在黑水封赏了长臂国人。最为吸引人的是在崦嵫山见到了拥有不死药的西王母，归国时还带回能够制作偶人的工匠。书中不少故事情节浸润着神话的色彩。在这本书中还能够看到穆王西征和东征淮夷徐偃王的记载。而其他文献也有穆王西征的记载。《国语·周语上》还具体提到穆王西征、讨伐犬戎的战争，俘获崇拜白狼和崇拜白鹿的氏族成

禹鼎
西周
传陕西岐山出土
高54.6厘米
腹内207字铭文记述了噩侯驭方率领南淮夷、东夷侵犯周王朝东南部疆土，周王命西六师和殷八师前往征讨，俘获噩侯驭方的事迹。

员。由此看来，所谓穆王西游的美丽故事，表现的是西周王朝此时与西方民族的交往关系，这种交往有时是以战争的形式进行的。按《竹书纪年》记载，穆王除了西征犬戎之外，还南伐楚国；另外还可见到北征的记载。

有关西周王朝对周边民族进行战争的历史事件，还可以在青铜器铭文中找到证据。比如青铜器敔簋、虢仲盨、无㠱簋等青铜器铭文都记载周王朝讨伐淮夷的战争。禹鼎铭文记载了厉王时期命令西六师和殷八师镇压噩侯领导的南淮夷、东夷的叛乱。

整个西周时期对西周王室威胁最大的是活动于西、北方向的猃狁。西周时期康王以后的青铜器如小盂鼎、虢季子白盘、多友鼎、兮甲盘、不㛜簋都记载了周王室对猃狁的战争。《诗经·小雅·六月》所言"猃狁匪茹，整居焦获，侵镐及方，至于泾阳"表明，在宣王之时猃狁的威胁已经逼近首都宗周。

战争加剧了西周王朝与周边民族的矛盾，消耗了西周王朝大量的人力和物力资源，削弱了西周王朝的力量，加速了西周王朝的衰落。

二、社会对立

西周王朝初年，经过东征战争和封建诸侯，在成王和康王统治时期，社会安定，与周边民族和封国的关系也比较和谐，《史记·周本纪》说："故成康之际，天下安宁，刑错四十年不用。"

西周中期以后社会矛盾不断激化。《诗经·魏风·伐檀》有这样一段表达劳动者愤怒的语言："不稼不穑，胡取禾三百廛兮？不狩不猎，胡瞻尔庭有县貆兮？彼君子兮，不素餐兮。"大意是劳动者质问不劳而获者，你没有农业耕作的辛苦，为何能够获得那么多的粮食？你没有狩猎的艰辛，为何墙上挂满了兽皮？那些被称为君子的人，不能白白吃食粮啊！

还有《诗经·魏风·硕鼠》："硕鼠硕鼠，无食我黍！三岁贯女，莫我肯顾。逝将去汝，适彼乐土。乐土乐土，爰得我所。"劳动者因不堪忍受不劳而获者的盘剥，决定离开故园，去寻找新的生存乐土。

西周时期社会等级分化与阶级对立的现象在文物考古材料中也表现得很充分。无论是巍峨的宫殿群与半地穴式的地窖，还是规模宏大并附有车马坑、人殉和随葬品极其丰富的大墓与大小仅能容身、以席裹尸的小墓，都强烈地显示出社会分化及贫富差别。

遗物中列鼎、编钟、编磬和精美的丝织品、装饰玉器，表现出衣着华丽的贵族钟鸣鼎食的生活。相反，河南洛阳东郊西周初期墓葬出土一件高七厘米的玉人，身穿短衣短裳，头上饰大耳和角，双手戴着枷锁。显然，这是一个被当作人牲看待的社会地位十分低下的人，枷锁是压制反抗的工具，反映出社会关系的紧张。这样的例子还见于铜器。北京故宫博物院收藏有一件西周晚期的青铜器，这件青铜器造型十分别致，整体大致呈方形圆角，上部为盛物的容器，饰窃曲纹和变形夔纹；下部是方座，用于放置炭火。引人注目的是，方座的一面安装一副对开式的门，左面一扇门上有一个守门人，仔细观察就会发现，这个守门人左下腿残缺。1989年，山西闻喜出土的一辆西周时期青铜挽车上同样出现刖人形象。《周礼·掌戮》有

青铜刖人守囿挽车
西周
1989年山西闻喜出土
通高9.1厘米，长13.7厘米

"刖者使守囿"的记载。所谓"刖"是古代一种砍掉人脚的酷刑，"囿"是古代饲养禽兽的园子或者畜养鱼鳖之池。这句话的意思是让受过刖刑的人看守饲养禽兽或鱼鳖的场所。这个社会地位十分低下的人，因受到刖刑而残疾，基本丧失了逃跑的能力。

据曶鼎铭文记载，当时五个奴隶才值一匹马、一束丝的价格，一个奴隶只值二十寽铜，郭沫若用汉代五铢钱换算，还不值五十文钱。可见，西周时期的奴隶比牲口还要卑贱，其生活状况可想而知。

在贵族内部由于利益关系也产生了矛盾。按照宗法继承制度，在贵族内部有相当一部分人的地位不断下降，最后沦为一般平民，这部分人被称为"国人"。国人，就是居住在国中的群众，以平民为主，多数是各级贵族的远支宗族成员，由于社会地位比较低下，所以他们的利益经常受到地位较高的贵族侵犯。在青铜器铭文中，有关土地纠纷和官司诉讼，地位比较低下的平民百姓往往受到压制。

中国历史开始有确切纪年始自共和元年（前841）。青铜器量盨的铭文记载了这一年中国历史上发生的一件大事。西周王朝的首都宗周爆发了一次大规模的以国人为主的暴动，暴动的人们攻入王宫，迫使厉王逃奔到彘（山西霍县一带）。从《史记·周本纪》、《国语·周语上》等文献记载可知，

曶鼎铭文
西周
铭文内容涉及西周时期奴隶的卑下地位和低贱价格。

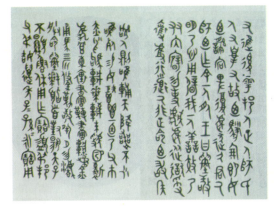

誖盨铭文
西周

引发这次暴动的原因是厉王在统治时期，任用好专利的荣夷公为卿士，荣夷公垄断山林川泽的一切收益，从而侵犯了平民的利益，引起了国人的强烈不满和怨恨。对此，周厉王采取强硬的镇压措施，以至于国人在道路上相遇都不敢说话，只能用目光表达自己的情感。厉王十分得意地说："我能使诽谤消失。"召公进谏厉王说："要想堵住人民的嘴，不让他们讲话，就好比想要堵住河流。河流因被堵塞而冲破堤岸，一定会伤害很多人，对待人民的道理也是这样。"果然，不出三年，终于爆发了中国历史上第一次群众暴动，史称"国人暴动"。国人暴动的结果是厉王出走，首都宗周陷入一片混乱。于是，周公和召公临时主政，收拾残局，史称"周召共和"或"共和行政"。另外，据《古本竹书纪年》、《左传·昭公二十六年》记载，所谓共和是诸侯共伯和主政。这一历史事件是贵族阶层内部分化，一部分人因社会地位不断下降而逐渐沦为平民后，对自己成为社会分化的牺牲品强烈不满的反映。这一事件反映出在当时的贵族阶层内部也存在着日益尖锐的矛盾。

三、诸侯坐大

西周王朝在政治上实行分封制的本意，是使各个受封的诸侯国股肱周室，以藩屏周。在周初分封不久，这些诸侯国所占地盘不大，实力有限，所以他们与西周王室还能够做到互相支持和依赖，起到夹辅周王室的作用。但随着时间的推移，各个封国的力量逐渐强大，而西周王室却因不断实行分封而地盘日益缩小，甚至不得不将王畿内的土地用来分封。属于康王时期的青铜器周公簋的铭文记载，周王室将丰京附近的土地分封给焚伯；属于昭王时期的青铜器殷簋记载赏给殷的采地在畿内。类似的例子还见于卯簋、大克鼎等青铜器铭文。

随着西周王室与各个诸侯国的力量对比逐渐变化，在日益坐大的诸侯国面前，天子的号令越来越失去号召力。史书记载，昭王时"王室衰微"，懿王时"王室遂衰"，夷王与厉王时"诸侯或不朝，或叛之"。到幽王时，周王室已经衰微到了极点，实际上仅存共主的名义，已经失去了共主的威望。

第四节　政治经济

一、宗法等级

从《诗经》有关记载判断，中国至迟在西周时期就出现了"宗子"和"大宗"这样的名称，宗子、大宗均指根据血缘关系对族人拥有管辖和处置权的人，从而表明当时已经存在宗法制度。所谓宗法制度是中国古代社会凭借血缘关系对同宗族内部族人区分嫡庶、长幼、亲疏各个不同等级，确立各级继承关系，以便进行管理的制度。每一个宗族成员都要遵守宗法等级所规定的伦理规范和行为准则行事，共同尊祖敬宗。因此，宗法制度在当时是维护社会政治秩序的重要手段。

今天，人们参照《仪礼》和《礼记》等文献可以大致推断出周代宗法制度的内容。

这种层层相属的宗法关系，结果是使族权与政权合一。王室贵族的等级制度，就是依据这种宗法关系来确定的。

宗法等级制度在文物考古上的反映，是以血缘关系为单位的聚族而葬，如发现于河南三门峡的上村岭虢国墓地，国君（随葬九鼎）、太子（随葬七鼎）、大夫（随葬五鼎）、士（随葬一鼎）、平民（不得用鼎）等不同身份的墓葬排列有序地共同埋葬在一起。根据同一宗族成员地位不同，其墓葬所在位置、规模大小、使用棺椁的层数、随葬品数量的多少以及在用鼎数量和附葬车马坑等各个方面都会显示出明显的差别。

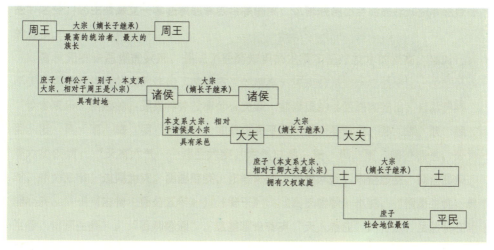

西周时期的宗法继承关系

师酉簋

西周

高22.9厘米，口径19厘米

综合《诗经》、《尚书》等传世文献和有关西周时期青铜器铭文资料，可以看出西周时期周王是最高的统治者，拥有至高无上的权威。所谓"溥天之下，莫非王土，率土之滨，莫非王臣"就是这一权威的反映。王以下由三公（西周时期青铜器铭文中有太师、太保、师保）掌握朝廷的军政大权，太史主管册命、祭祀、时令、图籍等事务，司马掌管军事，司徒掌管土地、封疆，司寇掌管刑法，司空掌管手工业、水利和土木工程。文献中还可以见到掌管与宗教有关事物的六卿和分掌各项具体事务的官司之守等。

西周时期，统治阶级由世袭贵族组成，所以也称世族。所谓"世卿世禄"，是指这些世族所享有的卿的地位是世袭的，因此其被封赏的田土、家臣、俸禄等也是世袭的。这一点在西周时期的有关文物中有所反映，比如师酉簋在106字的铭文中，记载周懿王命令师酉继承祖先的官职，管理农业生产者及部分种族奴隶。师询簋铭文则记载了师询世袭其父师酉的官职。

墙盘及铭文

西周

1976年陕西扶风庄白铜器窖藏坑出土

高16.2厘米，口径47.4厘米

另外，1974年在陕西扶风强家村出土的西周时期窖藏青铜器中，有一组铭"虢季氏"之器，说明虢季氏家族在恭王、懿王、孝王之时世代担任"师"的职务。类似的例子还可以举1976年陕西扶风庄白1号窖藏坑出土的一组铭"微氏"的青铜器，记载了微氏家族从高祖起到兴，先后七代担任西周王朝的史官一职。

　　西周是一个等级制度分明的社会，人间有等级，鬼神有等级，对鬼神的崇拜也有等级上的限制。《国语·楚语下》说："天子遍祀群神品物，诸侯祀天地、三辰及其土之山川，卿大夫祀其礼，士、庶人不过其祖。"韦昭注："'祀天地'谓二王之后；非二王之后，祭分野星、山川而已。"这反映了西周时期祭祀鬼神的等级是极其鲜明而严格的，王子、卿大夫、士、庶，各有自己祭祀的对象，祭非所祭就是非礼，在政治上则为僭越，就犯了不可饶恕的罪过。

　　西周时期，祭祀鬼神的等级制度从一个侧面反映了礼乐文化的形成。先秦文献记载，周因于殷礼，周公制周礼。周公制礼的时间大约在营建成周之后。礼，是西周统治阶级意识形态的集中表现，它鲜明地反映了宗法封建制的生产关系。关于礼，在西周社会有两条基本原则：一是"君子劳心，小人劳力"。《孟子·滕文公上》解释得十分清楚："劳心者治人，劳力者治于人，治于人者食人，治人者食于人，天下之通义也。"在西周时期，君子指王室贵族，小人指劳动人民。礼的这条基本原则，明确了统治者与被统治者的关系。二是"礼不下庶人，刑不上大夫"。这一条基本原则，明确了礼、刑各自的适用范围，礼在庶人以上适用，刑在大夫以下适用。也就是说，礼是统治者的权力，刑只用于被统治者。

　　周礼的内容主要包括两个方面，一是"亲亲"，一是"尊尊"。"亲亲"，就是亲其所亲，反映了西周社会的血缘关系。"尊尊"，就是尊其所尊，反映了西周社会的政治关系。在亲亲和尊尊中，贯穿着严格的等级制原则。礼，成为周王室维护王权统治的工具，并以此建立起符合统治者利益和意志的秩序。周礼号称"经礼三百，曲礼三千"（《礼记·礼器》），指的是繁文缛节的礼仪，就其内容而言，无非是以亲亲、尊尊为核心的等级制度，是分封制和宗法制在意识形态上的反映。

　　乐，是礼制的重要组成部分。《礼记·乐记》说："礼以道其志，乐以和其声，政以一其行，刑以防其奸。礼、乐、刑、政，其极一也，所以同民心而出治道也。"这段话鲜明地道出了乐的实质。

　　乐既然是礼的一部分，当然是不下庶人的，就是在统治者当中，乐也是有等级的。《礼记·曲礼下》说："大夫无故不彻悬，士无故不彻琴瑟。"郑玄注："故，谓灾患丧病。""悬，乐器钟磬之属。"乐器钟磬对于大夫来说，琴瑟对于士来说，都是不可缺少的必备之物，只有在灾患丧病的特殊情况下才可以撤去。乐有多种形式，祭祀时行礼与乐配合，称为庙堂乐；朝聘时行礼与乐配合，称为朝廷乐；乡射时行礼与乐配合，称为乡乐或房中乐。

周乐曲调早已失传，乐词基本上保存在《诗经·周颂》里，《大武》乐是其中最有名的，实际上是以周武王克殷为题材的一出大型歌舞剧。王国维著有《周〈大武〉乐章考》，阐述甚为详细。大体上说，全剧共分六部分，每一部分各为一成。《大武》诗词，据王国维考定，都在《诗经·周颂》中。周乐，作为程式化了的艺术，是为统治者的政治活动服务的。礼乐文化的形成，是西周社会宗法封建制确立的标志。

礼乐制度在有关考古现象和文物中能够得到明显的反映。

《周礼》等文献明确指出，这一时期对于王都、陪都、诸侯国的国都、一般采邑的大小都有较为严格的规定，天子都城方九里，有十二座城门，宫城方三里，有五座城门；诸侯国都城方七里，宫城小于天子宫城，只能有三座城门；大夫的采邑方五里，内城只能有两座城门。考古有关城址的发现，虽然并不像文献记载那样绝对和精确，但是在城址的大小、城墙的构造、城中的宫殿群规模、手工业作坊、礼器级别等方面都可以反映出王都、陪都、诸侯国首都和一般城邑的差别。

《周礼》等文献明确指出，这一时期对于宗庙的数量、布局位置、规模大小都有较为严格的规定，天子七庙，诸侯五庙，大夫三庙，士一庙，庶人无庙；天子六寝，诸侯三寝等。考古有关建筑数量和规模的大小，在整体布局中的位置也能够大体反映出其功用和主人的社会地位。

《周礼》等文献明确指出，这一时期对于墓葬规模的大小、棺椁层数、附葬车马的数量、随葬品组合都有较为严格的规定。天子、国君墓拥有隧道（羡道）；天子随葬车九辆，诸侯七辆，大夫五辆，士没有车；天子棺椁十重，诸侯五重，大夫三重，士二重；天子五棺二椁，诸侯四棺一椁，大夫二棺一椁，士一棺一椁，庶人单棺无椁。有关考古发现虽然并不一定与之完全一致，但等级差别还是非常明显，完全可以反映出墓主人的身份与地位。

出土文物对于礼乐制度也有明确的反映。比如《仪礼》记载，当时举行宴享或祭

河南三门峡虢国墓地2001号墓出土七件青铜列鼎

祀活动时，用不同的鼎分盛猪、羊、鱼肉，《礼记》则记载礼器组合鼎用单数，豆用偶数。用鼎的数目和所盛肉食种类的不同，被称作不同的"牢"。文献记载，天子用九鼎，所盛肉食为牛、羊、猪、鱼、腊、肠胃、肤、鲜鱼、鲜腊九种肉食，称为"大牢"；卿大夫用七鼎，较九鼎减少鲜鱼、鲜腊，也属于"大牢"；大夫用五鼎，较七鼎减少牛、肠胃，称为"少牢"；士在特殊场合用三鼎，盛猪、鱼、腊，也属于"少牢"，一般情况下用一鼎，盛小猪。这就是所谓的"列鼎而食"。与鼎相配，还有用于盛装其他食物的器物。比如用于盛装黍稷的簋，往往呈偶数与鼎相配：九鼎配八簋，七鼎配六簋，五鼎配四簋，三鼎配二簋。其他器物数目也都有相应的规定。与青铜礼器的数量与组合一样，所用马车和马的数量以及车马的装饰物、青铜乐器的数量与组合、漆器的使用、玉器的使用等差别都是礼乐制度的表现。

为了维系等级制度，西周王朝还制定了适用于大夫以下阶层的刑法，见于文献的有九刑、墨（相当于后世的黥，就是在面部刺字）、劓（割去鼻子）、宫（除去男性的生殖器官）、大辟（砍头）等。这些刑法是维护贵族统治的重要手段。为了防范下层人民的反抗和各地的叛乱，西周王朝设置了庞大的军队，其中戍卫首都宗周的是西六师，戍守成周的是殷八师（也叫做成周八师，主要由殷遗民组成，由周人担任将帅）。当时的一个师相当于后来文献中所说的一个军，约一万余人。西周军队以战车为单位，每辆战车一般由两匹马牵引，配驭者二人、徒兵十人，军官由各级贵族担任，基层甲士由地位较低的贵族和平民组成。

二、社会经济

（一）农业

从出土文物观察，西周时期农业生产所使用的生产工具，大多数是利用木、石、兽骨和蚌壳为原料制成的耒、耜、铲、刀、斧，也有很少量的青铜农具，如臿、镈。粮食加工工具用石杵和石臼。有些青铜工具如斧、斨，可以用来砍伐树林，开垦荒地。《诗经·周颂》中的《载芟》、《良耜》、《臣工》、《噫嘻》和《小雅》中的

西周时期的青铜工具

石刀
西周
陕西长安出土
长9.5厘米

《大田》、《采芑》等篇章中出现的农业工具有：耒，木质双齿松土工具；耜，石质宽头挖土工具；钱，金属制作、用于翻土的铲；镈，金属制作、用于中耕的锄；铚，用于收割的工具。

耕作方法主要是偶耕。这种生产方式在现代中国北方地区仍然有所保留，即两人相随进行，前面一人松土，后面一人翻土起垄，还有两人配合，一人刨坑，一人播种，合力耕耘。

这一时期为了保持地力，对耕地实行休耕轮作制度。如《周礼》记载的"再易之地"、"一易之地"、"不易之地"，就是把田地区分为生荒田、一般的田地、上等的好田看待。《诗经》中出现的菑田、新田、畬田，就是指把田地区分为一年的初垦田、已经耕作使用两年的新田、耕作使用三年的熟田。

《诗经》中《信南山》、《大田》、《白华》、《良耜》等篇章还记载，周人在开垦土地的同时，还修治灌溉用的沟洫，进行施肥、除虫等田间管理活动。

《诗经》中所见西周时期的农作物有：谷类，黍、稷、粟、禾、谷、粱、麦、稻、秬；豆类，菽、藿；麻类，麻、苴、苎。

考古发掘也发现有西周时期粮食遗迹，比如湖北圻春西周遗址曾经发现成堆的粳稻遗迹。

处于早期国家阶段的商周时期，其社会是以氏族或宗族的形式按地域划分的，在比较完整地保有氏族组织及其所有制的形式下进入国家文明社会，氏族本身从原始氏族所有的体现者，逐步异化为封建制王朝的土地所有权的体现者。氏族的组织虽然继续存在，但是已改变了性质，国王成为全国土地的惟一所有者，氏族成员只有通过其所属的氏族才能领得自己的份地。无论夏、商时期的氏族，还是西周时期的宗族，都存在公田和私田，所以在氏族或宗族中，一般成员的剩余劳动是以耕种公田的形式出现的。中国先秦文献中记载的贡、助、彻，就是夏、商、西周时期的氏族或宗族一般成员在获得土地耕种权的同时，作为贡赋或课税而交给国家的一种赋税制度。

在东周至汉代形成的文献中有以"井"表示井田的记载。比如，《国语·鲁语下》："其岁收，田一井出稷禾、秉刍、缶米，不是过也。"《孟子·滕文公上》："方里而井，井九百亩，其中为公田，八家皆私百亩，同养公田，公事毕，然后敢治私事，所以别野人也。"《周易·井》卦："改邑不改井，无丧无得。往来井井。"《周礼·地官司徒》："乃经土地，而井牧其田野，九夫为井，四井为邑，四邑为丘……以任地事而令贡赋。" 井田是不是就能够作为西周时期具有普遍意义的一种土地制度"井田制"来对待，因涉及到夏、商、西周时期的土地所有制，决定三代社会的生产关系问题以至三代社会的性质，所以长期以来一直是中国古代社会研究讨论的重要议题，至今难以定论。

（二）手工业

西周时期手工业在商代手工业基础上又有了进一步的发展。周王室和各个分封的诸侯国都拥有各种手工业作坊，有管理各种专门技艺工匠的官员，号称"百工"。由于这些手工业作坊和工匠由官府管理，所以史称"工商食官"。

从西周时期青铜器出土的情况来看，除了首都丰、镐二京之外，各地的诸侯国大多能够在当地铸造青铜器。目前发现的属于西周时期的铜器数量已经超过商代晚期，表明青铜冶铸业仍然是当时手工业生产中的重要部门。西周初期青铜器的制作工艺和造型基本上继承商代青铜器的风格，属于文献所说的"周因于殷礼"的表现。西周中期以后青铜器制作逐渐呈现自己的风格，比如纹饰趋于简易，造型朴实实用，新出现簠、盨、匜、编钟等器类。与商代重酒器不同的是，西周青铜器以鼎、簋为核心显示重食器的组合。为了提高生产效率，西周时期改变商代一个模子只生产一件器物的做法，采用一模翻制数范的方法，从此开始出现两件以上形制相同的青铜器。还有一项新技术的发明，就是焊接技术的出现，它往往用于青铜器附件与主体的联结。

就主要器形特征观察，西周早期的鼎下腹微膨，下接柱足或兽足，簋一般没有盖；常见饕餮纹和夔纹，鸟纹比较流行；铭文一般运用肥笔，波磔比较明显，字数可以达到数百。西周中期，柱足鼎减少，兽足鼎流行，簋多有盖；饕餮纹渐少，鸟纹盛行，出现穷曲纹和重环纹；常见长篇铭文，笔道波磔。西周晚期，鼎几乎全为蹄形足，簋圈足下另外增加三个小足；穷曲纹、重环纹、垂鳞纹、变形夔纹特别盛行；铭文波磔不太明显，笔画呈上下等粗的柱状，行款排列比较整齐，百字以上的长篇铭文比较常见，最长的毛公鼎铭文将近500字。

西周时期制陶业的一个很大的进步在于原始瓷器生产技术更加推广运用，在陕西岐山，河南浚县、洛阳，北京房山，江苏丹徒，安徽屯溪等相当广大的地区都有西周时期原始瓷器的发现，较商代原始瓷器的分布地域、种类和数量都有明显增加。西周原始瓷

丝织品

西周

陕西宝鸡茹家庄1号墓出土

器用高岭土烧制，胎质结构紧密，吸水性较弱，釉色呈现姜黄、绿、灰青色，种类有簋、豆、罐、碗、盂、尊、盘、盉、罍等。

西周时期仍然大量使用骨器，在陕西沣西张家坡发现的西周早期作坊遗址，发现有土窑式房屋建筑和骨料坑，出土大量的镞、笄产品，观察其制作痕迹，可推断其制作工艺大致经过选料、裁料、制作半成品、细致琢磨等工序。

在西周贵族墓葬中经常可以发现制作非常精致的骨、角、牙、蚌器，应是专门作坊为贵族加工生产的产品。

西周的纺织品情况大体同于夏商，主要依靠纺轮捻线，考古所见西周时期的纺织痕迹，多发现于贵族墓葬中。如陕西宝鸡茹家庄西周墓发现有关蚕、丝的材料，表明当时存在着养蚕和丝织技术，与《诗经》描写的"蚕月条桑，取彼斧斨，以伐远扬，猗彼女桑"相符合。考古发现西周时期纺织品痕迹有麻布和丝织品，多为平纹，出现山形斜纹，也有刺绣，发现产品痕迹有衣裳、布、绳。经纬线每平方厘米最小密度为 18 根 ×14 根，最大密度为 52 根 ×30 根，有的还用黑、白、红、黄等颜色彩绘出几何形图案。

较之原始社会时期的纺织品，夏、商、西周时期的纺织工艺有了明显提高，在纺织工艺中出现了机械生产，因为有些绣制复杂的花纹图案非使用专门的织机不能完成。

（三）商业

随着农业和手工业的进一步发展及社会分工的日益扩大，商业成为各行业之间不可缺少的沟通交流手段。《诗经》中有用粮食粟支付占卜费用的记载。禽簋、毛公鼎等青铜器的铭文记载青铜也充当重要的交换媒介，以"锊"为单位。西周时期以贝行使货币的功能的行为进一步扩大到庶人。由于贝是特殊的交换媒介，所以金文中常见周王对臣下

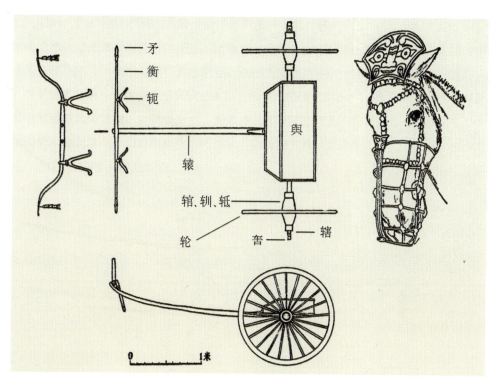

马车与马镳复原图

西周

据陕西长安张家坡车马坑出土马车复原

赏赐贝的记录，《诗经》中有"赐我百朋"的诗句。有关青铜器铭文中也有用贝交换田地、玉器和兽皮的记载。贝的价值单位是朋，至于一朋包含多少贝，自汉代以来有二、五、十等不同的说法，河南浚县辛村西周墓出土殉贝，每系穿联贝接近五的倍数。西周时期墓葬殉贝比较普遍，如陕西沣西张家坡西周墓地，几乎半数都殉葬贝；北京房山琉璃河发现的西周墓，也普遍殉葬贝。这些用于殉葬的玉石贝、骨贝、陶贝除了作为装饰品，还应是财富的象征。需要指出的是，贝币的使用因受在特定地域和特定社会阶层流通的限制，还不能排除以物易物的贸易形式。

考古发现表明，西周时期的道路仍然以都邑最为发达。陕西周原遗址已经发现长40米、宽10米的西周时期道路遗存，并且有用鹅卵石铺设的石子路。

西周时期的车大体继承商代车的特征，同时在局部有所改进。比如用青铜车辖取代了木质车辖和在轭上增添铜銮（小铃）；为了更好地保护车毂，在车轴的两端配备青铜铸造的辋、釭、軎。考古所见商周时期的车马坑表明马是车的主要牵引动力，用马的数量一般为偶数，即《诗经》所描写的"两服"（中间架辕）和"两骖"（列于服马两旁）。用马的数量与身份、等级相联系，贵族乘坐车辆所配的马，一般都装饰有用皮条穿系起来的青铜兽面（马冠）、当卢、铜泡等，有的用串贝络和辔。《尚书》、《诗经》、《考工记》等文献中还有以牛为牵引动力的大车和以人为动力的栈车。三者以马车地位最高，车体髹漆彩绘，马配有各种青铜马具和銮饰，一般用于乘坐或狩猎、作战。牛车一般用来运输物资。人力车较小，一般为平民使用。考古所见商周时期车辙遗痕，双轮轨迹从1.2米到2米不等，并且在手工业作坊区出现单轨车辙，由此可知这一时期车的规格和种类应当是多样的，同时有迹象显示这一时期用于牵引的畜力也不仅仅限于马、牛，可能还有羊、鹿等动物。

第四章

边陲古族

人们一般将古代中原地区称为"华夏"、"中州"、"中国"，而称生活于中原地区周边的民族为夷、狄、戎、蛮。由于有关文献对这些民族的情况记载十分简略，以至于在相当长的时期内，人们认为周边地区民族的发展水平远远落后于中原地区。因此，中国文明起源于黄河流域的一元论认识，曾经在学术界居于主流地位。

20世纪70年代以来，随着对周边地区考古工作的开展越来越多，研究越来越深入，学者们逐渐改变了以往的认识，慢慢地认识到中国文明起源与发展的多源一体的格局。有关夏、商、周王朝周边地区方国文明考古屡获重大发现，逐渐打破了中原地区文化独尊的神话，显示出所谓的蛮荒之地同样也有过辉煌的历史。

第一节　东方地区

《礼记》、《说文解字》都说中原地区泛称生活在其东方的人为"夷"。所谓东方地区，主要指今天黄河下游和淮河中下游地区。然而这一地带确实太大了，即使是生活在这一带的古族也因地域而有区别，所以《古本竹书纪年》中有"九夷"之称，即畎夷、于夷、方夷、黄夷、白夷、赤夷、玄夷、风夷、阳夷。在《尚书·禹贡》中还可以见到鸟夷、嵎夷、莱夷、淮夷、岛夷等。《后汉书》专门有一篇《东夷传》。其实，所谓夷有九种的说法应是形容夷人支系繁多，而不是绝对只此九种。其中，东夷和淮夷是夷人集团中最主要的两个支系。

一、东夷文化

东夷主要指夏、商时期生活在山东及其邻境一带（包括河南东部和江苏北部）的夷人。据《左传》、《古本竹书纪年》、《史记·夏本纪》等文献记载，夏王朝与东夷之间的矛盾与斗争比较多，在夏王朝初期就发生了东夷的首领伯益与启争夺王位继承权的斗争，继之是后羿在夏王太康时期篡夺了夏王朝的王位，夏代中期以后，夏王相、杼、桀相继征伐东夷。看来，有夏一代，夷夏斗争是始终存在的。

夏代末年，商族自北向南发展，采取与东方有莘氏（据清人顾栋高考证，其地在山东曹县以北，属于东夷地域范围）联姻的方式，结成夷商联盟，共同完成了灭夏大业。商王朝建立之后，商夷联盟不复存在，商王朝与东夷之间因商王朝向东方的扩展而发生了对抗。商代甲骨文、《古本竹书纪年》、《左传》等文献记载商人与东夷的战争，有仲丁时期征蓝夷，河亶甲征班方，祖乙时期征夷方、孟方，祖辛大规模征讨人方并俘获大量夷人，帝乙征夷方、尸方、人方，帝辛（纣王）征伐东夷有缗氏等。

夏、商王朝在对东夷的战争中，耗费了巨大的人力、物力，元气大伤，这是夏、商王朝灭亡的重要原因之一。

西周初年，东夷系统的徐、奄、薄姑等古国曾经因帮助武庚叛乱，被周公历经三年的东征击败，最终西周王朝在奄地分封了鲁国，在薄姑分封了齐国。但徐夷和淮夷并不认输，它们联合起来围攻鲁国，以至于西周成王不得不再次派兵征讨。据《后汉书·东夷传》记载，到西周穆王时，徐夷势力再次强大起来，其首领称偃王，联合九夷反抗西周王朝，周穆王最后不得不承认徐在东夷的霸主地位。

东方夷人能够长期与夏、商、周王朝对抗，与夷人所具有的悠久历史、发达的经济文化有着直接的关系。古史传说中的太昊和少昊，是兴起于东方的两个东夷大族，在他们的崇拜物中均有太阳和凤鸟。昊，像太阳之下的人形，有的学者认为其代表太阳神，这或许反映了东夷集团的日神崇拜。太昊氏活动地望在今河南东部淮阳一带，这里曾经是岳

岳石文化陶罐
夏商时期
1986年山东泗水出土
高13.5厘米

石文化的分布区。少昊的地望在山东泰山和沂蒙山南部地区，考古发现这一带正是大汶口文化的分布中心。从大汶口文化的内涵考察，这是一支发展水平较高的文化，在所发现的可能与祭祀活动有关的陶器上出现的🜨图形，可能与东夷的日神崇拜有关，因此这里应当是东夷的发祥地。

目前学术界关于东夷所对应的考古学文化遗存认识基本一致，认为岳石文化就是东夷遗存。岳石文化是以山东平度东岳石村遗址为代表命名的具有鲜明特征的一类物质文化遗存。这一命名由北京大学考古学系严文明先生于1981年提出，此后逐渐被广泛接受。

岳石文化陶尊
夏商时期
1986年山东泗水出土
高22.5厘米

早在20世纪30年代初期，在山东历城、辽宁大连双砣子的有关考古发掘中就有岳石文化遗物的发现。一直到50年代末期，南京博物院在江苏赣榆县下庙墩遗址发掘中仍然可以见到岳石文化的遗存，不过一直没有引起人们的注意。1960年，中国科学院考古研究所山东队在山东平度东岳石村遗址发掘，人们才开始注意这里出土遗物的独特风格。70年代初期，山东大学历史系考古专业发掘泗水尹家城遗址，人们开始认识到在当地龙山文化和商文化之间存在着一种新的文化类型，这就是80年代初期命名的岳石文化。从20世纪70年代末到80年代初期，是岳石文化发现、发掘和研究的繁荣时期，今天有关岳石文化的大致分布范围和主要文化特征已经大体清晰，而年代分期、类型划分和发展源流等重要问题尚在讨论之中。

岳石文化分布遍及山东和江苏北部、河南东部地区，影响可及安徽北部和辽东半岛。绝对年代相当于中国历史上的夏王朝至商王朝早期。岳石文化代表性的文化特征是，最为经常使用的生活用具是用黏土烧制的陶器，这些陶器多数使用轮制成型，表面很多没有纹饰，以凸棱、子母口、附加堆纹为典型装饰。烧制火候比较低，用作炊器的砂质陶多为红褐色，用作盛器的泥质陶多为黑皮陶。器类造型有鼎、甗、罐、尊、豆、舟形器、器盖等。农业工具以石器多见，其中最有特色的是半月形双孔石刀、三面（或四面）有刃的方孔石镢、扁平石铲，另外还有一定数量的用骨、蚌制造的生产工具。青铜器发现有手工业工具锥、凿、刀、钻，武器镞，装饰品环。青铜器的发现，表明岳石文化已经进入青铜时代，属于青铜文化。

对于不同地域岳石文化的特征，有的学者进一步区分为以胶莱河以东的胶东半岛为中心的照各庄类型，以潍河、潍河流域为中心的郝家庄类型，以沂河、沭河上游地区沂蒙山区为中心的土城类型，以岱北地区为中心的王推官类型，以岱南汶河、泗水中上游地区为中心的尹家城类型，以鲁西南、豫东、皖北地区为中心的安丘堌堆类型。有关岳石文化的族属，学术界目前基本上公认为东夷古族的遗存。

二、淮夷文化

传说淮夷是皋陶之后，而皋陶生于曲阜，是少昊的一个分支，"皋"即"昊"，淮夷的偃姓也是由少昊的嬴姓转化形成的。因此淮夷的发祥地也应当在山东泰山和沂蒙山南部地区。

文献有关淮夷的记载，多见于周代以后。参照《尚书·禹贡》等文献及后人的考证，结合有关青铜器铭文，大致可以划定淮夷的活动范围是以安徽江淮地区为中心区域，包括英、六、巢、蓼、群舒等古国。

根据考古发现，在安徽江淮地区的夏代文化，被考古学家辨认出来的有一种名为斗鸡台文化的遗存。斗鸡台文化以安徽寿县斗鸡台遗址为代表，目前发现其主要分布于安徽江淮之间霍山以北地区。肥西大墩孜遗址出土的铜铃表明斗鸡台文化属于青铜文化。根据有关考古地层关系和出土遗物特征来判断，斗鸡台文化所处的时代大约与夏代相当。

青铜斝
商代
1957年安徽阜南月儿河出土
高46.5厘米，口径22.2厘米

从目前已经掌握的材料来看，斗鸡台文化的陶器以夹砂黑灰陶和夹砂褐色陶最为多见，没有纹饰的素面陶占比例较大，纹饰有篮纹、绳纹、方格纹、箍状堆纹，常见的器类有鼎、罐、盆、缸、瓮、豆等。斗鸡台文化内涵中存在着受河南境内二里头文化、山东境内岳石文化影响的痕迹。根据不同地域的文化特征，有学者将斗鸡台文化分为斗鸡台类型和巢湖类型，其中斗鸡台类型含有二里头文化早期因素，主要分布于文献记载的英、六故地，与文献记载英、六受封于禹的年代大体相符；巢湖类型含有二里头文化晚期因素，主要分布于文献记载的南巢氏故地，与文献记载南巢氏受封于桀相符合。

《史记·夏本纪》、《左传·哀公七年》记载夏王朝开国国君禹娶涂山氏之女，并且在涂山召集诸侯开会。学术界有意见认为，涂山在今安徽寿县东北怀远县境，这一地域正好位于斗鸡台文化分布范围内。正因为夏人与涂山氏有着如此亲密的关系，所以当夏桀被成汤打败之后，最终选择逃奔南巢。

甲骨文中有六向商王进贡龟、女人和商王在六设置监狱的记载，据此可判断这一带的六、巢等古国此时已经成为臣服于商王朝的封国。就考古学文化考察，随着商文化的南下，在夏代具有较为独立地方特征的淮夷文化受商文化影响和制约的烙印日益明显。

西周时期，部分东夷的南下，壮大了淮夷的势力，安徽江淮地区、淮北地区和苏北地区都成为淮夷的主要活动地域。在淮北地区，分布着一批淮夷偃姓小国，见于文献的有英、六、蓼、群舒（舒庸、舒鸠、舒龙、舒蓼、舒鲍）、宗、巢、桐等。据古史传说，偃姓夷人的始祖是皋陶，而《史记·夏本纪·正义》引《帝王世纪》说，皋陶生于曲阜（偃地），因地名而得偃姓。因此，偃姓夷人可视为东夷的一个分支。就考古学文化面貌而言，江淮地区淮夷文化中有较多的东夷文化因素传入，如素面鬲、素面甗、折肩罐、高圈足簋等，反映出两者的渊源关系；它们延续商代淮夷文化因素，如矮领圆肩瓮、钵；吸收西周文化的因素，创造出自身新的文化特征，如陶器中的折肩鬲、宽体瓮、鱓，铜器中的兽首鼎、曲鋬盉、折肩鬲、小方簋、鱓等。

淮夷原始瓷
西周
1959年安徽屯溪市出土
高14厘米，口径6厘米，重600克

在西周青铜器铭文中有不少记载征伐淮夷、南淮夷的内容，比如戎方鼎、鄂侯驭方鼎、禹鼎、敔簋、录戎卣、虢仲盨盖、翏生盨、兮甲盘、师寰簋、驹父盨盖等西周中晚期的青铜器，铭文中都有周王朝讨伐淮夷或南淮夷的记载，说明在西周中、晚期，淮夷的势力逐渐壮大起来，对周王室构成了某种程度的威胁，南淮夷在厉王时甚至侵入西周王朝的腹地，危及周王朝的安全。

第二节　北方地区

中国古代，中原地区的华夏民族把活动于北方地区的少数民族泛称为"狄"。狄，也写作"翟"，指一种长尾野鸡。在古代，一些游猎民族往往用野鸡漂亮的长翎毛作为头上的冠饰，这种现象在今天中外一些民族的装饰中依然有迹可寻。"天苍苍，野茫茫，风吹草低见牛羊"，这一描写中国北方草原游牧部落生活环境的诗句，为人们展现出辽阔草原的壮丽图景，令人心旷神怡，荡气回肠。

中国北方地区古代以游牧和狩猎为主要谋生手段的民族，主要分布于秦晋以北的黄土高原和燕山一带，可以区分出许多不同的部落，包括文献记载的肃慎、燕亳、鬼方、土方、舌方、燕京之戎、孤竹、令支、无终、发人、邸、蓟等。今天，考古工作已为人们揭示出当年活动在北方地区不同地域的古族和方国遗留下来的丰富的文化遗存。

一、燕山访古

燕山山地及其周围地区夏、商、西周时期的古代文化主要有雪山二期文化、夏家店下层文化、张家园文化、魏营子文化等，这些文化与同时期中原文化之间，存在着不同程度的联系。根据文献记载，夏、商、西周时期，燕亳、肃慎、孤竹等古族在此活动，成为学者们关注研究的对象。

燕亳是北方的一个古国，在商王朝后期曾经担任王室占卜的贞人，做过小臣官职，并且与王室有过通婚。殷墟多次出土带"矢"字铭文的青铜器，反映出燕亳与商王朝的密切关系。肃慎（息慎）是长期生活在中国东北地区的一个历史悠久的古代民族，夏、商、周时期与中原地区有所往来，西周时期向周王朝纳贡用楛木制作的箭杆和石头磨制的箭头。

雪山二期文化陶鬲
原始社会晚期至夏代
北京昌平雪山遗址出土

雪山二期文化指以北京昌平雪山村龙山文化遗址为代表的一类遗存（或称之为河北龙山文化雪山型），主要分布于河北省北部长城内外。其文化特征大体为，常见椭圆形半地穴式居址和椭圆形锅底状灰坑；陶器以砂质、泥质灰陶为主，次为泥质黑陶（黑皮红胎或灰胎）、灰陶、红陶（有少量薄胎红陶），除素面磨光陶外，纹饰有绳纹、篮纹、方格纹和少量附加堆纹；以轮制为主，辅以手制；器类有罐、鬲、甗、双腹盆、大口平底盆、曲腹碗、豆、斝、鸟首形鼎足、盖、杯、珠、环等，以罐最多，造型多样。据有关专家比较研究，认为其文化特征与邯郸龟台寺龙山文化遗址比较接近。对现有考古学材料展开分析，可大体看出，雪山二期文化因素主要来自于河北龙山文化，其次来源于山东龙山文化，亦有一些因素来自西边同期文化。

关于雪山二期文化的年代，其上限已超出夏代纪年，进入原始社会时期。据出土三足盘造型与二里头文化二期同类器相近判断，二者年代亦应接近。年代下限进入夏代的雪山二期文化，文化特征与冀南的河北龙山文化涧沟型相近。

据有关学者考证，传说人物共工氏的故地在今天豫北辉县一带。共工曾与颛顼争为帝，又被尧、舜流放于幽州，终遭夏禹攻逐。北京地区出现的雪山二期文化大体与这样一段历史传说相符，可以视作该历史事件在考古学文化上的反映。

夏家店下层文化是以内蒙古自治区赤峰夏家店遗址下层命名的中国北方地区早期青铜文化。夏、商时期主要分布于燕山南北地区。

20世纪20年代至40年代，日本和中国一些学者先后在赤峰一带进行了考古发掘与调查，当时已经发现了属于夏家店下层文化的陶器和房屋遗迹。50年代，中国学者开始注意到赤峰遗址包含有不同时期、不同文化的现象。60年代，通过发掘把夏家店遗址下层区分出来，判断其属于青铜文化，时代大致与殷商文化相当。经过多年的考古工作，目前已经大致确认夏家店下层文化的分布范围，北起于内蒙古自治区境内的西拉木伦河，南到河北北部的拒马河，东起辽河，西至河北张家口地区，纵横千里以上。

纵观夏家店下层文化发展的时空特点，以燕山以北时代上限较早，最早可在4000年以前；燕山以南稍晚，时代上限距今约3700年，即相当于中原地区夏文化（二里头文化）中期。夏家店下层文化历经夏、商时期，延续时间较长，所以文化堆积较厚，一般在2米至7米之间，可以区分出不同的阶段，用考古学术语来讲就是可以分出几个不同的期。在夏家店下层文化辽阔的分布地域范围内，不同的地理单元也各具特色，因此被学者们加以区别，分别命名为夏家店下层文化辽西型和燕山型；或者以燕山为界，将夏家店下层文化区分为燕北型和燕南类型；也有学者将夏家店下层文化区分为药王庙类型、大坨头类型和壶流河类型。

目前所见夏家店下层文化总体特征是，当时人们多居住在临水的高地上，已经掌握了筑城技术，山区城墙一般用石材建造，随山势不规则起伏，城内面积约数万平方米。平原地区使用夯土技术筑造城墙，墙外挖有护城壕。房址多为半地穴式，也有的用石块或土坯砌墙。在居住区附近规划有墓地，一般为竖穴土坑，用木棺或者石棺作为葬具（也有不用葬具的墓葬）。多为单人葬，随葬品一般为陶器，以鬲、罐组合常见，有的大墓随葬陶器组合比较丰富，出现酒器爵、鬶，另外还有石器斧、钺等，显示等级与礼制已经形成，表明夏家店下层文化已经进入国家门槛。最普遍使用的生活用具陶器主要是夹砂灰陶、黑陶和红褐陶，烧制火候较高，运用轮制和手制造型，装饰绳纹、篮纹、划纹、附加堆纹，有的饰陶衣和彩绘，代表性器类有深腹筒形鬲、罐形鼎、细腰肥袋足

夏家店下层文化彩绘陶鬲

夏、商时期

1981年内蒙古赤峰大甸子出土

高25厘米

夏家店下层文化陶鬶

夏、商时期

1981年内蒙古赤峰大甸子出土

高27.2厘米，口径14.1厘米

甗、折腹盆等。生产工具以磨制石器为主，种类有铲、锄、刀、斧，也有细石器镞、刮削器，骨制工具有锥、镞等，表明夏家店下层文化以农业为主要经济形式，同时也辅助以狩猎经济。从夏家店下层文化中出现青铜礼器鼎、工具刀、武器镞、装饰品耳环和先钻后灼的卜骨，表明其属于青铜文化，并且有了较为发达的占卜巫术。

出土文物特征显示，夏家店下层文化与中原地区的夏商文化存在着文化交流和影响关系。青铜器鼎、陶爵、甗、彩绘图案、玉雕、卜骨等都能够体现出这种文化间的交流关系。

大约在商代中期以后，在燕山南、北分别出现了张家园文化和魏营子文化，替代了夏家店下层文化。

张家园文化又被称为"围坊三期文化"。该文化遗址多分布于低山、丘陵向阳坡地和山前平原的河流、湖泊岸边，规模一般比较小，堆积较薄，往往直接叠压在夏家店下层文化之上。总体文化特征是多圆形或椭圆形半地穴式居址，门道多朝东，有的用石块砌墙。墓葬常见东西向竖穴土坑墓，以木棺作为葬具，流行俯身葬式。随葬品中铜器以弓形器、管銎戚、耳环、臂钏为特点。陶器以夹砂或云母褐陶为多，少见灰陶，除素面陶外，流行绳纹和弦断绳纹、附加堆纹、压印三角形纹；多采用手、模合制方法制作，主要器类有鬲、甗、瓮、尊、盆、钵、碗等。石器多为磨制，种类有斧、锛、刀、铲、镞，有少量打制石器和细石器。据有关学者研究，该类型文化主要分布于燕山南麓和太行山北端以东的京、津、唐地区。年代上限不早于殷墟一期，下限因始于西周初年的燕文化扩张而各地有所不同。

比较而言，张家园文化与夏家店下层文化燕南类型显得关系比较密切。比如陶器都以夹砂褐陶为多，除素面陶外，流行弦断绳纹，主要器类为鬲、甗、盆、罐等，有一定数量打制石器和细石器，并以椭圆形半地穴式居址、东西向竖穴土坑墓、铜（金）耳环、臂钏为特色。但两者在器物造型、墓葬的葬式、出现年代与分布上都存在着较为显著的差别，这正是一些学者将两者作为不同考古学文化的缘由。它们同属于北方青铜文化体系，相同的生活环境、相似的生活习俗以及文化间的交流是两者出现共性的原因；而差别则是由于族属不同、发生地域不同以及同其他考古学文化发生交往程度不同所造成的。因此，尽管两者关系密切、相互交流显著，但仍然属发生于不同地域、渊源有别的两支考古学文化。

夏家店下层文化青铜鼎
商代
内蒙古赤峰翁牛特旗出土
高53.9厘米，口径37.7厘米

参照战国中期青铜器陈璋壶铭文和《左传·昭公九年》等文献可知，战国时期燕国所在区域可以称作燕亳，西周时期燕亳是西周王朝的北土。有学者研究认为，燕亳是武王灭商之前就已经存在于北方的一个古国，在商王朝后期曾经担任王室占卜的贞人，做过小臣官职，并且与王室有过通婚。殷墟多次出土带"夨"字铭文的青铜器，反映出燕亳与商王朝的密切关系。北京琉璃河古城已经被学术界认定为周初燕亳，那么商代的燕亳一定不会距此太远，应当包括在张家园文化分布的范围之内。

夏家店下层文化金笄（下）和臂钏（上）
商代
1977年北京平谷刘家河出土
金笄长27.7厘米，头宽2.9厘米，
尾宽0.9厘米，重108.9克
臂钏直径12.5厘米，重79克至
9.37克

魏营子文化以辽宁朝阳魏营子遗址为代表，主要分布于燕山以北的大凌河流域南部、小凌河流域直至锦州地区的渤海沿岸一带。该文化出现时代上限大约在商代中期晚段，下限在西周早期。目前发现有关文化遗存多分布于背山、背水的红色黄土台地或山坡上，文化堆积一般比较薄。其陶器多为夹砂红色陶和红褐色陶，以压印三角组成的横带为典型纹饰，代表性器类有鬲、鼎、甗、豆、钵、大口罐、瓮、盆等。墓葬多为东西方向竖穴土坑，单人仰身直肢葬式，以木椁（有认为是套在棺外的大棺）为葬具，随葬陶器多放置在头前，另外还随葬有青铜容器、车马器、盔、耳环、镜以及绿松石、金钏等装饰品和石钺等器物。有殉猪的习俗。

在魏营子文化分布地域内的辽宁喀左境内，多次发现商周之际的青铜器窖藏坑。如1941年，喀左县小城子乡咕噜沟村曾经发现两件商周之际的铜鼎，其中一件重75公斤。1974年，平房乡山湾子村发现一处青铜器窖藏，出土以伯矩甗为代表的青铜器，其中有15件有铭文。1973年，平房乡北洞村先后发现两处青铜器窖藏，仅1号坑就出土了6件商代青铜器。1987年，喀左县坤都营子乡小波汰沟发现一处窖藏，出土10件商周青铜器等。这些规模较大，埋藏重器多的青铜器窖藏坑引起了学术界的特别关注，有学者认为这些商周之际的青铜器窖藏坑属于当地魏营子青铜文化，在这批青铜器中，有些是来自商周王朝的重器，特别是包括部分燕国青铜器，表明了魏营子文化与商文化、西周燕文化的联系。

二、晋、陕方国

在今山西与陕西交界的黄河两岸和内蒙古中南部，分布着一些具有明显特征的考古学文化。在这一区域内，以山西石楼和陕西绥德为中心，出土了大批商代晚期的青铜器。其中青铜礼器鼎、甗、簋、瓿、卣、觚、爵、斝无论是器物造型特征，还是组合，都基本上同于商器；也有一些青铜礼器是在商式造型的基础上进行改造，比如忻县连寺沟羊圈坡出土的饰云纹鼎，清涧县解家沟出土的细颈壶，石楼县桃花庄出土的带铃觚、直线纹簋、三足盘、提梁卣、龙纹觥，石楼县曹家垣出土的带铃铎形器，保德县林遮峪出土的带铃豆。尤其引人注目的是，这一带出土的青铜武器、工具和装饰品具有鲜明的北方地区文化特色，比如带銎的戈、钺、斧、兽首刀、环首刀、铃首剑、蛇形匕，带铃车饰、带铃镳形器、靴形器、梳等。另外，用黄金制作的弓形器、耳饰也都体现出北方文化特色。山西太原光社遗址出土的陶器以常见灰色陶、流行绳纹和附加堆纹、多见鬲为特点。

按照文献记载，鬼方、土方、舌方、燕京之戎四个古族大致活动在这一区域内。

鬼方是商王朝西北方向的一个强大的部落方国，从甲骨卜辞和《古本竹书纪年》、《诗经》、《周易》等文献有关记载来看，鬼方与商王朝、周人多次发生

龙纹铜觥
商代
1959年山西石楼桃花庄出土
高19厘米，长44厘米

战争。《古本竹书纪年》记载，在商王武乙三十五年，周人首领王季曾征伐西落鬼戎，俘获20个狄王。

商代晚期，与商王朝发生战争最频繁的是土方和舌方。甲骨文中有关征伐土方的卜辞100余版，伐舌方的卜辞400余版。一个十分重要的现象是，在甲骨卜辞中多次出现土方与舌方同版的记载，大概两者地望邻近，都位于商王朝西北方向。周人也对鬼方进行过战争，小盂鼎铭文记载，康王时有一次征讨鬼方，斩杀4800多人，俘虏13000人，缴获战车30辆和牛350头。

燕京之戎也是位于商王朝西北方向的一支强大的部落方国，《后汉书·西羌传》注引《古本竹书纪年》记载，商王文丁二年，周人讨伐燕京之戎，结果被戎人打败。按《水经注·汾水》、《淮南子·地形训》记载，燕京之戎活动地望大约在今山西宁武的管涔山一带。

三、高原牧民

以往被称作"鄂尔多斯青铜器"的代表性器物是装饰有羊首、马首、鹿首的短剑、短刀和装饰有动物纹样的牌饰、装饰品，标志着这里曾经生息着以畜牧为主要经济的古族。内蒙古鄂尔多斯地区以出土具有这些独特特征的青铜器群而闻名于世。以前一般认为"鄂尔多斯青铜器"时代是在春秋战国时期，近年发现在朱开沟文化晚段已出现数量丰富的青铜器，其中的环首短剑和环首短刀，将"鄂尔多斯青铜器"的时代上限由春秋时期提早到商代早期。

以内蒙古自治区伊金霍洛旗朱开沟遗址为代表的朱开沟文化，主要分布于内蒙古中南部、河套及其东、北部地区，时代跨度在原始社会晚期至商代。夏、商时期，朱开沟文化流行方形或长方形浅半地穴式、地面式房子，修筑木骨泥墙，房内设有火灶，附近设有窖穴。墓葬分为土坑墓和瓮棺墓两种，土坑墓一般为竖穴式，一侧有壁龛，单人仰身直肢葬式或合葬，葬具可见木棺，随葬陶器、青铜器、石器、玉器，有殉人和殉牲（猪、羊）。瓮棺葬多用鬲、三足瓮、甗为葬具，多用于埋葬儿童。陶器多为手制，普遍采用泥条盘筑、分段套接和模制法制作而成，以灰陶为主，也有褐色陶；纹饰早期以篮纹多见，晚期以绳纹多见，其他还有方格纹、弦纹、附加堆纹、蛇纹等纹饰；由鬲、甗、

朱开沟文化陶鬲
夏、商时期
内蒙古伊金霍洛旗朱开沟遗址出土
砂质灰色陶，高15.4厘米，裆高4.8厘米，口径11.2厘米。

环首青铜刀

商代

1980年内蒙古伊金霍洛旗朱开沟遗址出土

长34.1厘米，柄长10.5厘米

青铜短剑

商代

1980年内蒙古伊金霍洛旗朱开沟出土

长24.6厘米

豆、三足瓮、三足盉、双耳罐、罐、盆等构成代表性器物群。青铜器包括礼器、兵器、工具和装饰品，发现有鼎、爵、戈、刀、剑、镞、銎、护牌、锥、凿、钏、项饰等不同器类，并且发现了铸造铜器的石范；石器有铲、镰、刀、杵等农业生产工具，也有石球、细石器等狩猎工具；骨器有农业工具（如铲）、狩猎工具（如镞、匕首）、手工业工具（如锥、针）和生活用具（如匕）。另外，还有陶、石质的纺轮出土。卜骨采用动物肩胛骨（如牛、羊），早期只施灼，晚期增施钻、凿。

从文化内涵观察，朱开沟文化最初以定居农业为主要经济形式，畜牧业也占相当的比重，随着气候的变化，逐渐向半农半牧的经济形态转变。在其发展过程中拥有铸铜、制陶、制骨、纺织、缝纫等手工业。社会出现了贫富分化，男女之间社会地位差别显著，出现了巫师和军事武装。可以说，朱开沟文化属于一个区域性的方国文明遗存。

第三节　西方地区

一、羌笛余音

夏、商、周时期在中国西部地区生活着古老的游牧民族羌族，《竹书纪年》、《诗经·商颂·殷武》等文献记载商王成汤之时，羌臣服于强大的商王朝，并且经常朝觐商王，向商王朝贡献祭祀物品。由此可知早在商代初年，商与羌就发生了联系。后来，羌与商王朝的关系逐渐出现了对抗，导致战争发生。《竹书纪年》记载，商王武丁进攻氐羌，调集兵力最多达一万三千人。甲骨文中也有"征羌"、"获羌"的记录，数以百计的羌人俘虏被用于祭祀，或者成为商王朝的奴隶，从事农业生产。由于商王朝对羌的长期战争和掠夺，导致两者之间关系长期处于紧张状态，最后羌人加入武王联盟，参加了灭商的战争。据《后汉书·西羌传》、《魏书·宕昌传》等有关文献记载，古代羌族的主要活动地域在今天青海、甘肃一带。

二、甘青文明

甘青地区夏、商、周时期与羌族相联系的考古学文化有齐家文化、四坝文化、辛店文化、卡约文化、寺洼文化等青铜文化。

齐家文化以甘肃广河齐家坪遗址为代表，主要分布在甘肃中部和青海东部。经碳－14测年，其年代范围在前2300年至前1900年之间，相当于原始社会末期至夏代早期（也有学者认为其年代下限可晚至夏商之际）。齐家文化陶器以橙黄色与红褐色为主，有少量的灰陶和彩陶，造型以平底为主，代表性器物为双大耳罐、单耳罐。冶金业是齐家文化的一项重要成就，发现铜器数十件，种类有凿、钻、刀、锥、斧、匕、环、镜等，其中既有纯铜，又有青铜，所以有学者认为齐家文化独立地走过了由纯铜到青铜的制铜技术过程。齐家文化的工具除用于手工业生产的骨针、骨锥外，主要是农业生产工具，如石质的斧、铲、锄、刀、镰，骨铲等；联系这里发现粟的遗存，可知旱地农业是齐家文化的主要经济形式。在齐家文化出土的遗物中较多地见到猪、牛、羊下颌骨，并且多用于随葬，表明畜牧业在当时也占有十分重要的地位。

齐家文化陶器

原始社会至夏代

1956年甘肃临夏雀家庄出土

高11.7厘米，口径7.6厘米

齐家文化铜刀

原始社会至夏代

1959年甘肃武威皇娘娘台出土

为纯铜锤击制成，其中较大的一件长11.5厘米，宽3厘米；较小的一件长6.7厘米，宽2.3厘米。

齐家文化铜镜

原始社会至夏代

1975年甘肃出土

直径14.6厘米

四坝文化因首次发现于甘肃山丹四坝滩而得名，主要分布于永昌以西的河西走廊地区，年代大致与中原地区的夏代相当。四坝文化陶器多为夹砂红、褐色，有一定数量的彩陶，盛行紫红色陶衣和胶质黑、红彩，以带双耳或四耳罐、腹耳壶、彩陶豆、长方形多子盒为代表性器物。石器种类比较丰富，农业工具有铲、锄，粮食加工工具有磨盘、磨棒、臼，手工业工具有斧、刀、锤、凿等，狩猎工具有石球。最能够代表四坝文化生产力发展水平的是铜器的生产和使用。铜器多为青铜，用石范模铸工艺制作，器类有兵器矛、镞、匕，工具斧、镢、刀，装饰品耳环、牌饰，礼器权杖等。特别值得提出的是，对甘肃民乐东灰山遗址、酒泉干骨崖遗址出土的一批属于四坝文化的青铜器的测定结果显示，其中含砷的比例较高（2%—6%），应以铜砷共生矿为原料冶炼而成。据有关学者研究，发现在青铜时代之前，曾经存在过一个使用砷铜的时期。考古发现从前3800年至前2000年之间，在伊朗、叙利亚、巴勒斯坦、以色列、埃及、希腊、意大利、伊比利亚、高加索地区、印度等地先后冶炼和使用砷铜。中国山西陶寺遗址也有砷铜发现，四坝文化年代属于夏、商时期，这里发现的砷铜冶炼是源自本地，还是与较早使用砷铜的西方或南亚存在交流关系，尚需进一步的研究。

四坝文化彩陶罐

夏、商时期

1987年甘肃民乐东灰山出土

高20.2厘米，口径4.8厘米，腹径17.5厘米，底径8.8厘米

夹细砂红陶，涂紫色陶衣，绘黑色彩。

四坝文化遗址显示其经济大致可以分为两种类型。一类以甘肃玉门火烧沟、沙锅梁遗址为代表，主要分布在河西走廊西部偏北一线荒漠地带，这里发现细石器的使用，墓葬为横穴式掏洞墓，普遍殉羊、牛、马、狗、猪等牲畜，其中以羊骨（角、肢、肩胛骨）最多，也有粟的发现，看来是以畜牧业经济为主，兼营农业。另一类偏重于农业，兼营畜养、狩猎和采集，这类遗址主要分布于祁连山北麓土壤发育较好、水源丰沛的山前地带，以酒泉干骨崖遗址为代表。这里细石器使用有限。墓葬有土坑墓和积石墓两种不同形式，有使用木棺的痕迹，随葬动物的现象较少。在民乐县东灰山、西灰山发

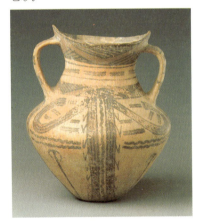

辛店文化彩陶罐

夏代晚期至西周晚期

1956年甘肃临洮郭家坪出土

高40.5厘米，口径14.4厘米

现大量已经炭化的小麦。总体上讲，四坝文化属于半农半牧的经济类型。

四坝文化随葬品无论在数量上，还是质量上，都显示出当时社会已出现贫富分化现象，少者只随葬一两件器物，多者仅陶器就随葬十余件，另外还有铜器、金银装饰品、玉器、绿松石、玛瑙、海贝、铜和玉石制作的权杖等，甚至还殉葬人，这些现象充分表明，四坝文化内部已经出现了贵族权力集团。

辛店文化以甘肃临洮辛店遗址命名，主要分布于青海东部和甘肃中部地区，时代大约相当中原地区的夏代晚期至西周晚期，考古工作者将之分为山家头、姬家川、张家嘴三期，代表辛店文化发展的三个不同阶段。辛店文化陶器以夹粗砂红陶为主，少量为灰褐陶，大部分陶器表涂有橙白色陶衣，上有黑色彩绘，少量陶器以酱紫色为底色，一般器表饰浅细绳纹，往往又将其打磨掉；大口双耳罐、双大耳罐、绳纹双耳罐、腹耳壶等为代表性陶器群。作为甘青地区的青铜文化，有迹象表明辛店文化上承齐家文化，下与寺洼文化同时并存，各自独立发展。辛店文化晚期向西发展，与卡约文化发生广泛的接触，对卡约文化晚期的彩陶产生较大的影响。

卡约文化以青海湟中卡约村遗址命名，主要分布于青海境内的湟河流域，东至甘肃临夏与青海交界地区，西达青海湖至柴达木盆地的东北边缘，北到祁连山南麓，南到果洛玛沁黄河沿岸。延续时间从夏末商初一直到周（也有认为可以到汉代）。考古发现卡约文化的房屋遗迹，有地面式和半地穴式，平面为圆形或方形，居住面大多铺一层细砂与红胶泥混合的硬面，厚约0.05米，中间有一个用鹅卵石垒砌的灶。个别遗址发现用鹅卵石垒砌的石围墙。墓葬构造有长方形竖穴土坑、横穴偏洞、不规则土坑、坟丘等不同形式，单人或多人埋葬，有一次葬或二次葬，用瓦棺作为葬具。随葬品有各种带耳罐、鬲、豆、壶，铜器、石器，男性多为斧、刀等生产工具或兵器镞、钺随葬，女性多为针、锥、纺轮等缝纫纺织工具随葬。墓中大量殉牲，如羊、牛、马、猪、鹿、狗等，以羊和狗最为普遍，反映出卡约文化的畜牧业是以牧羊为主的经济类型。遗物中的陶器几乎都是夹砂粗陶，陶器多为手制，装饰绳纹、划纹、戳印纹、附加堆纹、捏塑纹等，彩陶数量不多，以S变形纹饰为独特风格，代表性器物有各种带耳罐、鼎、鬲、豆、碗、盘、瓮等。青铜器多为武器和工具，器类有斧、钺、刀、矛、镞、针、锥，也有乐器和装饰品如铃、牌、联珠、泡、管。另外，还有骨质的管、牌、牙形饰和石质的珠、贝，用桦树皮刻画的装饰牌、盒及各种兽牙饰。

寺洼文化以甘肃临洮寺洼山遗址为代表，主要分布在洮河流域，西面与辛店文化相邻，是商周时期的一支青铜文化。寺洼文化陶器以夹砂红、褐陶和橙黄陶为主，有少量泥质灰陶和夹砂灰陶。陶器多为素面，纹饰可以见到附加堆纹、绳纹、凹弦纹、刻画纹、指甲纹、镂孔等，部分陶器施有彩绘，在少量陶器上还可以见到镶嵌白石管珠和小蚌钱。陶器造型十分鲜明的特征是马鞍形口沿，不仅造型极富特色，而且数量居大宗。青铜器多为武器和装饰品，如戚、戈、矛、刀、镞、铃、钏、镯、泡等。墓葬发现有殉人现象，一般放置在墓的壁龛中；也随葬牛、马、羊等动物，多埋在填土中，或将这些动物的腿骨放置在二层台上或墓主人脚下。另外，寺洼文化还发现有火葬现象。关于寺洼文化的族属，学术界大致有古代氐羌、古代氐族、混夷（或称犬戎）的文化遗存等不同观点。有学者指出氐羌同源，在商周时期两族不分，氐从羌中独立出来是战国时期的事情，因此寺洼文化不可能仅仅是氐人的遗存，而应当是氐羌的遗存。

沙井文化以甘肃民勤沙井村遗址命名，主要分布于腾格里沙漠南部边缘、今甘肃西部偏北地区的古浪、张掖、永昌、民勤等地。目前考古发现重要的遗迹有用土堆积起来的土城圈，在城西北不远处是墓地，流行竖穴土坑偏洞室墓，有木棍封门，多见仰身直肢或侧身屈肢单人葬式。随葬陶器以夹砂粗红陶多见，一般为手制，器类简单，发现有单、双耳圜底罐、筒形红陶杯、鬲等；纹饰有绳纹、弦纹、篦纹、划纹、布纹；有一定数量的彩陶，多在红色陶衣上绘红彩，常见的图案有平行或交错的条纹、三角纹、菱形纹、折线纹和鸟纹。出土青铜器种类有刀、铃。石器制作方法既有打制，也有磨制，种类有刀、斧、环、网坠等。出土铁器有刀和犁。从墓葬中多见随葬羊头的习俗判断，沙井文化基本上以畜牧业为主要经济类型，农业经济虽然存在，但所占比重很小。根据有关碳－14测定数据判断，沙井文化的大致年代范围在两周时期。有学者推断其族属为月氏或乌孙人遗存。

总体说来，目前甘青地区的青铜文化共性在于畜牧业经济占很大的比重，在埋葬习俗等方面也表现出某些一致性，应同属于氐羌（包括戎）等古族遗存。目前已有明确认识的几支主要的青铜文化的关系错综复杂，来源和去向都属学术探讨之列，现在的一些认识还有待于考古工作进一步验证。随着有关考古工作的深入开展，在这一区域内还可能进一步区分出新的青铜文化。

第四节　南方地区

一、苗蛮文化

苗蛮主要活动于湖北江汉平原和河南南部地区，由众多部落和氏族组成。文献记载比较重要的有九黎（或重黎）、三苗、驩兜等古族，这些古族与中原地区很早就发生了联系。据《墨子·非攻》记载，夏代的大禹对生活于此地的三苗古族进行过激烈的战争。

目前学术界有一种看法，就是把分布于这一区域的石家河文化与三苗古族相联系。有关考古发掘材料将石家河文化分布范围大致划在今天湖北境内的江汉平原以及邻近的河南南部、湖南东北部地区，这里同时期的考古学文化曾被称作湖北龙山文化、长江中游龙山文化、青龙泉三期文化（或"青龙泉文化"）、季家湖文化、桂花树三期文化。由于湖北荆州天门石家河遗址群是文化分布的中心区域，所以近来学术界倾向于统一命名为石家河文化，并且根据不同地域特征，划

石家河文化陶羊
湖北天门石家河遗址出土

分出分布于江汉平原的石家河类型，分布于汉水中游的青龙泉类型，分布于随枣走廊的西花园类型，分布于鄂西南的季家湖类型，分布于鄂东南和湘西北的尧家林类型，分布于洞庭湖西岸和北岸的划城岗类型、鄂东北的栗山岗类型，分布于豫西南的下王岗类型，分布于豫东南的杨庄类型等。时代跨度上限在原始社会晚期，下限进入夏代。

石家河文化特征是，陶器以灰陶为主，流行方格纹和篮纹，以盆型鼎、红陶杯、喇叭形刻槽器、高柄小壶、夹砂厚胎红陶缸、陶塑动物为代表性器物群。根据该文化多次发现孔雀石块推测，可能出现冶铜手工业。重要的遗迹发现有大面积建筑群，并且构成多处大型聚落群。发现埋葬有数以千计的陶塑小动物（鸡、鸟、狗、羊、猪、象、人等）的具有祭祀意义的坑。墓葬规模和随葬品的差别，反映出社会存在着贫富不均的现象。

二、巴、蜀文化

巴、蜀是生活在中国西南地区的两个十分古老的民族。所谓"巴山蜀水"、"蜀道难，难于上青天"，生动地揭示出四川盆地相对封闭的地理形势，形象地描述了巴人和蜀人的生活环境。

（一）巴人与巴文化

据《山海经·海内经》、《世本》记载，夏代以前就有巴国，夏王启的臣子孟涂在巴地作为管理神，处理民间诉讼，极其灵验。商代甲骨文记载，商王武丁曾经派军队征伐巴方。《左传·昭公九年》记，西周王朝时期巴成为周王朝控制的南土。《逸周书·王会解》记，巴向西周王朝贡献比翼鸟。《山海经·海内南经》记载，巴人主要活

动于包括湖北西北部、四川东部的三峡地区。

有关考古材料显示，夏、商时期湖北西部分布着一支独具特征的考古学文化，先被称为"罐釜类型文化遗存"，后因其代表性遗址为湖北秭归朝天嘴遗址而称为朝天嘴类型或朝天嘴文化。该文化的分布地域和时代与文献记载的巴人联系十分密切，判断其属于夏、商时期巴人的遗存。

朝天嘴文化主要分布于长江西陵峡沿岸，东顺长江而下至清江口一带也有发现。早期遗存以秭归朝天嘴遗址为代表。出土陶器多为砂质灰色陶，较多装饰绳纹，也有方格纹和少量的篮纹、S形纹等。器物造型多见平底器，也有圜底器和袋足器，还可见到少量的圈足器。主要器类有罐、釜、灯座形器、鸟头柄勺、尖底杯、盘、觚、大口尊、盆、鬶、盉、圜底缸等。根据盉的造型特征，推断与夏代二里头文化时期大致相当。晚期遗存以湖北宜昌路家河遗址为代表。出土陶器常见砂质褐黑色，多为圜底，仍然用绳纹作为主要纹饰，新出现云雷纹、贝纹、连珠纹等纹饰。以圜底陶釜为主要炊器，新出现鬲、簋、假腹豆等器类。在该文化分布区内，宜都出土铜罍，鲢鱼山出土卜甲，时代大致为商代，表明至少在商王朝时期，朝天嘴文化已进入了青铜时代。

另外，据《华阳国志·巴志》记载，西周王朝建立以后，在汉水上游一带巴地分封了一个姬姓巴国，有关学者考证其地域大体位于陕西南郑县南、四川南江县北的巴山西部。

（二）蜀人与蜀文化

蜀也是生活在中国西南地区的一个古老民族，据《世本·氏姓篇》记载，至少在原始社会晚期的黄帝之时，华夏之人就与蜀山氏通婚并开始交往，《史记》甚至称蜀为黄帝的后代。《蜀王本纪》记载，蚕丛氏最早称蜀王，那时候的蜀还处于没有礼乐制度、没有文字的年代。文献中所见的蜀山氏、蚕丛氏、柏濩氏的时代大约相当于原始社会晚期至夏代。商代之时，蜀是一个势力强大的方国，与商王朝保持着密切的联系，甲骨文中有关于蜀的粮食收成卜辞，也有征伐蜀国的卜辞。武王克商，蜀国随从周人参加灭商的战争。周原卜辞中也有"伐蜀"的记载。

关于蜀的地望，学术界有"鲁地说"、"殷西北说"、"陕西说"和"四川说"等不同认识，根据考古发现和《华阳国志·蜀志》记载，夏、商、周时期古蜀国大致分布于成都平原。文献所见鱼凫氏、杜宇氏蜀王大约经历了夏、商、周时期，直到秦吞并巴蜀。

在四川广汉西约八公里的中兴乡，有一个名叫三星村的村庄。鸭子河和马牧河分别从村庄的西北方向和西南方向向东流去，在马牧河的南岸有三个土堆，当地称为"三星

金质四鸟绕日饰

商、周时期

2001年四川成都金沙村出土

外径12.5厘米，内径5.29厘米，厚0.02
厘米

堆"；在马牧河的北岸有一段
月牙形的高出地面的土岗，当
地称为"月亮湾"。三星堆与
月亮湾隔马牧河相望，自古有
"三星伴月"的美称，是当地
一大美景。

　　有关古蜀国遗存的发现可
以追溯到1929年春天。当地农
民在挖水车坑时，偶然发现一
个玉器坑，里面埋藏400余件玉
器。这批玉器不仅引起古董商
的注意，也引起了考古学界的

金杖

商、周时期

1986年四川广汉三星堆遗址出土

长142厘米，直径2.3厘米，重500克

上图为杖上端细部。

注意。从1933年冬天到1934年春天，华西大学博物馆考古队在月亮湾进行了第一次考古
发掘，从开挖的探沟中取得陶器、玉器、石器等遗物600余件，初步估计其时代为铜石并
用时代至周代初期。1958年，四川省博物馆在三星堆调查，发现这里与月亮湾文化遗存
完全一致。1958年和1963年，四川省博物馆和四川大学历史系考古教研室两次在月亮湾
开展考古发掘工作，当时的四川省博物馆馆长冯汉骥教授根据这一带遗址非常密集的现
象，断言这里很可能是古代蜀国的一个中心都邑。

　　20世纪80年代，位于成都平原的广汉三星堆遗址终以其恢弘的城址、埋藏丰富的祭

铜人头
商、周时期
1986年四川广汉三
星堆遗址出土
高37.5厘米，重0.6
公斤

祀坑、精美的金质面罩和权杖、独特的青铜面具和人像、富有特征的陶器群等文化内涵震撼了国内外学术界。这一重大的考古发现唤醒了在此沉睡了几千年的古蜀国文明，为中国青铜文明格局研究设置了新的课题，揭开了长期覆盖古蜀国历史的神秘面纱。

经过考古学家的辛勤劳动，目前发现与古蜀国有关的文化有宝墩文化、三星堆文化、十二桥文化等。

宝墩文化最早发现于三星堆遗址，以该遗址第一期遗存为代表。1996年，在距广汉市西南百余公里的新津考古发掘中，发现有面积约60万平方米的夯筑城址、卵石堆积和方形单体居址、长方形竖穴土坑墓葬、灰坑等遗迹和陶器、石器等遗物。有关考古材料显示同类遗存在新津宝墩、绵阳边堆山、忠县㴩井沟也有发现，目前以新津宝墩遗址公布材料较为丰富。主要文化特征是陶器以泥质灰陶为主，次为褐陶、黑皮褐陶、灰黄陶，纹饰以绳纹为多，其他还有戳压纹、篦划纹、水波纹、附加堆纹等；以宽折沿器、盆、杯、盘、缸、盖、圈足豆、绳纹罐、花边口罐为主要器类；流行圆形、方形单体地面建筑，会筑城。另外，在成都平原还发现四座属于宝墩文化的城址，即都江堰芒城、温江鱼凫城、郫县古城、崇州双河城，其绝对年代约在原始社会晚期至夏代。

三星堆文化以三星堆遗址第二期遗存为代表。同类遗存在成都十二桥、绵阳边堆山、新繁水观音、南充淄佛寺、阆中兰家坝也有发现，影响向东可达宜昌三峡地区。文化特征是陶器以夹砂褐陶为主，纹饰多见绳纹，以小平底罐、鸟头把勺、高柄豆构成典型器物群，晚段还出现灯座形器、尖底盏、尖底杯、器座等。流行方形联体地面建筑。拥有青铜器。绝对年代在夏代初年至商、周之际。出土的铜渣、孔雀石和青铜器残块，表明当地已初步掌握了冶铜技术，并能够运用单合范技术铸造小件铜器。商代中、晚期，这里的冶铜技术大为提高，能够用多合范技术生产青铜容器和圆雕人像。商代晚期至西周时期，其铸铜技术及产品已经可以与中原地区青铜器水平相媲美。青铜冶铸技术的出现标志着三星堆文化进入文明时代。

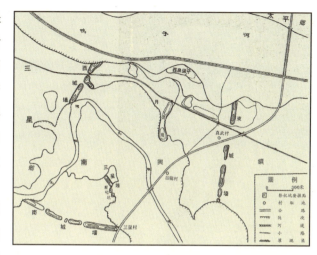

四川广汉三星堆古城址平面图

三星堆遗址发现的大型埋藏坑，随葬器物数量多，种类丰富，多属王室宗庙之器。大型铜器埋藏坑的出现非一般情况所能解释，必然以重大历史事件为背景，很可能是一次王权变换的标志。

三星堆遗址所在的成都平原，水路经长江可直下江汉平原，陆路北出汉中可交通中原地区，西南方向连接云贵、青藏高原。优越的地理环境十分利于人类生息与文化交往。将三星堆遗址文化内涵与中原地区同时代文化遗存比较之后，不难发现其与中原地区曾存在不同程度的文化交往。参照《史记·五帝本纪》、《世本》、《华阳国志·蜀志》有关黄帝后裔与蜀山氏通婚的记载，《史记·六国年表》、《新语·术事篇》、《后汉书·郡国志》引《帝王世纪》所云"禹生石纽"，商朝有关"至蜀"、"伐蜀"、"征蜀"甲骨卜辞，《今本竹书纪年》、《华阳国志·蜀志》记蜀从周伐商的史实，可判断夏、商、周时期蜀为西南方向一个重要的属国。

在保持地方文化传统的基础上，对周边文化因素的兼容并蓄，尤其是对中原地区先进青铜文化的引进和创造性发展，使三星堆创造了一支崭新的、具有独特文化面貌的区域性青铜文明，从而反映了三星堆遗址在以中原地区为主的周边地区文化不同程度的影响与推动下，完成了由聚落（氏族公社）到中心聚落（酋邦），由中心聚落到都邑（国家）的历史转变过程，从而进入了文明时代。

十二桥文化以成都市区十二桥遗址为代表。在其周围约六七平方公里的范围内，

四川成都羊子山祭祀土台

20世纪50年代以前曾是直径约140米、高10米的土丘，经过发掘清理，约103.4米见方。

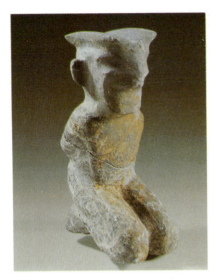

石跪人
商、周时期
2001年四川成都金沙村出土
高17.8厘米

发现有新一村、方池街抚琴小区、指挥街、均平街、羊子山等具有相同文化内涵的遗址群；发现有大型宫殿遗址、祭祀土台、干栏式建筑等重要遗迹和以小平底罐、高领罐、尖底罐、高柄豆、盉、尖底杯、尖底盏、鸟头柄勺、鸡冠钮盖等器类组成代表性陶器群，时代在商、周时期。这一现象表明这里是蜀王国的都邑遗址。

2001年2月，在成都市西郊青羊区金沙村发现大量的铜器、玉器、石器和象牙。这是继三星堆遗址发现之后，成都平原又一次令国内外学术界瞩目的重大考古发现，金沙村遗址因此被认定为2001年全国十大考古发现之一。经过考古工作，大致了解到金沙村遗址布局有宫殿区、宗教活动区、作坊区、生活居住区和墓葬区。目前已经发现有房址、陶窑、墓葬、灰坑、象牙堆积坑等遗迹和金器、青铜器、玉石器、陶器等重要遗物。

十二桥文化在年代上晚于三星堆文化。目前发现的金沙村遗址从规模和内涵上都具有都邑中心的水平。联系有关文献记载，推测上述文化遗存可与蜀山氏、蚕丛氏、柏濩氏、鱼凫氏、杜宇氏对应。由宝墩文化、三星堆文化、十二桥文化构成的成都平原新石器时代到青铜时代考古学文化序列，是研究成都平原古文化、古城、古国的基础，为认识这里的国家与文明的发展状况、四川盆地与外界文化的交流情况提供了重要的资料。

在探索蜀文化的同时，学者们还注意到了位于巴山与秦岭之间的陕西南部的城固、洋县地区，因为这里从清代末年以来陆续出土商代青铜器，粗略统计有18个地点，出土青铜器700余件。这些地点集中在湑水河和汉水两岸东西约50公里、南北约100公里的范围内。这些青铜器的时代从商代早期到商代晚期都有，其中以青铜兵器数量最多。戈、刀、镞等兵器和鼎、簋、斝、尊、卣、罍、瓿、觚、爵、盘等青铜容器造型风格基本与中原地区商文化相同，而部分青铜兵器如钺、镰形器、面具（人面、牛面）则富于地方特色。宝山遗址出土陶器特征是，早期多数为夹砂陶，陶色以橙黄色和褐色常见，素面陶器以外，多见绳纹，次为划纹和附加堆纹，还有少量的篮纹，主要器类有罐、豆等。晚期泥质陶较多，豆的造型十分丰富。有学者将这一带的考古学文化命名为"宝山文化"。有关宝山文化的族属，有的学者根据陶器种类造型和同类青铜器与三星堆文化之间存在着一定联系的现象，认为属于更早的"蜀文化"，或者是"早期蜀文化"的一个地方类型。

三、越、闽文化

（一）越人与越文化

越人是生活在中国东南和南部地区的具有悠久历史的古老民族。至少在商代早期，越族已经形成，被称为"沤深"、"瓯"、"越瓯"等。据有关文献记载，越人在商周时期向商周王朝贡海蛤、蝉蛇、姑妹珍、文蜃、玄贝。不同地方的越人在文献中的名称也不同，《逸周书》提到的东越、欧（瓯）人、姑于越、且瓯、共人都属于越的系统；在《周礼·职方氏》、《古本竹书纪年》、《史记·楚世家》中可以看到，西周时期越人中又出现七闽、于越、扬粤等名称，由于不断繁衍分化，到东周时期有了"百越"之称。

按照有关学者的观点，越人之所以称"越"，与其善于用钺有关。在甲骨文中"越"写作"戉"，被称为"戉方"。考古发现，南方使用钺类工具比较发达，新石器时代盛行于中国东南部地区的扁平穿孔石斧与商周时期的铜钺最为接近。

在湖南、安徽、浙江、江西、福建、广东、广西这一辽阔的地区内，普遍流行一种拍印几何形纹饰的陶器，由于选用高岭土做胎，其质地非常坚硬，以至于敲之铿然有声，学术界称为几何印纹硬陶。学术界认为以几何印纹硬陶为代表特征的青铜文化是古代越人的遗存。分布在这一地域内的夏、商、周时期的考古学文化，根据地域、时代不同有马桥文化、好川文化、吴城文化。

马桥文化以上海马桥遗址第4层遗存为代表，最初主要分布于浙南地区，以后不断向太湖地区传播。文化中心在太湖—杭州湾地区，最大分布地域北抵长江，南到闽北，东临海滨，西至茅山（江苏境内）。根据碳−14测定，判断马桥文化时代上限不早于二里头文化二期（相当于夏代），下限相当于商代晚期，大约延续600年。由于有小件青铜器刀、凿的发现，可以确定马桥文化属于青铜文化。

马桥文化的陶器烧制火候高，胎质紧密，吸水性很小，扣之有金属声；以夹砂红陶、泥质红褐陶为主，次为泥质灰陶；流行拍印几何形纹饰，如叶脉纹、方格纹、席纹、云雷纹等；造型常见圜底、凹圜底，以侈口束颈垂腹罐、高领罐、细柄豆、单耳杯、圜底碗、鸭形壶、宽把带足盉、锥足甗、箕形等为典型器物，有的陶器还发现有刻画符号。石质工具发现有三角形穿孔石器、耘田器、厨式刀、有段石锛、穿孔石钺、半月形石镰。文献记载

印纹硬陶罐

夏、商时期

1960年上海马桥遗址出土

高29.5厘米，口径24厘米

石钺

原始社会至夏代

1997年浙江遂昌三仁畲族自治
乡好川墓地出土

长14.1厘米，刃宽7.8厘米

青灰色泥岩，上有阴刻图案。

中的越人主要的一支——于越的居住地，正好处于马桥文化中心分布区。

1997年，浙江省文物考古研究所在浙江遂昌县三仁畲族自治乡好川村发现一处距今4300年至3700年的墓地。出土陶器以粉状泥质灰陶为特征，功用以水器较多，器类中陶豆比例较高。有玉器和漆器发现，其三重台阶状玉饰片为目前所见同时期玉器加工工艺仅见。在出土器物中，涂朱红彩漆的陶盉、石钺、玉钺、玉琮、玉璧和亚腰形、柄形漆器应属于礼器范畴。目前，当地的考古发掘工作者已经将其命名为"好川文化"，仙霞岭南北两翼山地，包括建德、江山、遂昌等地，为其已知的分布范围。

吴城文化以江西清江吴城遗址为代表，主要分布在赣江中下游和鄱阳湖西北岸一带。其时代上限大致相当于商代早期文化偏晚阶段，结束年代与商代大致同步。吴城文化遗存中有两个特征引人注目：一个特征是这里发现的陶文已经不是简单的、单个的象形文字，而是由若干字组成、表达完整意义的句子，其中有些已经被专家释读出来，表明吴城文化陶文已经具有记录语言的功能。考古材料表明，吴城文化的陶文是在当地土著文化基础上发展起来的，早在新石器时代晚期，江南地区的马家浜文化就已出现许多陶器刻画符号，其后的良渚文化也发现具有文字性质的陶器刻画符号，吴城文化继承和发展了这一文化传统。不过，与中原地区商文化相比，吴城文化陶文的发展水平还低于同时期的甲骨文，较多地利用象形的手法表达语意，而且笔画草率、大小粗细不一，缺少章法布局，属于制作陶器过程中的急就之作。另一个特征是吴城文化发现包括礼器、乐器、兵器、工具等不同种类的青铜器500多件，显示其青铜冶铸技术具有相当规模和发展水平。吴城文化用于铸造青铜器的范有石质和陶质两种，以工具和兵器居多，器类有斨、凿、刀、斧、钺、戈、镞等，容器较少，发现有斝。石范多是本地产的砂岩，质地较软，便于雕凿制范；有的石范上刻有花纹和文字，与发现的青铜器相符合，证明有些青铜确属当地铸造。应当指出的是，吴城文化采用的浑铸、分铸、合铸、铸接等铸造技术主要来源于中原地区的商王朝，商王朝在对长江中游地区铜矿资源进行开采的同时，也传播了高度发达的青铜铸造技术，促进了当地青铜铸造技术的提高。

1989年，江西新干大洋州乡农民为维修赣江大堤，在程家村涝背沙丘取土时发现商代大墓，出土475件青铜器，包括礼器、乐器、兵器、工具、杂器等。这些青铜器最能够反映出吴城文化青铜器的面貌和水平，表明吴城文化是一支发达的青铜文化。

青铜冶铸的基础是采铜业。吴城文化的采铜业十分发达，在当时居于领先的地位。1988年，在江西发掘的属于商代晚期的瑞昌铜岭铜矿遗址，是中国最早的采铜、炼铜遗址，其分布范围东西长约1公里，南北宽约0.5公里，现已揭露采矿区面积1800平方米，冶炼区面积600平方米，发现的遗迹有矿井、巷道、采矿坑、工棚，也发现采矿工具、生活用具等遗物。铜岭遗址既有露天开采遗迹，又有地下开采系统，其开采技术如探矿开掘槽坑技术、分节水选矿技术、木支护矿架技术、轮轴提升技术，在当时都属于比较先进的工艺，有些技术在同时期世界范围内处于领先地位。

青铜神像
商代
1989年江西新干大洋洲商代大墓出土
高53厘米，面宽14.5厘米至22厘米，重4.1公斤

青铜时代，铜矿资源对于"国之大事，在祀与戎"的商王朝具有很强的吸引力，《尚书·禹贡》记载，扬州和荆州"贡金三品"（即金、银、铜）。从江西瑞昌铜岭、阳新港下，安徽铜陵金牛洞，湖北大冶铜绿山等一系列长江沿岸古铜矿遗址考察，这一带的古铜矿有一个共同的特点，就是铜铁共生矿体，因此生产出来的青铜器中含有少量的铁。根据对中原地区安阳殷墟、信阳罗山、固始等地出土的孔雀石铜矿石、商代晚期青铜器所作成分测定，发现其中的确含有一定比例的铁，最高达4%。而对殷墟妇好墓出土的39件青铜器进行测试的结果，发现有6件（占全部总数的15.4%）含铁在1.05%以上。这些含铁较高的青铜原料，很有可能来自于长江中下游的古代产铜区，联系到湖北黄陂盘龙城商代城址的存在，不难发现商王朝南侵的目的与铜矿资源有密切关系，这样就可理解《诗经·殷武》记载商王武丁深入荆楚，对南方用兵的军事目的在于控制和掠夺铜矿资源。

另外，吴城遗址还发现面积约61万平方米的土城，其规模类似夏商周三代的都邑遗址。虽然目前还没有发现宫殿基址，但在1986年发现有一处长廊式通道，已经清理出一段长38.8米、宽0.9米至1.2米、厚0.4米的路基，两侧有对称的柱洞，判断应为宫殿的附属建筑。在吴城遗址内还发现有铸铜和制陶手工业作坊、祭祀遗址、墓葬群。新干大墓就位于遗址附近约20公里处。上述种种迹象表明，吴城文化已经跨入国家与文明的门槛，是中国南方地区的早期国家之一。

（二）闽人与闽文化

闽人主要活动在福建省，《逸周书·王会解》称其为东越。《周礼·夏官司马》言"七闽"，表明闽人支系繁多。在《周礼·秋官司寇》中把"闽"与夷、戎一样视为狄之国，并且出现"闽隶"之词。由此推测，商周之际的闽是存在于中国东南地区的古老方国。

福建地区商周时期最具代表性的考古学文化是以闽侯黄土仑遗址为代表的黄土仑文化。黄土仑文化主要分布范围以闽江下游为中心，南起晋江，北至浙南，西及闽赣、闽粤毗邻地区，东达海滨，分布十分广阔。碳－14测年距今3200年左右，相当于商代晚期。

黄土仑文化陶器以几何印纹硬陶最为常见，由于烧制温度在1000℃以上，陶质十分坚硬，胎体近乎瓷胎，广泛运用模印、刻画、锥刺、镂孔、堆塑等多种装饰手法。器类有釜、甗、罐、豆、钵、盂、勺、簋、尊、盘等，其中觚形杯、凸棱节柄豆、单鋬罐、凹底尊、鬶形壶等富有地方特色。

黄土仑文化的青铜器多为小型工具和兵器，如戈、矛、戚、匕首、锛、铃等。这些青铜器既有中原地区商文化铜器风格，又有浓郁的地方色彩，比如有段铜锛、斜内戈、援部三面有刃的铜戚，有些铜器上所饰的纹饰与陶器上的几何纹饰非常相似。福建地区缺少铜、锡矿资源，青铜容器比较少见，也正因此，闽人在制作陶器时，模仿铜器风格把一部分几何印纹硬陶表现为折肩，并以青铜器上经常出现的变体云雷纹、回形纹、S形纹以及龙、虎、羊等动物形象作为陶器纹饰，从而弥补了青铜礼器数量不多的不足，这一特点也成为福建地区青铜文化的显著特征。

在属于黄土仑文化的古洋遗址中发现了一批带有刻画符号的陶器残片，这些陶文符号是当时人们用尖锐的刀具直接刻画在陶坯的口沿、腹部、底座和器耳上的，共约60多个。这些陶文符号与江西鹰潭角山窑址出土的商代陶文符号近似。

在黄土仑文化陶器纹饰中，有一些与蛇有关的纹饰或陶塑造型，表现出古代闽人的崇蛇习俗。闽人崇蛇

印纹硬陶杯
商代
福建闽侯出土

与生活环境有关，这一带炎热潮湿，非常适合蛇的生长，所以多蛇。闽人采用敬畏崇奉的方法，用意在免遭蛇害。在闽南漳州地区，至今还可以看到上古时期的表现蛇形的岩画和石刻，在出土的汉初闽越国大型建筑板瓦上，也戳印有"虫"（即蛇）字铭文。

黄土仑文化所属的闽人文化，应是活动于福建地区的越人的一支。

在广东东部地区，有一支与黄土仑文化并行存在的考古学文化，被称为"浮滨文化"。所谓浮滨文化是指以广东饶平浮滨遗址为代表的一类遗存，以无栏石戈、弧刃石锛、瓦状铜斧、有段铜锛、篮纹褐釉灰硬陶器群为特征，分布范围可以达到福建南部地区。浮滨文化陶器常见几何印纹硬陶，装饰拍印条纹、刻画斜线三角纹及凸棱等纹饰，部分陶器上还发现有刻画陶文，代表性器物有高领广肩平底罐（或尊形器）、直领圆腹圈足罐、高领单鋬或罐、口沿带穿的圈足壶、口沿带穿的圈足豆、折腹钵等。1974年，在福建南安大盈寨山浮滨文化遗址还出土了青铜器戈、戚、矛、匕、锛、铃等，表明浮滨文化属于青铜文化。将浮滨文化具有代表意义的器物与中原地区商周文化比较，可判断其时代上限不晚于商代，下限在西周时期，可能是《周礼》中所说的"七闽"中的一支。

一个值得注意的现象是，在中国南方广大地区，如湖南、江西、安徽、浙江、江苏、湖北、广东、广西等省都出土过越人特有的青铜乐器——铜铙。其中以湖南出土数量最多，形制最大，如1983年湖南宁乡月山铺转耳仑出土的象纹大铙，可以称为铙中之王。

根据纹饰的不同，南方地区出土的铜铙可以分为兽面纹铙、云纹铙、乳丁纹铙、有枚纹铙和特殊型铙几种。这些不同特征的铙，时代大致在商代晚期至西周早期，分布范围与越人活动范围大体符合。铜铙不仅是越人的乐器，还很可能是越人特殊的青铜礼器。

浮滨文化陶壶
商、周时期．
广东饶浮出土
高26.9厘米

青铜铙
商代
1983年湖南宁乡月山铺出土
高103.5厘米，重221.5公斤

青铜象尊
商代
1975年湖南醴陵出土
高22.8厘米，长26.5厘米

青铜四羊方尊
商代
1938年湖南醴陵出土
高58.6厘米，上部最大口径44.4厘米，重
34.6公斤

　　另外，在湖南还发现一批青铜礼器窖藏坑，其中出土有四羊方尊、人面纹方鼎、戈
卣、圆鼎、豕尊、象尊、牛尊、虎食人卣等商代青铜礼器。窖藏坑或为祭祀埋藏，或为
财富埋藏。这些青铜器，有些来自中原地区，有些是当地铸造的产品。商代晚期，吴城
文化所属越人已经掌握了来自中原地区的先进的铸铜技术，同时也促进了邻近地区青铜
文化的迅速成熟和发展，湖南地区商周时期的青铜文化就是湘赣两地文化交流的结果。

　　夏、商、西周时期，中原文化区周边各族在其自身发展过程中，尤其是在跻身于中
国早期国家行列的形成时期，在步入中国青铜时代的历史潮流中，受到中原文化的重大
影响。中原地区的礼制，随着青铜礼器的传播，被周边各族吸收，为中原文化与周边各
族文化的融合奠定了基础。

第五章

思想文化

　　所谓文化，是指人类在社会历史发展过程中创造的物质财富和精神财富的总和，这里特指建立在物质文明基础上的精神文明，包括宗教习俗、文学、艺术、建筑和科学技术等方面。

第一节　宗教礼俗

一、人、神沟通

　　夏、商、西周时期的先民对鬼、神十分敬畏，这种敬畏表现为他们在日常生活中经常通过特殊的仪式与鬼、神进行沟通交流，听取鬼、神的意见，祈求鬼、神降福保佑。今天人们可以从这一时期有关占卜和祭祀活动所遗留下来的一些遗迹和遗物，初步了解先民们与鬼、神沟通的方式和礼仪。

（一）占卜术

　　占卜出现于原始社会晚期，属于原始宗教中的巫术占验范畴的前兆迷信，是当时人们经常采用的沟通人、神的方法。其基本形式是通过特殊的工具和手段，获得神的启示，预先感知事情的结果。有关夏、商、西周时期的占卜术主要遗存，今天人们可以看到的是卜骨，另外也有一些与卦数有关的文字。

卜骨出现于原始社会晚期，是以动物骨骼经烧灼后，利用骨骼上炸裂的痕迹来判断事情的凶吉。

《史记·龟策列传》记载："自三代之兴，各据祯祥。涂山之兆从而夏启世，飞燕之卜顺故殷兴，百谷之筮吉故周王。"涂山之兆、飞燕之卜、百谷之筮，分别为传说中夏、商、西周三代不同时期的占卜类别。夏代是行用占卜的。《墨子·耕柱》有启使人杀雉菹龟而卜的记载。《太平御览》卷八二引《史记》云："昔夏后启筮：乘龙以登于天。占于皋陶，皋陶曰：吉而必同，与神交通，以身为帝，以王四海。"

甲骨占卜有一套完整的仪式。具体包括选取占卜用的骨料，进行整治加工，举行卜前祝祷仪式，进行贞问；对卜骨背面施以圆形钻、多边形凿；在骨版背面钻凿附近施以灼燋，以使另一面因受热作用而裂变，出现坼纹，依坼纹多少、长短、纵横等所谓兆象变化，进行占断书契刻辞，决定事情的可行性；最后将占卜文字收藏起来，留待验证；验证后还要增刻验辞。

考古发现证明，早在新石器时代就出现了占卜用甲骨。目前可以举出的最早的卜骨，是河南淅川下王岗遗址出土的属于仰韶文化时期的羊肩胛骨，上有烧灼痕，距今约6000年；最早的卜甲，是江苏南京北阴阳营遗址出土的一块大龟的腹甲，其背面有火烧过的斑疤，正面有坼纹，距今约五六千年。龟灵观念在远古时代就产生了。距今约七八千年的河南舞阳贾湖遗址裴李岗文化遗存，发现有随葬龟壳的习俗。在新石器时代，龟卜主要流行于江淮和东部滨海地区，骨卜主要流行于中原和北方地区，这应与卜用材料的来源有关。

二里头文化卜骨

夏代
河南偃师二里头遗址出土
羊肩胛骨

夏代继承了新石器时代末期中原地区盛行骨卜的习俗，骨料大多选用猪、羊、牛肩胛骨，也有少量用鹿、龟。卜骨的整治情况相当差，较之新石器时代末期的卜骨无多大差异，一般不加整治，直接施灼。火灼是其主要占卜法。由于夏代缺乏技术性整治处理，卜骨出现的坼裂纹混杂多变。传说夏代有五种卜骨兆象："曰雨、曰霁、曰蒙、曰驿、曰克。"（《尚书·洪范》）孔颖达疏云："卜兆有五：曰雨兆如雨下也；曰霁兆如雨止也；曰雺兆气蒙阗也；曰圛兆气落驿不连属也；曰克

占卜龟甲正、反面比较图示

河南安阳殷墟出土

长18.9厘米，宽10.2厘米

兆相交也。"由于夏代占卜技术较为原始，当时还不能有效地控制坼裂纹的兆象。

应当指出，夏代东方地区的占卜文化较之中原地区要发达，其卜骨的整治和占卜形态居于当时的领先地位。源于新石器时代大汶口文化的龟灵观念，东方地区在新石器时代末期已经出现了灼龟视兆的占卜习俗。考古发现夏代中原地区的二里头文化的占卜，多采用猪、羊、牛肩胛骨，稍加整治，然后施灼。

商代占卜之风日盛，考古出土属于这一时期的卜骨数量很多，骨料选材也更为广泛，发现有龟、猪、羊、牛、鹿、虎、象、人骨等材料，对于占卜骨料的整治也十分讲究，可以看到刮、削、锯、切、磨等技术处理和用青铜钻或凿施以钻、凿、灼并施的痕迹。从占卜刻辞可以看出，商人十分迷信，几乎遇事必卜。

河南安阳殷墟出土卦象

周初甲骨占卜仍是重要的占卜形式。如灭商以后不久，武王有病，周公"乃卜三龟，一习吉"（《尚书·金縢》），祈求神灵保佑。《诗经·文王有声》记载了武王卜选镐京的情况："考卜维王，宅是镐京，维龟正之，武王成之。"1977年在周原遗址中发现甲骨17000多片，为认识西周甲

青铜钻与牛肩胛骨

骨占卜情况提供了实物资料。

在有关夏、商、西周时期的考古材料中，可以在青铜器、陶器和甲骨上见到一些特殊的符号和成组出现的数字，学者们推断其与符号卦和数字卦有关，当属于古老的筮法遗存。至西周时期，由于筮法盛行，甲骨占卜已逐渐失去此前的显赫地位。

（二）祭祀

夏、商、西周王朝时期，祭祀是人们用以沟通人神的重要手段，以此表达对神灵的崇拜，祈求神灵的降福和保佑。《左传·成公十三年》所言"国之大事，在祀与戎"，表明祭祀与战争是王朝国家头等重要的两件事情。"夏启献牺于益"、"夏道遵命，事鬼神，敬而远之"、"殷人尊神，率民以事神，先鬼而后礼"等文献记载正说明了这一点。

商王朝经常举行各种祭祀，其仪式十分复杂。殷人所尊的神，除上帝和其他天上诸神，如日、月、星及众气象神外，主要是祭祖先神和自然神。商王朝"率民以事神"，主要是利用宗教巩固王权统治，用来维护以商族为主体的国家政治制度的权威性。商代祭仪有许多种，据学者研究主要的有：(1) 报祭。为感恩报德之祭，在商代常见，所祭以先祖为主，或泛祭于"高祖"，或有大功德于殷人者。(2) 登祭。为农事收获后之祭，这种登尝之祭常用于先祖。(3) 酌祭。指献酒于神灵以祭，是殷人采用最多的祭仪之一。(4) 禳祭。为献禽之祭，这种祭仪常和取、岁等祭一起举行，所祭对象均为先祖。(5) 侑祭。为进献酒食于神灵并以乐劝食之祭。(6) 品祭。指将水产、土产盛于笾豆之中以奉献神前。(7) 岁祭。这是商代使用最多的祭仪之一，指供奉牺牲以祭。(8) 燎祭。指燔柴升烟以祭，燎祭的对象包括了所有的神灵。(9) 御祭。为迎神降临，攘除灾害之祭，这是殷人重点采用的一种祭仪。(10) 雩祭。以歌舞祈雨之祭。(11) 肜祭。初为伐鼓而祭，后引为连续祭祀。(12) 周祭。是商王室用彡、翌、祭、壹、劦五种祭祀方法，对祖先按王世排序进行轮番祭祀，是商王朝一种非常重要的祭祀制度。

以上种种祭仪渗透着殷人深厚的宗教观念。殷人的每一次祭祀，或用一种祭仪，或数种祭仪联合进行，视具体情况而定。每次祭祀，首先要通过占卜确定祭祀的对象、时间和具体方式，有时还要卜问某次祭祀是否由王亲自参加。其次，贡献典册于神灵之前，然后依次进行杀伐献牲、进献祭品、乐舞致祭、祷告祈求、感恩答谢等祭祀仪式。

《礼记·表记》记载："周人尊礼尚施，事鬼敬神而远之。"周人克殷以后，形成了对天怀疑的思想，并不真相信鬼神的存在，其"事鬼敬神"，实质上是为了巩固王权统治的需要。《国语·周语》云："古者，先王既有天下，又崇立上帝，明神而敬事之，于是乎有朝日、夕月以教民事君。"《礼记·中庸》也说："郊社之礼所以事上帝也，宗庙之礼所以祀乎其先也。明乎郊社之礼、禘尝之义，治国其如示诸掌乎！"一语道破了祭祀鬼神与治国的关系。也正因此，西周王朝把对鬼神的崇拜作为国家政权的头等大事之一。

在占卜和祭祀中，沟通人神的中介者称为"巫"或"巫觋"，其中主持仪式的称为"祝"，管理仪式的称为"宗"。商代的巫在王室中有重要地位，史籍中有名的商巫有巫咸、巫贤、巫彭。《史记·殷本纪》记载："伊陟赞言于巫咸，巫咸治王家有成。""帝祖乙立，殷复兴，巫贤任职。"王逸《楚辞注》："彭、咸，殷贤大夫。"卜辞和金文都有巫字。陈梦家指出："由巫而史，而为王者的行政官吏；王者自己虽为政治领袖，同时仍为群巫之长。"李宗侗先生亦认为："君及官吏皆出自巫。"可见商王室的人虽不称巫，却具有巫的本事。巫在原始社会就产生了。徐旭生先生指出，远古传说中的帝颛顼就是"大巫"，是"宗教主"，"把宗教的事业变成了少数人的事"。也就是说，从颛顼开始，出现了专职的巫。在商代，巫师主要的职务是贯通天地，巫术成为王权统治的工具。商代人的观念中神鬼是有先知的，他们知道生人计划实行的行为会有什么样的后果。生人也力求获得神鬼的这种智慧，掌握有这种智慧的人便拥有政治的权力。因此，在商代巫政是密切结合的。巫的本领是怎样获得的，有待进一步探讨，但有一点十分明确：巫是当时的知识分子，祝、宗、卜史等都是自巫派生的。《吕氏春秋·勿躬》记载："巫彭作医，巫咸作筮。"《史记·天官书》记载："昔之传天数者……殷商巫咸。"巫不仅能贯通天地，而且掌握天文历法、医药、卜筮等知识。巫史文化的兴盛，巫师功不可没。

二、泛灵崇拜

较原始社会时期的泛灵式的宗教崇拜，夏、商、西周时期的宗教表现出进一步规范化和制度化的趋势，有关学者将这一时期的宗教归于巫教。与宗教有关的文物材料透射这一时期的宗教信息主要反映在三个方面，即帝、天崇拜，自然崇拜，祖先崇拜。

（一）帝、天崇拜

帝、天崇拜，实际是夏、商、周时期先民们对超自然的神秘力量的敬畏和崇拜。

随着夏王朝的建立，为适应日益强化的王权，出现了上帝崇拜。上帝具有超自然神的色彩，起着神化王权的作用。甲骨文中有帝令雨、令雷、令风、降旱、左右祸福的记载，表明商代的"上帝"可以主宰自然和帝王的命运，可以赐福保佑，也可以降祸惩罚，因此具有很大的权威。先秦文献，如《楚辞》、《尚书》在记载夏、商时期有关重

记载祭祀、狩猎、天象等
内容的甲骨文

商代

河南安阳殷墟出土

长32.2厘米，宽19.8厘米

卜辞字内添涂朱砂，内容
涉及商王武丁祭祀仲丁、
狩猎坠车事件、用羌人祭
祀、天象等不同内容。

大历史事件时，常常提到"帝"和"上帝"的观念，如涉及夏王朝早期的后羿代夏、太康失国事件是"帝降夷羿，革孽夏民"的结果，商汤伐夏时也将自己的行为解释为"夏氏有罪，予畏上帝，不敢不正"，表明夏、商时期人们的思想观念中存在着一个主宰自然和社会的上帝。不过，据学者研究，商人的上帝虽然在神灵系统中具有崇高的地位，具有自然权能（比如控制风、雷、雨等天象和作物的收成）、战争权能和作用于王及其他贵族成员的人事权能，但并未达到拥有无限权威的程度，也没有与祖先神和自然神形成明确的统属关系。目前还没有充分的材料显示商人祭祀上帝的宗教仪式的具体情况。西周时期的上帝观念与商人有所不同，上帝已经成为至高无上的神和王朝的保护神，具有主持正义的神性。祭祀上帝一般是在天室或明堂这样的地方进行，以文王配享。

将"天"作为神祇，在记载周代史事的文献如《诗经》、《尚书》《周易》以及这一时期的青铜器铭文中都比较常见。"天"具有主宰王朝的兴亡，选立君主，降祸、福于人世等权能。这一现象表明，周人取代殷商王朝之后，在承认"帝"的基础上，进一步强调不可抗拒的"天"，并将两者结合起来，用所谓"天命"、"皇天上帝"、"昊天上帝"表示其具有至高无上的权能，周王则为授天命统治天下的天子。与商代有所不同的是，西周王朝的统治者认为"天"不仅是自然和社会万物的主宰，还是统治者道德的监督者。鉴于夏、商王朝相继灭亡的历史事实，西周的统治者进一步把天意与民心联系起来，较夏、商王朝盲目信从天命显然有所进步。

祭祀天帝的礼仪在《诗经·大雅·生民》和《周礼·春官宗伯·大宗伯》中有所描述：一般在国都的南部郊外进行，故称为郊祀，以后稷配享。主要实行燔祭禋祀，就是在高大的祭坛建筑上堆放特殊的木材，在木材上放置牛、羊、玉帛等牺牲祭品，点燃后使烟气直冲云霄，为天神感知接受。由人扮演代表天帝的"尸"，在乐曲声中接受进献祭祀牺牲的鲜血和五种不同配剂的酒，然后代表天帝回以用三种不同配剂的酒进行答谢的"酢"礼，并把祭祀用的牲肉赐给宗室、臣下，还要与舞队一同共舞于"云门"。以后历朝祭天礼仪大体同于周礼，不同的是以神主和神位代替"尸"。保存至今的北京天坛就是明、清两代皇帝祭天的场所，表明对于上天的崇拜在中国历史上延续时间之长。

天亡簋
西周
传清道光末年陕西岐山礼村出土
高24.2厘米，口径21厘米
簋内底部有78字的铭文，记载周武王灭商后在"天
室"举行祭祀大典，祭告其父周文王，并取代商王
来祭祀天上神帝的事件。

（二）自然崇拜

天体、气象，土地、山川、河流，以及生长于天地之间的动植物，是夏、商、西周时期先民赖以生存的物质条件，与当时人们的生产、生活息息相关。由于当时的人们对于感受到的自然现象常常不解其因，由此产生敬畏和崇拜。这类崇拜大致可以分为天体崇拜、气象崇拜、山川崇拜以及动物崇拜四类。

天体崇拜主要是当时的人们对能够看见的星体的崇拜，主要有太阳、月亮，也有其他星辰，即《尚书·舜典》所称"禋于六宗"中的"天宗"。

太阳的光芒不仅是地球上万物生长的保障，而且对人类社会生产、生活都具有十分重要的影响。原始社会时太阳就成为人们的崇拜对象。这种崇拜在有关考古文物材料的反映是：在生活器皿上描绘太阳的形象，筑造祭日的祭坛，埋葬死者时将其头部朝向太阳升起或落下的方向。文献记载表明夏、商、西周时期对太阳仍极为重视，不过《左传》、《墨子》、《竹书纪年》等对于夏代的太阳记载多与不祥的事件联系。商人依据日神的提示判断吉祥与灾祸，商代甲骨文中有祭祀日神的记录，而且祭祀的仪式不止一种，有的学者根据甲骨文研究判断有宾、御、岁、燎、裸、岁、酒、卯、又（侑）、戠等。商人的出日、入日祭礼带有观象授时的意义。西周时期对日神多实行燔祭。这种祭日的仪式一直保持到清代。清代的祭仪在日坛举行。

月亮是围绕地球转动的卫星，虽然本身不发光，但却能够反射太阳的光芒，对古代社会的天文、历法、记时等方面有着不可替代的作用，因此也为古人所崇拜。西周时期常实行祭坛燔祭。这种祭月的仪式一直持续到清代。清代的祭仪在月坛举行，称为夕月礼。

在夜幕中显现出来遍布于天际的星辰，尤其是运动的行星和飞驰的流星，因深邃神

秘、变化莫测而为古人敬畏崇拜。目前有关夏、商、西周时期祭祀星辰的文物材料发现或认识较少。据《史记·封禅书》记，西汉以前存在许多专门供奉参、辰、南北斗、荧惑、太白、岁星、填星、二十八宿等众星神的庙宇。

完全依赖自然生存的先民对于直接或间接感受到的种种大气现象，如风、雨、雷、电等，因不明原因而感到神秘莫测，因此奉为神祇进行崇拜。

风是由于气压分布不均而产生的与地面大致平行的气流，其特点是只能通过参照物来感觉到它的存在程度，对于人们的生产、生活影响很大。甲骨文中可见四方的风神为：东方析，风名劦；西方㱐，风名彝；北方伏，风名役；南方因，风名兇。卜辞中常见卜问风是否会停下来，是否会带来灾害的记录，可见当时的先民对于风的破坏力的忧虑。

雨是悬浮在大气中的水分在凝结到一定程度后降落到地面的现象，对于自然界动植物资源的分布与生长和人类生活、生产影响极大。从远古时代开始，人们就对雨发生了崇拜，认为有雨神存在，传说中的"应龙"就是一位雨神。商代甲骨文中比较多地见到求雨、息雨的卜辞。周代称雨神为"雨师"。文献所见求雨主要用燎祭，使烟气升腾向上传达信息，还有饰龙神舞蹈求雨、焚巫尪求雨等礼仪。

虹是大气中的小水珠在太阳光的照射下，经光的折射和反射作用在天际出现的由外及内排列红、橙、黄、绿、蓝、靛、紫等色相的弧形彩带现象。由于虹的出现往往与雨露相伴，因此人们常常将虹想象为汲水的龙，甲骨文中"虹"字造型就非常像是一条两头龙。《诗经》"蝃蝀在东，莫之敢指"，就是告诫人们不要对虹做出不尊敬的动作。

雷电是由大气中云层之间或云层与地面之间的正负电荷放电所产生的蓝白色的弧光和继之发出的巨大轰鸣声，具有强烈的震慑力和一定的破坏力。甲骨文中有关于雷的卜辞；周代祭祀雷神，认为雷电是雷神鼓腹的结果。中国历史上对于雷公的敬畏和崇拜延续时间较长。

古代先民对于养育万物的大地以及因巍峨高耸和深不可测而不可逾越的高山、大川产生了敬畏和崇拜意识。此即《尚书·舜典》所称"禋于六宗"中的"地宗"。

因土地养育万物，故古人将其作为"土"、"后土"神祇，商代甲骨文有卜问"亳土"和"土"的记录，这里的"土"就是"社"，就是对土地神灵的崇拜和祭祀。社的历史相当悠久，文献记载夏、商、西周时期从国都到地方都有社，《礼记》记载王有为群姓所立的太社和自立的王社，诸侯有为百姓所立的国社和自立的侯社，大夫以下成群立社，叫做置社。可见当时祭社之普遍。社不仅要封土为坛，而且都栽树，比如有古籍记"太社惟松，东社惟柏，南社惟梓，西社惟栗，北社惟槐"。文献所见不同时期、不同的古族祭社各有特色，比如《淮南子》记载有虞氏用土，夏后氏以松，殷人用石，周人用栗。《诗经·小雅·甫田》有周王祭祀社神、祈求丰年的记载。祭地仪式采用将牺牲和玉帛等祭品"瘗埋"于地下的方法。祭社一般用牛、羊，甚至用人作为牺牲。《论语·八佾》、《淮南子·齐俗训》记载商代的社主一般用柏木，也用石。这样的遗迹现象在河南郑州商城、江苏铜山丘湾都有发现，一般用人和狗作为牺牲，围绕石块作排列有序的埋葬，有学者认为这是以大石为对象的社祭遗存。

　　山河对于人类生活和文化具有很大的影响。早在原始社会时期，人类对于难以逾越的山河就产生了敬畏和崇拜的意识。夏、商、西周时期依然保持这种崇拜，并有一定的崇拜仪式。甲骨文中以"阜"为偏旁的"𨸏"，表现置酒于山丘边，应当与祭祀活动有关。甲骨文也有"水"以及与水有关的字，其中"沈"（沉）字，是将一头牛沉入河流之中的象形，应当是与水有关的祭祀。《诗经·周颂》中《时迈》和《天作》两篇是周王望祭山川和祭祀岐山的乐歌。东周以后对山川的崇拜日益制度化和规范化，最高统治者祭祀名山大川已成为礼制。

　　夏、商、西周时期有关文物中存在着与宗教活动有密切联系的动物形象，根据造型特点可以分为具象和抽象两大类。目前所见夏、商、西周时期文物表现的具象类动物有：蛇、虎、鸟等。

　　蛇属于两栖爬行动物。甲骨文和金文中有蛇字。山西襄汾陶寺遗址出土的一件漆盘上，描绘出一条浑身覆鳞、口吐长芯的蟒蛇，其时代接近于夏纪年。目前所见在夏王朝时期的陶器上可以较多地看到蛇的形象，比如出土于河南偃师二里头遗址的陶器上形象地塑造有若干条盘绕向上攀爬的蛇，另外在一件磨光残陶器上存在线刻的一条大蛇形象，其眼睛内填翠绿颜色，上方有一只仰面向上的兔子，宗教意义十分明显。商、西周时期蛇的形象主要出现在青铜器、金器、石器上，一般作为纹饰。四川成都金沙村出土的商周时期的石雕蛇，巧妙地利用俏色点睛并用朱砂填涂血口，艺术造型十分逼真。

　　虎，属于哺乳动物，号称兽中之王，是古

石蛇

商、周时期

2001年四川成都金沙村遗址出土

通高5.4厘米，长41.8厘米

青铜虎尊

西周

湖北江陵出土

高21.8厘米

虎卣
商代
传湖南安化出土
藏法国巴黎池努奇博物馆
（La Tigresse du Musee
Cernuschi）
高35.2厘米

玉龟
商代
1976年河南安阳殷墟妇好
墓出土
长5.8厘米，宽3.7厘米

玉龙
商代
1976年河南安阳殷墟妇好
墓出土
高5.6厘米，长8.1厘米

代"四象"之一。商、西周时期除甲骨文和金文中有关于虎的记载之外，虎的形象在同时期陶器、青铜器、石雕等文物上都可以见到。郑州商城出土陶片上装饰的虎食人纹饰，传湖南安化出土的以虎食人为造型的青铜卣，表现出人、虎之间的某种特殊关系，具有浓厚的宗教意义。

甲骨文和金文中有"鸟"字。文物中的鸟造型出现于原始社会晚期的彩陶或陶塑作品。夏代见有陶塑小鸟。在商代早期的陶器上可以看到刻画的幼鸟形象，商代晚期鸟的形象多见于玉器、青铜器和金器，大致可以分辨的种类有鹦鹉、鸡、鸭、鹅、鹤、鹰、鸱鸮、鸽、燕、鸬鹚等。《诗经·商颂》所记"天命玄鸟，降而生商"，传统的看法认为玄鸟为商族所崇奉。有的学者根据甲骨文中用狗祭祀凤鸟和《山海经》中描述商人的先公王亥两手操鸟的记载判断，鸟具有通神的法力。这一时期玉石雕刻和青铜器、金器上的凤鸟纹饰，有些具有神鸟的意义，而非一般的装饰品。

龟，属于爬行动物，有硬甲，寿命较长。甲骨文和金文均有其象形字。文物所见龟的形象最早可至原始社会晚期的玉器，如红山文化、良渚文化都发现有玉龟。夏、商、西周时期出土文物也可见到陶龟、玉龟。其甲多被用作占卜。

这一时期所见抽象类动物有龙、凤等。

龙，属于传说中的神秘动物，具有呼风唤雨、变化莫测的本领，长期为先民崇拜。甲骨文和金文中均有龙字。关于龙的造型来源有不同说法，或曰蛇，或曰鳄鱼。有关龙的文物发现，可以追溯到原始社会晚期的蚌壳龙、玉龙等。夏、商、西周时期龙的形象主要见于陶塑、玉器、青铜器，此时龙的形象多与蟒蛇相联系，远不如今天人们所见的综合多种动物特征（如取鹿角、鱼须、鸡爪、蛇身、鱼鳞、马嘴等）的龙造型复杂。

凤，属于传说中的祥瑞鸟，长期为先民崇拜。甲骨文、金文"凤"字造型突出其华丽尾羽和冠羽。《诗经》

青铜龙

西周

1992年陕西扶风召公镇海家村出土

长60厘米

玉石鸟

商代

1998年山东滕州前掌大遗址出土

长5.3厘米，高3.3厘米

有凤皇（鳳）、凤鸟的记载。《国语·周语》还将凤鸣岐山与周族的兴盛相联系。关于凤的造型所源有不同说法，或曰孔雀，或曰由几种飞禽特征组合形成。有关凤的文物发现，主要见于商、西周时期玉器和青铜器凤鸟纹，此时凤的形象也远不如后世造型复杂。

玉凤

商代

1976年河南安阳殷墟妇好墓出土

长13.6厘米，厚0.7厘米

饕餮一词首见于《左传·文公十八年》，指缙云氏的不才子，具有"贪于饮食，冒于货贿，侵欲崇侈，不可盈厌，聚敛积实，不知纪极，不分孤寡，不恤穷匮"等习性。饕餮纹作为一种具有特定的宗教意义和神秘性很强的纹饰，出现于原始社会晚期，流行于夏、商、西周时期，在上层社会使用的用具（如玉石器、青铜礼器、漆器、纺织品）上普遍存在，而且造型变化具有时代意义，其含义和造型来源，应当与和人们生活十分密切的牛、羊、虎等动物形象有关，可能由这些动物的特征抽象组合形成。

（三）祖先崇拜

中国人自古以来就对祖先十分崇敬，认为祖先是本族繁衍的源头，也是降福于子孙的神灵。因此，人们世代修治排列历代祖先名字的族谱、家谱，并且在专门的地点加以供奉，每逢主要的节日或遇到重大的事情，都要举行祭祖活动，以求祖先保佑。

祖先崇拜是以灵魂观念为基础的对由人格转换为神格的鬼神崇敬。祖先崇拜的文物可以早到原始社会晚期出现的人物塑像（如红山文化女神像、马家窑文化陶塑人像等），祭祀场所一般设有宗庙。夏、商、西周时期对于祖先崇拜有一套礼仪制度，对于祭祀的对象、时间、地点、规模、形式、周期都有比较明确的规定。

商代甲骨文中有关于高祖先公的祭礼，以燎祭为多，也见侑、禘、求、告、御、酒、戠、束等祭名，祭祀或用单一祭礼，或多种祭礼并用；或是对某一位祖先单祭，或是对多位祖先合祭。祭祀顺序又分为顺祀和逆祀两种形式。对于先公先王的祭礼则显得隆重而复杂，内祭一般在宗庙区进行，祭礼达一百多种，大致可以分为独祭、合祀、周祭三类：独祭是专对一位祖先祭祀，一般在与祖名十干相应的十干日（甲、乙、丙、丁、戊、己、庚、辛、壬、癸）进行，也有临时举行的。合祀是同时对多位祖先祭祀，按世系从前往后顺序祭祀叫"顺祀（从祀）"，相反则为"逆祀"。周祭是商王室以壹、翌、祭、劦、乡五种祀典轮番致祭的方法，对祖先按王世排序进行周而复始、连绵不断的轮番祭祀，是商王朝一种非常重要的祭祀制度。

有关周人对于祖先崇拜和祭祀的记载可以从《诗经》中的《周颂·雝》记载武王祭祀父母，《周颂·执竞》记载昭王对武王、成王、康王的合祀中略见一斑。从这两篇乐章中可以体会到当时祭祀场面规模宏大，祭品丰盛，礼仪庄重有序的情景。《周颂·载芟》则是秋季丰收后对于祖先进行报祭，共庆丰年，祈求祖先保佑长寿安康。在《礼记》的《祭统》、《王制》等篇中记载，周人对于祭祀祖先的宗庙、祭品的种类、祭祀的时间、祭祀的礼仪都受严格的宗法等级制

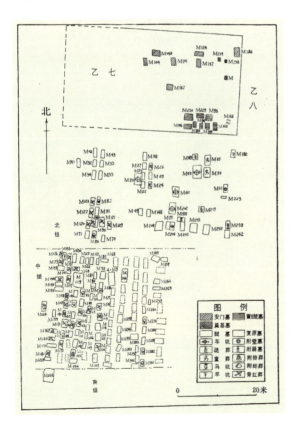

安阳殷墟武官村北地排列祭祀坑

度约束。对于宗庙数量的规定是天子七庙、诸侯五庙、大夫三庙、士一庙、庶人无庙而在寝祭祀。对于祭品种类和数量的规定是天子用三太牢（牛、羊、猪各一）、诸侯用太牢、卿用特牛（牛一）、大夫用少牢（羊、猪各一）、士用猪、庶人用鱼。对于时间的规定是，春、夏、秋、冬各举行一次，即春祠、夏礿、秋尝、冬烝。祭祀祖先的礼仪种类与功用也有所区别。比如祫祭是在三年之丧结束后，在太庙中合祀祖先的一种礼仪，第二年举行禘祭；以后每三年一祫祭，五年一禘祭。祫、禘合称为殷祭，均为大祭。每遇会盟、出师、远行等大事，都要举行祭告宗庙礼仪，事成之后也要举行告庙祭祀。

对于祭祀礼仪的规定相当烦琐。比如，对于不同的祭祀的规模和礼仪，不同身份的人行走路线、所在位置、衣着、执物、举止、语言，不同功用的器物摆设位置、数量等都有明确的规定。其中具有普遍意义的是斋戒和立"尸"。"尸"就是选择活人代表祭祀对象受祭，这一礼仪至少流行于商周时期。有学者认为三星堆遗址出土的一件身着华丽服饰的青铜立人像应当是表现祭祀中的"尸"。以后逐渐出现用桑、栗木制作的长方形木牌，写明受祭者姓名和身份的"神主"代替由活人扮演的"尸"。宋代以后，为了能够见到受祭者的形象而改挂被称作"影"的画像。

三、礼仪遗存

目前考古发掘出土夏、商、西周时期与宗教礼仪有关的遗存大致可以区分为三大类：宗庙与祭坛、牺牲、礼乐器。

（一）宗庙与祭坛

夏、商、西周时期，由于泛灵崇拜、迷信鬼神，所以祭祀礼仪活动不断。虽然今天人们已经无法详细知晓当时祭祀礼仪的详情，但通过当时祭祀活动遗留下来的遗存，也可以了解一些。今天发现的这一时代的祭祀遗迹主要有宗庙、神殿和大量的祭祀坑。

宗庙是祭祀祖先的场所。目前在偃师二里头遗址、郑州商城遗址、安阳殷墟遗址、陕西周原遗址均发现有分别属于夏、商、西周时期的宫殿基址群，其中有些宫殿基址应属于宗庙遗存。

有学者根据二里头1号宫殿基址的布局以及在相当于中庭位置的台基上，发现埋有人骨或兽骨的祭祀坑等遗存现象，结合有关文献记载研究，指出二里头的宫殿基址很可能就是一座宗庙建筑的遗存，相当于文献记载夏王朝的"世室"。

商王朝首都郑州、安阳均发现大规模的宫殿基址群。十分引人注目的是，在安阳殷墟第十三次发掘中发现的商代晚期宗庙（编号为乙组七、八）前排列有成片的祭祀坑。

考古学家注意到，这些祭祀坑是商代晚期不同时期、用不同社会地位的人牲祭祀而形成的遗存。

周代也非常重视宗庙，文献记载表明周代具备一定的宗庙制度。例如《礼记·王制》中记载天子有七庙，其中有一座大祖之庙，余下按世系三昭三穆位置排列。所谓昭、穆位置是左昭右穆。在陕西周原遗址已经发现有周人的宫殿基址，但目前考古学家对岐山凤雏村发现的周人所建大型宫室建筑是否为宗庙遗存意见尚不一致。另外，四川广汉三星堆遗址出土的青铜神坛和神殿，也是祭祀神灵的遗存。

在这些宗庙遗址或其周围发现有祭祀坑遗存，其中埋葬的牺牲有猪、牛、羊、鹿、狗、龟等动物。特别要提到的是河南安阳殷墟发现的宗庙遗址拥有大量分批埋葬的祭祀坑，成为定期举行祭祀活动的实证。祭祀坑中埋葬的牺牲多为人牲，经杀戮后埋入坑中，封土层层夯打。

（二）牺牲

夏、商、西周时期的宗教祭祀活动中，要向受祭的神灵奉献牺牲。当年陈列在神灵面前的牺牲，今天已经难以见到。但考古工作者在发掘夏、商、西周时期具有祭祀性质的遗迹时，经常可以发现一些动物的骨架或者肢体残骸，以及出现因动物肌体腐蚀而形成的淡绿色土壤。在这些与祭祀活动有关的遗迹中出现的动物遗骸，往往是当时人们向祭祀对象献享的牺牲。见于先秦文献的用于祭祀牺牲的动物种类比较丰富，考古发现牛、羊、犬、豕等动物比较常见：

牛，是体形较大的反刍类哺乳动物，是人类肉食的来源。甲骨文和金文中均有"牛"字，硕大的牛角成为牛的象征。按照《礼记》记载，牛主要用于祭祀中所使用的大（太）牢，卿一级祭祀用特牛。甲骨卜辞记录每一次祭祀活动中用牛的数量不等，最少的用一头牛，最多的用数百头，足显当时祭祀活动对牛的需求。考古工作比较多地发现夏、商、西周时期用牛作祭祀牺牲的遗迹，比如在郑州商城、偃师商城发现有用整头牛埋葬。郑州小双桥遗址也发现有用牛头或牛角埋葬的祭祀坑。这一时期牛的形象还可见于同时期玉器、陶器和青铜器。

羊，属于体形较小的反刍类哺乳动物，其谐音常常被人们用来比喻吉祥。甲骨文和金文以弯曲的羊角表现其主要形象特征。在

玉牛
商代
1998年山东滕州前掌大遗址出土
长5厘米

礼书记载中，祭祀中用羊比较普遍，最高级别的大
（太）牢和低一个等级的少牢都要用羊。甲骨文所
见商代祭祀活动中，羊分别与牛、豕（猪）、犬（狗）
形成牺牲组合。在夏、商、西周时期遗存中常常
可以发现单独埋葬羊的土坑，根据所在位置推断，
其中不乏具有祭祀意义的牺牲。这一时期羊的形
象还可见于陶器和青铜器。

青铜双羊尊
商代
高45厘米

　　犬，因对主人忠诚，在狩猎、护卫中表现出
来的勇猛，具有很强的分辨能力和生存能力，所
以长期受到人类的宠爱，成为人类亲密的伙伴。
甲骨文和金文中所见"犬"字基本象形。夏、商、
西周时期，狗往往被当作辟邪的灵牲，用于各种
不同意义的祭祀活动。考古发现夏代有用狗进行
某种宗教活动的迹象，比如在偃师二里头遗址一
座墓葬中发现用红色漆匣盛狗埋葬的遗迹，应当具有特定的宗教含义。商代甲骨文中用
犬祭祀的记录比较多见。这一时期遗存中也可以见到与祭祀或其他礼仪活动有关的用犬
（狗）埋藏现象。这种现象尤以商代为甚，在商代墓葬底部的腰坑中往往埋葬狗，在建筑
基址或祭祀场所也可以发现用狗奠基，或杀狗、埋狗现象。河南郑州商城北城墙和西城
墙发现商代早期的八座殉狗坑内埋狗92只，足见殉狗习俗之盛。

　　豕，就是人们通常说的猪。猪是体形较大的哺乳动物，是人类肉食的主要来源。甲
骨文和金文所见"豕"字，突出其肥胖的身躯。夏、商、西周时期常用猪作为祭祀牺牲
或陪葬，甲骨文中也常见用猪祭祀的记录。《礼记》记载，周代规定士一级祭祀单用猪，《管
子》中也记载祭月用彘（猪）。在夏、商、
西周时期的考古工作中，在一些土坑、墓
葬或宫殿基址附近发现有埋葬整头猪或被
肢解的猪体迹象，在河南驻马店杨庄遗址
还发现用陶土烧制的猪蹄，这些迹象多与
当时宗教祭祀活动有关。这一时期猪的形
象还见于青铜器的造型。

青铜猪尊
商代
1981年湖南湘潭船形山出土
高40厘米，长72厘米

　　鹿，属于体形较小的反刍类哺乳动物。
甲骨文和金文有其象形字。甲骨文中有用
弓箭和陷阱等方法捕猎鹿的记载。考古发

青铜鹿

商代

1989年江西新干大洋洲出土

驹尊

西周

陕西省郿县出土

器高23.4厘米,长34厘米,重5.68公斤

驹胸部有铭文94字,记述周王举行幼马升为役马的执驹典礼,并赏赐贵族象二匹马驹的事情。

玉鱼

商代

1998年山东滕州前掌大遗址出土

长6.8厘米

现夏、商、西周时期鹿也被用作宗教活动中的牺牲,在河南洛阳东干沟发现夏代埋葬的鹿骨架,郑州小双桥遗址也发现有商代埋葬鹿的奠基坑。鹿的头盖骨、角等还被用作占卜材料。这一时期鹿的形象可见于青铜器和玉器。

马,是体形较大的哺乳动物。甲骨文和金文中均有"马"的象形字。夏、商、西周时期马是牵引车的动力,常用作殉葬,卜辞中也有用作祭祀牺牲的记录。安阳殷墟武官村北地曾经发掘马坑30座,每坑内埋葬1匹至8匹马不等,共埋葬117匹马。考古工作者推断可能是战争俘获的敌方战马。这一时期马的文物可见于青铜器、玉器。

鱼,是生活在水里的脊椎动物。甲骨文和金文中有其象形文字。甲骨卜辞中有捕鱼的记录,还有用鱼祭祀的记录,有时鱼还与牛、羊一起组成牺牲群。《礼记》记载,周代庶人祭祀单用鱼。《管子》也有祭日用鱼作为牺牲的记载。夏、商、西周时期考古材料中,在郑州商城和偃师商城的考古发掘中都发现用鱼随葬的迹象,有的地方还用鱼鳃骨作为占卜的材料。鱼的形象在当时的陶器、骨蚌器、玉器上可以见到。

象,是目前陆地上形体最大的哺乳动物。甲骨文和金文可以见到突出其长鼻的象形字。《吕氏春秋》有"商人服象"的记载。甲骨文中有狩猎大象的记录,用象祭祀祖先,一般用于非常隆重的祭典。考古发现夏、商、西周时期确有用象作为祭祀牺牲的埋藏坑,如商王朝首都殷墟发现埋藏有象和象奴的土坑。据报道,这个象坑长2.4米,宽1.68米,深1.8米。内埋藏一头象,头朝北,尾朝南,背向东,四肢向西,作侧卧状,脊背处有铜铃。这只象高1.6米,身长2米,属亚洲象。四川成都及广汉发现古蜀国埋藏大量象牙的土坑,应当与宗教祭祀

青铜鱼
西周
1988年陕西宝鸡茹家庄出土
高15厘米，长28厘米

玉象
商代
1976年河南安阳殷墟妇好墓出土
高3厘米，长6厘米

活动有关。据发现与研究者报道，这些生活在商周时期的大象属于亚洲象。大象的骨骼有的被用作占卜材料，有的被用来制作器皿和装饰品。这一时期象的形象往往还被作为器物的纹饰和造型模本，见于当时的青铜器和玉器。

另外，在夏、商、西周时期还可以见到用猴、鸟（可能是鹰）、鸡、水稻、小麦和人作为宗教活动的牺牲。

（三）礼乐器

夏、商、西周时期与宗教礼仪之器有关的文物，主要见于青铜器和玉器。

青铜礼器按用途可大略分为炊煮器、食器、酒器、盥洗器、舞乐器几大类。

炊煮器是指主要用于烹煮、盛放献祭牺牲的礼器，主要种类有鼎、鬲、甗等。

鼎造型源于陶器，器物本身自名，是夏、商、周时期青铜器中数量最多、地位最为重要的器物，是主要用于烹煮、盛放牛、羊、猪、鱼、腊、肠胃和调味品等食品的器具，按照用途不同可区分为许多不同种类。

鼎在这一时期之所以居于十分重要的地位，是因为它还是政权和身份等级的象征。在中国古代文献中有亡其国必迁其鼎的记载。大家非常熟悉的一个典故"问鼎中原"，说的是周定王元年（前606），楚庄王率军北伐陆浑之戎，饮马黄河，向周王派来的使臣询问周鼎之轻重，表现出欲为天下共主的愿望。甚至到了三国时期，还将魏、蜀、吴三国并立割据称为"三足鼎立"。

按照文献记载，夏、商、西周时期宗法等级制度体现在礼器的使用方面，有一套用鼎制度，天子、诸侯、大夫、士的用鼎数量依次为九、七、五、三、一不等，庶人不得用鼎。考古材料显示，在西周时期已经有比较规范的用鼎制度，表现为鼎的数量和大小

董鼎
西周
1975年北京房山琉璃河黄土坡燕国墓地
出土
高62厘米，重41.5公斤

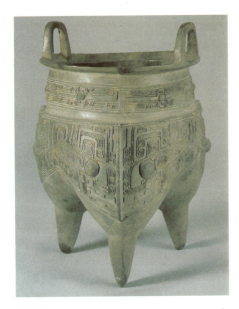

青铜鬲
商代
传安徽阜南出土
高23.2厘米，口径15.3厘米

依次递减，后代学者称之为列鼎制度。这种制度在商代早期就已经出现，不过用鼎的数量相对较少。夏代是否存在用鼎制度，还有待于进一步的考古发现来证明。

从目前考古发现情况来看，夏代的鼎器壁较薄，装饰花纹简单，还没有发现铭文，双耳对称直立于口沿上，腹下接三个圆锥状足。商代鼎数量多，种类复杂，所饰花纹繁缛，以饕餮纹为主要纹饰，造型不仅有三足圆鼎，还有四足方鼎。西周时期出现腹耳和兽足，以及鸟纹、重环纹、垂鳞纹、窃曲纹等具有时代特色的造型特征。目前商周考古已经发现有大型的王室重器，如著名的杜岭方鼎和司母戊鼎。

鬲造型源于陶器，器物本身自名。青铜鬲最早见于商代早期，这一时期的青铜鬲器壁较薄，纹饰非常简单，可以见到带状饕餮纹或"人"字线纹，足呈锥状。商代晚期，花纹渐变得繁缛，足变化为柱足。西周时期鬲体变矮，出现扉棱装饰，柱状足变为兽状足。

甗造型源于陶器，器物本身自名。夏、商、西周时期青铜甗造型有圆体与方体之别，圆体甗出现较早，目前材料可至商代早期，这一时期的青铜甗数量不多，器壁较薄，纹饰简单，袋足下接锥状小足。商代晚期，青铜甗的数量有所增多，纹饰丰富，流行柱状足，并出现特殊的三联甗造型。西周时期甗成为铜礼器中必有之器，这一时期仍以圆体甗为主要造型。在西周晚期时出现方体甗。

食器是用于盛放献祭的食物、果品、腌

菜和肉酱等的器物，包括簋、簠、盨、盂、豆、铺等器类。

簋之器名见于《诗经·小雅》等先秦文献，是用于盛放煮熟的稷、黍、稻、粱等食物的器具。祭祀时以偶数与列鼎相配，如九鼎配八簋、七鼎配六簋、五鼎配四簋、三鼎配二簋，形成鼎簋制度。这种制度在商代早期已经出现雏形，西周时期比较规范。目前考古发现所见最早的簋是商代早期的无耳圈足式簋，腹饰带状饕餮纹；商代晚期出现双耳簋；西周时期造型发生变化，出现盖、四耳、方座等。

簠的器名见于先秦文献，如《周礼》中的《秋官》、《舍人》篇都有记载，是祭祀或宴飨活动中用于盛放煮熟的稷、黍、稻、粱等食物的器具。出现于西周时期偏晚，盛行于西周晚期至春秋时期。

盨乃青铜器自名。宋代学者称其为簠，现代学者容庚始将其区分，按其自名称之。目前考古发现盨出现于西周中期偏晚，流行于西周晚期，至春秋初期基本消失。

盂为青铜器自名。据秦汉以前文献记载，其用于盛饭，或盛水、盛冰。目前考古所见最早出现于商代晚期，流行于西周时期，至春秋时期还可以见到。商代主要装饰由双夔合成的饕餮纹，西周时期主要装饰大凤鸟、重环纹等纹饰。

豆见于青铜器自名。用于盛放腌菜、肉酱等调味品，用途相当于今天的果盘和菜盘。商代甲骨文中有其象形字，先秦文献如《诗经》中有所记载。造型源于陶器，考古发现青铜豆出现于商代晚期，一直流行至战国时期。

铺见于青铜器自名。形制与豆相似，自身特点为盘比较浅、平，柄部镂空。学者根据其造型特征推断，它可能就是文献中所说的"笾"，用于盛放干果、干肉之类的食物。或认为其为啜浆之器。

文献有夏、商王朝建酒池供千人饮以取乐的记载，并且把商王朝的灭亡与酗酒相联系。西周王朝建立之后，鉴于商王朝的灭亡，颁布了像《尚书·酒诰》这样的戒酒禁令，但是西周时期青铜、陶、漆木酒器的大量出土表明，在西周时期贵族的生活和各种礼仪活动中，酒仍然具有十分重要的作用。主祭的巫师就是依靠酒来完成在幻觉中与天神的沟通。《诗经·大雅·行苇》、《礼记·郊特牲》、《周礼·春官宗伯·司尊彝》、《尚书·洛诰》等文献记载，与祭祀活动有关的饮酒与盛酒器有爵、角、斝、

青铜铺
西周
1975年陕西岐山董家西周窖藏出土
高16.2厘米，盘径24厘米

青铜盂
商代
1976年河南
高43.9厘米

青铜簋
商代
口径23.8厘米，高18.3厘米

青铜甗
商代
湖南浠水白石乡出土
高69厘米，口径39厘米

…出土
…，重32.9千克

青铜簠
西周

青铜豆
商代
1989年江西新干大洋州出土
高13.4厘米，口径15厘米

青铜盨
西周
1993年河南三门峡上村
岭虢国墓地出土
通高24.2厘米

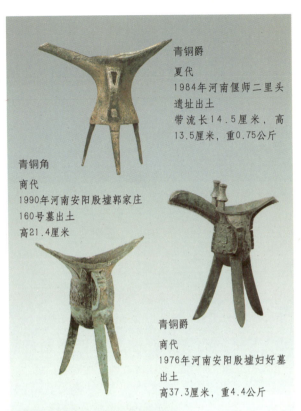

青铜爵
夏代
1984年河南偃师二里头
遗址出土
带流长14.5厘米，高
13.5厘米，重0.75公斤

青铜角
商代
1990年河南安阳殷墟郭家庄
160号墓出土
高21.4厘米

青铜爵
商代
1976年河南安阳殷墟妇好墓
出土
高37.3厘米，重4.4公斤

青铜觚
商代
1990年河南安阳殷墟郭家庄
160号墓出土
高30厘米

觯、斝、盉、尊、觥、卣、罍、方彝、壶等器类。

爵为饮酒器。器物造型源于陶器，甲骨文中有爵的象形字，宋代为其定名。爵与"雀"古字通，发音像雀鸣叫声。《诗经·大雅·行苇》记爵在祭祀活动用于献和酢。《礼记·礼器》记在祭祀活动中地位较高的人献爵。《考工记》引《韩诗》说其容量为一升。爵出现并流行于夏、商、西周时期，造型特征为长流长尾，体侧有鋬，下接三个锥状足，变化在于夏代与商代早期基本上作平底，器壁较薄，纹饰简单，缺少铭文；商代晚期与西周早期多为圜底，流上小柱发达，体饰较为繁缛的花纹，出现铭文。

角为饮酒器。造型特征大体近于爵，差别在于流与尾同。《礼记·礼器》记载在宗庙祭祀活动中地位较低的人用角，《考工记》贾公彦疏引《韩诗》说其容量为四升。考古发现其出现于夏，流行于商至西周早期，以后逐渐消失。

觚为饮酒器。《仪礼》记为礼器，宋人定名。器物造型源于陶器，主要流行于夏、商和西周早期。目前已经发现夏代的青铜觚，商代早期觚体较粗，带状纹饰比较简单，晚期觚体较细，纹饰繁缛，出现扉棱和铭文。虽然觚的口、腹一般为圆体造型，但也可以见到口和腹近方形的。

觯为饮酒器，器名见于东周礼书。按照《礼记》记载，是礼仪活动中地位比较高的尊者使用的器物。主要流行于商周时期。

斝为盛酒器，宋人定名。《诗经·大雅·行苇》记斝在祭祀活动用于献和酢。《礼记·礼器》所记载在宗庙祭祀活动中用斝的人地位较低。其造型特征为敞口上有一对小柱，鼓腹下接三足，体侧有鋬。目前发现夏代的斝为素面，小柱集中分布在口沿一侧，腹下接三个锥状足。商代早期大体继承夏代特征，商代晚期至西周早期，口沿上小柱对称分布且造型趋于复杂，出现"T"形足、柱状足，造型出现罐形斝和分裆斝。

青铜觯
商代
藏北京大学赛克勒考古与艺术博物馆
高16.6厘米，口径8.7厘米

青铜斝
商代
1976年河南安阳殷墟妇好墓出土
口径29.5厘米，通高60厘米

青铜斝
夏代
1984年河南偃师二里头遗址出土
口径17.2厘米，通高31.5厘米

盉为盛酒器，青铜器自名。王国维认为是调酒或兼温酒器，但也有学者根据商周时期盉与盘共出的现象推断其应为盥洗的盛水器。目前考古发现最早的青铜盉出土于河南偃师二里头遗址，属于夏代，其特征是素面体，封口上有管状冲天流，下腹部三个袋状足，接近鬲的造型。商代早期盉的造型与夏代比较近似，商代晚期出现体侧有管状流的瓬形盉。西周时期盉的造型变化更加丰富，式样繁多。

尊为盛酒器，宋人定名。目前考古发现最早的青铜尊见于商代早期，商代晚期至周代一直流行，按其造型特征不同可以分为圆体尊（流行于商代）、觚形体尊（流行于商代晚期至西周早期）、方体尊（流行于商代晚期）和牺尊（流行于商代晚期至战国时期），牺尊的造型有牛、羊、猪、兔、驹、犀牛、象、虎、貘、蟒、麒麟、枭、鸳、凤、鹅、鸭、雁、鸡等。《周礼·春官宗伯·司尊彝》有献尊、象尊、著尊、壶尊、大尊、山尊等六尊的记载。

觥为盛酒器。《诗经》中有"我姑酌彼兕觥"的诗句。这种器物出现于商代晚期，沿用至西周早期。其主要特征为有兽形盖，有流，有鋬，腹下或为圈足，或为三足、四足仿兽体造型。

青铜盉
西周
1994年河南三门峡上村岭
虢国墓地出土
高24厘米

青铜尊
商代
1957年安徽阜南出土
高50.5厘米，口径44.9厘米，重26.2公斤

青铜卣
西周
1984年山西曲沃天马—曲村遗址出土
高31厘米，宽26厘米

青铜兔尊
西周
1992年山西曲沃天马—曲村遗址晋侯墓地出土
高22.2厘米，长31.8厘米，口径18.4厘米

青铜觥
商代
1976年河南安阳殷墟妇好墓出土
高36厘米，长36.5厘米，重8.5公斤

青铜罍

商代

河南安阳殷墟出土

高51.4厘米，口长15.6厘米，口宽13.6厘米，重约14公斤

卣为盛酒器，甲骨文和金文中有卣字，先秦文献也有记载。将青铜器中具体器类定名为卣则始于宋人，但宋人所定是否与先秦时期文献所指器类相合，尚无确证，目前所称卣名是约定俗成的结果。按《尚书·洛诰》、《诗经·大雅·江汉》记载，是专门盛秬鬯（用郁金草和黍酿造的酒，色黄而芬香，用于祭祀时灌地）的礼器，这一说法为河北元氏西张村西周墓出土青铜卣的铭文所证实。考古材料表明卣主要流行于商代至西周中期。商代早期的卣体比较瘦高，近葫芦形，晚期体多作椭圆形。西周时期还出现筒形造型。

罍是容量较大的盛酒器。罍名见于先秦文献。《周礼·春官宗伯·鬯人》记罍为祭祀社壝时用器。考古材料显示罍出现于商代早期，一直流行至春秋时期。这一时期罍的造型主要为圆体和方体。

方彝为盛酒器。彝本泛指古代青铜礼器，宋人也曾将侈口无盖之簋，或将一种失盖、器腹侧面与横截面呈长方形、四隅与腰饰有扉棱、下接方圈足的青铜

偶方彝

商代

1976年河南安阳殷墟妇好墓出土

高60厘米，口长69.2厘米，口宽17.5厘米，重71公斤

方彝

西周

陕西郿县出土

高22.8厘米

青铜壶

西周

1992年山西曲沃天马——曲村遗址

出土

高68.8厘米

青铜盘

商代

1976年河南安阳殷墟妇好墓出土

高13厘米，口径36.6厘米，重5.9公斤

青铜匜

西周

上海博物馆藏

高19.3厘米，长26.5厘米

器称为彝。现代学者因称之为方彝。方彝出现于商代晚期，呈长方体，饰双夔合成饕餮纹。西周时期的方彝体接近方形，盖较大，腹变浅，体饰为由凤鸟组成的饕餮纹。

壶为盛酒器，青铜器自名。先秦文献中多有记录，如《诗经·大雅·韩奕》有"清酒百壶"的记载。目前所见青铜壶造型有圆体和方体之分，圆体壶出现于商代晚期，特点为长颈、鼓腹、有双耳、下接圈足。西周时期圆体壶装饰窃曲纹和绳索状网络纹，增加圈足式盖。在西周晚期出现方体壶，以长方形圆角为造型特点。

盥洗器主要为盘和匜。

盘系器物本身自名。主要用于盛水，文献中也有在祭祀时盛血的记载。文物所见青铜盘出现于商代早期，商代的盘一般无耳，圈足较高。西周时期的盘出现腹耳，圈足由高渐低，晚期出现圈足下加小足的造型。

匜亦器物自名。用于盥洗。匜出现于西周中期偏晚阶段，特征是流上扬，腹比较深，下接三或四个兽形足，尾部有兽形鋬手。

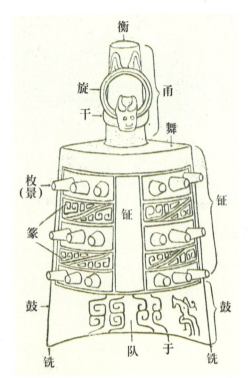

纪侯钟

青铜树
商、周时期
1986年四川广汉三星堆遗址2号祭祀坑出土
通高396厘米

盘和匜相配用于沃盥之礼。《礼记·内则》记载沃盥时长者奉水，少者奉盘，盥毕受巾。

舞乐器主要为铙、钟、镈等器类。

铙为青铜打击乐器。古代文献中对铙有所记载，比如《周礼·地官司徒·鼓人》记载"以金铙止鼓"。考古发现铙有大型和小型之分，流行于商代晚期和西周初期。安阳殷墟妇好墓出土5件青铜铙，表明其可能编组使用。据测定，铙必须与其他乐器配合协同完成乐曲的演奏。

钟是用于合乐的编组打击乐器，流行于两周时期。编钟一般按一定数量大小依次成排悬挂在钟架上演奏。根据悬挂方式的不同，分为侧悬的甬钟和直悬的纽钟。古代文献记载钟的各个部位都有专门的名称。经过实验，鼓的厚薄决定音频的变化，剖面呈梭形的共鸣箱既决定音量大小，又可产生双音，一个在鼓的中心位置，一个在鼓侧发生，敲击点的不同决定音色和音量的变化。西周时期编钟数量由3至8枚组成，可产生14个音频。

镈是青铜器自名，用于指挥乐队的节奏性打击乐器。《周礼》记有镈师。考古发现镈出现于商代晚期，流行至西周中期。

具有祭祀、崇拜意义的青铜制品还有通天神木。原始社会时期人类为避免野兽的伤害，曾经在树上居住，后来的文献称之为"有巢氏"。夏、商、西周时期人类已经居住于房屋之中，但在其宗教观念中认为有一种神木是与天庭沟通的渠道。《山海经》、《淮南子》所谓的"建木"、"扶木"、"扶桑"就是这种神木。20世纪80年代，四川广汉三星堆遗址发现近4米高的青铜树，上面装饰有花、果和鸟，有人认为可能就是文献

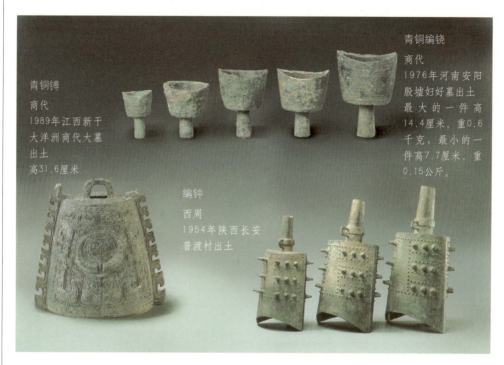

青铜铙
商代
1989年江西新干大洋洲商代大墓出土
高31.6厘米

青铜编铙
商代
1976年河南安阳殷墟妇好墓出土
最大的一件高14.4厘米，重0.6千克；最小的一件高7.7厘米，重0.15公斤。

编钟
西周
1954年陕西长安普渡村出土

所说的通天神木，属于宗教仪式中的一件重要法器。

在古代人的眼中，凡具有坚韧致密质地和温润纯净色泽的美石，都可看作是玉。大约在距今8000年左右，中国古代先民就已经能够加工制造玉器。距今5000年左右，出于原始宗教目的而大量生产玉器，这些用于宗教礼仪的玉器往往被披上一层神秘的色彩。夏、商、西周时期，玉器成为贵族生活等级标志和宗教活动中使用的礼器。古代文献《周礼·春官宗伯·大宗伯》将礼仪活动中主要使用的玉器璧、圭、琮、璋、璜、琥称为"六瑞"。

璧，用于礼苍天。造型特征为扁平圆形，中部有一圆孔。《尔雅·释器》称"肉（环状器体）倍于好（孔部）"。享献时常用刻有隆起线纹的璨璧。商周时期的玉璧直径小于原始社会时期的玉璧，但璧面切割平整，内外缘厚度相等，外缘边棱为圆角，对钻形成

玉璧
商代
1976年河南安阳殷墟妇好墓出土
直径19厘米

1.玉琮

商、周时期

2001年四川成都
金沙村遗址出土

通高22.26厘米

2.玉璋

商、周时期

2001年四川成都金沙村
遗址出土

残长67.8厘米

3.玉圭

商代

1976年河南安阳殷墟妇
好墓出土

长22.7厘米，宽3.8厘米
至4厘米

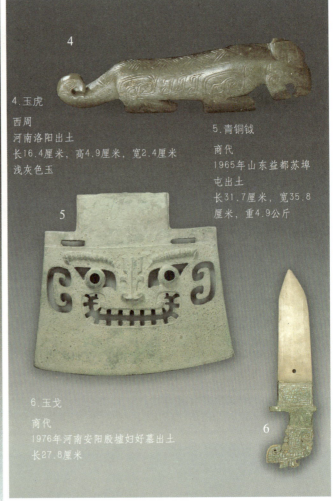

4.玉虎

西周

河南洛阳出土

长16.4厘米，高4.9厘米，宽2.4厘米

浅灰色玉

5.青铜钺

商代

1965年山东益都苏埠
屯出土

长31.7厘米，宽35.8
厘米，重4.9公斤

6.玉戈

商代

1976年河南安阳殷墟妇好墓出土

长27.8厘米

玉璜

商代

1998年山东滕州前掌大遗址出土

（左图）长12.2厘米

（右图）长9.5厘米

金面具

商、周时期

2001年四川成都金沙村遗址
出土

高3.74厘米，宽4.92厘米，
厚0.01厘米至0.04厘米

青铜面具（左）及细部（右）

商代

1986年四川广汉三星堆遗址出土

高85.4厘米，宽78厘米

的内孔比较规整。商代多素面，周代大璧素面，小璧以龙、凤、鸟为题材雕刻精美的纹饰，线条多见自然流畅的弧线。

圭，《周礼·春官宗伯·典瑞》记四圭有邸，以祀天，旅上帝；两圭有邸，，以祀地，旅四望。《周礼·春官宗伯·大宗伯》记载以青圭礼东方。目前所见，商代的玉圭为平首或尖首，体饰双钩弦纹；周代玉圭多尖首，素面。

琮，《周礼·春官宗伯·大宗伯》所列"六瑞"中有"黄琮礼地"。琮造型特征为内圆外方筒形。或认为内圆象天，外方象地，表示天地相通。琮在新石器时代晚期颇为流行，而且纹饰制作十分精美；夏、商、西周时期形体普遍较小，多素面，中孔较大，体较薄。

璋，《周礼·春官宗伯·大宗伯》记载以赤璋礼南方，《周礼·春官宗伯·典瑞》记载璋邸射，以祀山川。璋造型顶端为斜锐角形，即半圭之形。

璜，《周礼·春官宗伯·大宗伯》记载以玄（黑）璜礼北方。《说文解字》称半璧为璜。商代璜多为桥形，素面，晚期流行龙头、兽头或鱼形璜，用单阴线刻出弦纹、勾云纹。西周时期大体继承商制，出现交尾双龙形璜，用双勾阴线满身刻画龙、虎、鸟纹饰。

琥，《周礼·春官宗伯·大宗伯》记载以白琥礼西方。夏、商、西周时期出土文物中存在以虎造型的玉器，有的应当具此功能。

所谓仪仗用品主要是在宗教活动中陈设的铜、玉石器，包括戈、钺、铲等器类。

戈造型源于收割工具镰。属于钩杀兵器，其不同部位可以啄击、钩杀、铲杀，是夏、商、西周时期主要的武器。考古发现夏、商、西周时期的玉戈，显然不是用于实战的兵器，而是象征武力的仪仗。

钺源于生产工具斧，实际就是大斧，属于斩杀兵器。在夏、商、西周时期，钺往往还是权力的象征。《史记·周本纪》记武王伐纣，在商都郊外的牧野进行誓师仪式时执掌黄钺，取得牧野之战胜利之后用黄钺斩纣王头颅、用玄钺斩纣王宠妃首级，这里的钺兼有实用和礼仪之功用。而有一种体呈长条形的小型钺，一般称为戚。《礼记》记载"大乐正舞干戚"，或"朱干玉戚以舞"，表明这种小型钺多用于仪仗舞乐活动。

铲属于农业生产工具。目前发现的商、西周时期一些造型极其精美的青铜铲，显然不是实用品，而应当是王室贵族在藉田礼仪活动中所使用的仪仗器物。

在夏、商、西周时期的考古工作中，在安阳殷墟、陕西城固、江西新干大洋洲、四川广汉三星堆、成都金沙等遗址都发现一些青铜或黄金面具，其中很大的一部分应是用于宗教仪式中的具有特殊意义的装饰。

第二节　时代文章

一、文字、文学

（一）文字

文字是记录语言的工具。文字的发明和使用是人类告别野蛮社会，进入文明时代的重要标志之一。《荀子》、《韩非子》等文献记载仓颉作书，汉代司马迁认为仓颉是黄帝时期的史官。甚至有仓颉造字惊天地、泣鬼神的故事，这一古老的传说将中国文字发明的历史上溯到十分久远的年代。

关于中国文字产生的时代，学术界的认识并不一致。部分学者认为是夏代，也有学者以原始社会陶器上出现的刻画符号为依据将中国文字产生的年代提早到原始社会晚期。由于文字与文明相联系，所以有关文字起源和产生的研究具有十分重要的学术意义。

中国目前能够看到并且能够释读的最早的文字见于商代，然而商代的文字已经相当成熟，结合先秦文献引证《夏书》、《夏训》、《夏小正》和夏代遗址发现的有些刻画符号特征接近商代甲骨文的判断，夏代应当存在文字和文献记录。商周时期的出土文字资料比较丰富，以书写材料不同大致可分为陶文、玉石文、甲骨文、金文四类，书写方法主要是用毛笔蘸黑色或朱砂书写和契刻。

陶文是书写或契刻于陶器上的文字，源于原始社会晚期陶器上的刻画符号。在一些属于夏、商、西周时期具有都邑或聚落中心性质的大型遗址均有发现。目前所见夏代刻画符号数量多于 30 个，在夏王朝统辖地域流行。一般位于大口尊的口部，系刻画而成。商代陶文字数有所增加并出现一些新的字形。表现技法主要采用刻画的方法，书刻陶文器类增加，除大口尊外，还有簋、豆、盆、罐、箕形器、缸、将军盔等。此外，还发现用朱砂和墨书写的文字。据此判断，至少在商代，人们就已经使用毛笔书写文字了。不同时期、不同文化陶文的发现，表明其具有一种共通的效应，具备交流信息的功用。

甲骨文指用于记录占卜、记事的文字，因书写、契刻在龟甲和兽骨上而得名。在甲骨上刻画符号记事，可以追溯到原始社会晚期。距今约八千年左右的裴李岗文化就有少量刻画符号的发现，龙山文化也有在甲骨上刻画符号的发现。目前尚缺夏代甲骨文的发现材料，不过 1994 年在河南南阳方城八里桥遗

尹、正、小臣	一般的长官名称
小耤臣	管理农业事务
小多马羌臣	管理羌奴
宰	服侍王的家内奴隶
射、戍	负责防卫、戍守
史、卜	管理祭祀、占卜和文字纪录
侯、田	负责边地的防卫、开垦

甲骨文所见商代官职

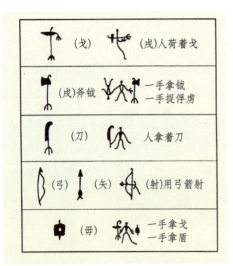

（戈）	（戌）人荷着戈	（幸）	幸就是古代手铐、脚铐
（戌）斧钺	一手拿钺 一手捉俘虏	（执）	把手用"幸"铐起来
（刀）	人拿着刀		把脚用"幸"铐起来
（弓）（矢）	（射）用弓箭射	（圉）	就是关人的监狱
（毌）	一手拿戈 一手拿盾		把人活埋在地穴内
		（劓）	用刀把鼻子割掉
		（伐）	用戈把头砍掉

甲骨文所见商代武器　　　　　　　甲骨文所见商代刑罚

址出土的属于二里头文化的一件羊肩胛骨上有两个类似刻画符号的痕迹值得注意。另外，在山东桓台史家遗址出土的相当于夏代晚期至商代早期的岳石文化卜骨上有两个刻字，被释为"六"、"卜"。商、西周时期甲骨文的考古材料多出自都邑遗址。

商代甲骨文主要发现于河南安阳商代晚期都城遗址，另外在郑州商代早期都城遗址和山东济南大辛庄也有商代甲骨文出土。据初步统计，至今已经发现商代有字甲骨10万余片，近5000个单字，其中能够认识的有近2000字。属于商代早期的甲骨文目前发现数量很少，一般为一两个字；商代晚期甲骨文数量多、篇幅长、涉及内容十分广泛，是甲骨文的繁盛时期。

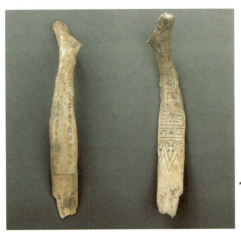

记载赏赐内容的甲骨文
商代
河南安阳殷墟出土
长27.3厘米，宽3.8厘米
记载商王将猎获的犀牛赏赐给宰丰的事。

从出土的商代甲骨文来看，此时已经使用了象形、会意、形声等构字方法。象形字主要表现对象的特征，如甲骨文中的"日"字，就是模仿太阳的形状，画出一个圆，在其中加一个点，象征一轮红日。类似的字还有"月"、"山"、"水"、"犬"、"鱼"、"鸟"、"人"等。所谓会意字，就是用两个或两个以上的象形字组合在一起，表现一个新的意思。这种造字方法摆脱了对单个具体实物模仿的局限，能表现内容更为丰富的活动。如甲骨文中的"既"字，是用食器簋和跽坐人

记载北方民族入侵、王命诸侯、田猎、天象等内容的甲骨文

商代

河南安阳殷墟出土

长22.5厘米，宽19厘米

两个象形字组合而成，以人的口部与食器相反表示吃完了的意思。形声字就是用两种符号合为一体，其中一个表示形和意，一个表示发音，如甲骨文中的"祖"字，左边的"示"表示祭祀祖宗的牌位，右边的"且"表示读音。形声字的出现使字形构造更为规范。在甲骨文中还有一个值得注意的现象是字的简化，比如"渔"字，有的多至四条鱼，有的只有一条鱼。再如"家"字，有的有两头猪，有的简化为一头猪。从此以后，汉字沿着简化和规范的道路发展至今。

学术界一般认为，商代甲骨文为近人所识，是山东潍县古董商将安阳小屯村村民挖掘出土的"龙骨"贩卖到北京和天津后，由住在北京的王懿荣于1899年辨认出来，大体同时发现甲骨文的还有天津的王襄和孟定生。1903年，刘鹗编成第一部甲骨文著作《铁云藏龟》，甲骨文作为学术研究的资料正式公诸于世。甲骨文作为地下出土的新史料，将曾被看作传说时代的商王朝变为信史，从而改变了以往人们对于商代社会性质的认识，证明了《尚书·多士》所说"惟殷先人，有册有典"是有所依据的。从此，研究甲骨文蔚然成风，逐渐形成甲骨学这样一门新学问。

记载日食内容的甲骨文

商代

河南安阳殷墟出土

长12厘米

商代甲骨文主要使用龟甲和牛肩胛骨为载体，其他还可见到用人头骨、牛肋骨、鹿头骨、虎骨等材料作载体。一般先进行裁剖加工处理，施以钻、凿后根据需要用青铜或玉制小刀契刻文字。甲骨文通过象形、会意、形声、假借四种造字方法表述字义。甲骨卜辞按左右定位分为下书左行或右行行文，内容大致包括卜日和贞人（这一部分称作叙词或前词）、事类（这一部分称作命词或贞词）、判断和预测（这一部

记载干支表的甲骨文

商代

河南安阳殷墟出土

长22.5厘米，宽6.6厘米

商代记日用干支法，这种方法是把甲、乙、丙、丁、戊、己、庚、辛、壬、癸十个天干和子、丑、寅、卯、辰、巳、午、未、申、酉、戌、亥十二个地支依次轮流相配，六十日完成一个循环。

分称作占词）、事后应验记录（这一部分称作验词，属于追刻卜辞），内容涉及商代社会不同阶层、宗法家族、职官、军制与战争、刑法、历史地理、周边方国与贡赋、农业、手工业、畜牧业与渔猎、商业与交通、天文历法、医学、宗教祭祀等方面，成为人们认识商代社会的原始文献资料。

关于商代甲骨文研究，以往学者们多从识字和字义考释、文例与行文分布规律、文法与语法、根据贞人和字体变化判断时代等方面进行研究，近来则借助于甲骨文出土层位、钻凿形态和自然科学方法进行分期断代，并且取得丰硕的成果。

《诗经》记载周族先王古公亶父率领族人迁徙到岐山脚下，当看到这里土地肥美、适于农耕时，就占卜征求祖先的意见，刻辞显示吉，于是周人就在这里生活下来，日渐兴旺。对于西周甲骨文的发现和认识是20世纪50年代以后的事情，先后在山西洪洞坊堆遗址，北京昌平白浮村、房山琉璃河和镇江营，陕西长安张家坡、岐山凤雏村、扶风齐家村和强家村，河北邢台南小汪等西周时期遗址出土。截止到1999年，共有九处遗址出土312片西周甲骨，累计1033字，内容涉及西周王室、商周关系、宗庙祭祀、筮数、周边古国、历史地理等方面。与商代甲骨文比较，西周甲骨文的特征表现为多

刻有文字的玉瑷

西周

1994年河南三门峡上村岭虢国墓地出土

外径15厘米，厚0.8厘米

使用龟腹甲并对甲首进行挖掏、多施以方凿、行文多自左向右、对于骨臼的方向不十分讲究、字体纤小等方面。学者们目前对于西周甲骨文的研究主要集中在行文特征、分期、族属、来源等方面，不过有关学者已经注意对其中存在的少量商晚期卜骨的甄别。

玉石文是书、刻在具有礼、乐性质的玉石器上的文字。有关夏、商、西周时期玉石文考古发现材料多见于商代晚期以后，有朱书和契刻两种表现手法，字数一般一至十余字不等，内容涉及职官、方国、贡献、卦象等。

金文指商、周时期刻、铸在青铜器上的文字，或称铭文。由于以礼乐器最具代表意义，所以又有钟鼎文之称。

目前最早的金文出现在商代较早时期的传世青铜器上，字数比较少；到了商代晚期，青铜器铭文比较多地出现，以代表族徽意义的单字或者用几个字简单记事比较常见，偶尔可以见到由几十个字组成的短篇记事文。

西周时期金文更为多见，字数增加到数十字，甚至数百字，主要是歌颂作器者的勋烈功德以流传给后代。其中记事涉及当时社会阶层、祭祀典礼、分封诸侯、册命、商业经济与手工业管理、宗族制度、法律制度、土地单位、交换、田赋及土地纠纷诉讼、军事制度、与周边民族的关系等主要方面，其中有些可以与文献相互印证。如：利簋的铭文记载周武王克商这样一件中国古代历史上的大事，其中所记"武王克商，惟甲子朝"，证明《尚书·牧誓》所记"时甲子昧爽"和《逸周书·世俘解》所记"甲子朝"是有依据的。颂壶铭文记载涉及西周时期世卿世禄和商贾的史实。长由盉铭文记周穆王在下减应举行燕礼、射

记载赏赐奴隶的青铜器大盂鼎

西周

传清代道光初年陕西郿县出土

高101.9厘米、口径77.8厘米，重153.5公斤

鼎腹内291字铭文，记载周康王二十三年九月册命贵族盂，并对盂进行赏赐的史实。

记载册命制度与商贾管理内容的青铜器颂壶

西周

高63厘米，口径16.9厘米至21.2厘米

壶内有铭文152字，记述周王在周康邵官太室举行册命颂的事件，命令贵族颂管理成周的商贾，并对颂加以赏赐。

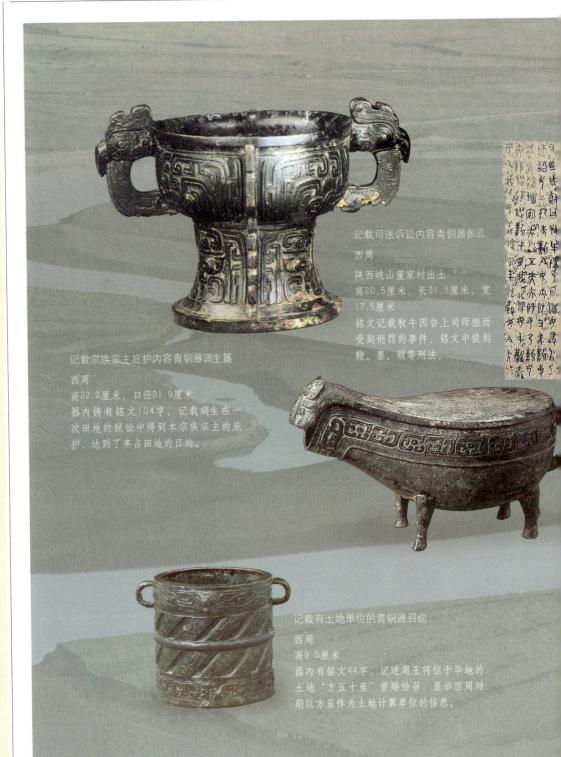

记载司法诉讼内容青铜器倗匜

西周

陕西岐山董家村出土

高20.5厘米，长31.5厘米，宽17.5厘米

铭文记载牧牛因告上司师倗而受到刑罚的事件，铭文中提到鞭、墨、赎等刑法。

记载宗族宗主庇护内容青铜器琱生簋

西周

高22.2厘米，口径21.9厘米

器内铸有铭文104字，记载琱生在一次田地的狱讼中得到本宗族宗主的庇护，达到了多占田地的目的。

记载有土地单位的青铜器召卣

西周

高9.5厘米

器内有铭文44字，记述周王将位于毕地的土地"方五十里"赏赐给召，显示西周时期以方里作为土地计算单位的信息。

记载土地交换内容的青铜
器格伯簋

西周
高31厘米，口径21.9厘米
簋内有82字铭文，记载
格伯用四匹好马换取倗生
三十田土地的事实。

记载田赋内容的青
铜器南宫柳鼎

西周
传陕西宝鸡出土
高38.8厘米，口径
40厘米
鼎腹内有79字铭
文，记载南宫柳接
受周王之命，管理
有关田赋，并受到
赏赐的事情。

记载征伐荆楚内容的青铜器
乘簋

西周
高17厘米，口径17.9厘米
器内有10字铭文，记载周王
伐荆的战争。

记载百工管理内容青铜器伊簋铭文

西周
高16.6厘米
存日本京都。其上铭文103字，记载了周厉王二十七年正月丁亥日，厉王在周康宫夷
太室册命贵族伊，命令伊管理官内臣、妾、百工，并对伊进行赏赐。

记载土地制度与诉讼内容的铜器鬲从簋

西周
器身已失，仅余器盖。盖内有96字，记述贵族鬲从与攸卫牧发生田地纠纷，周
王讯问后裁决鬲从胜诉，攸卫牧归还夺取的土地。

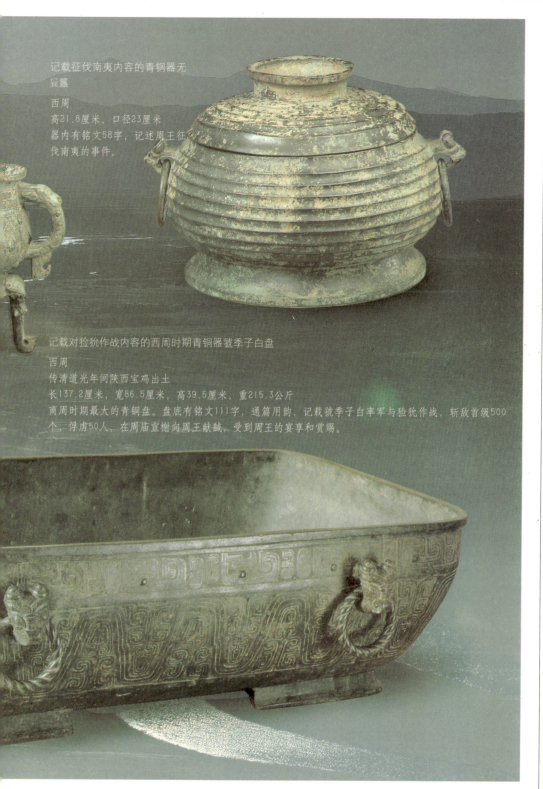

记载征伐南夷内容的青铜器无
　簋
西周
高21.8厘米，口径23厘米
器内有铭文58字，记述周王征
伐南夷的事件。

记载对猃狁作战内容的西周时期青铜器虢季子白盘
西周
传清道光年间陕西宝鸡出土
长137.2厘米，宽86.5厘米，高39.5厘米，重215.3公斤
商周时期最大的青铜盘。盘底有铭文111字，通篇用韵，记载虢季子白率军与猃狁作战，斩敌首级500
个，俘虏50人，在周庙宣榭向周王献馘，受到周王的宴享和赏赐。

礼的活动，证实《礼记·射义》关于射礼之前先举行燕礼的记载是可靠的。象驹尊铭文记载周孝王在敨地参加"执驹"典礼并赐驹的事迹，可与《周礼》、《礼记·月令》、《大戴礼记·夏小正》记载的"执驹"、"赐驹"制度相印证。虢季子白盘、兮甲盘、不娶簋等铜器铭文均记载了周王室与猃狁古族的战争，与《诗经·小雅·采薇》、《诗经·小雅·六月》中所记周王室受猃狁侵扰的忧患相一致。过伯簋、䯧簋、史墙盘记载有关昭王南征荆楚的事迹，在《左传》、《楚辞》、《竹书纪年》、《吕氏春秋》等传世文献中有所体现。

有些青铜器铭文填补了文献记载的空白，如何尊铭文记载武王克商之后就有了在东方营建洛邑的设想，成王完成了这一遗愿的史实。昭卣、格伯簋、珊生簋、卫鼎、永盂、卫盉等青铜器铭文记载了西周时期土地赏赐、转赐、测量、交换、纠纷等事件。傀匜铭文中记述牧牛因状告上司师傀匜而受到刑罚的经过，其中提到鞭刑、墨刑、赎刑，表明西周时期存在成文的法律和诉讼盟誓制度。大盂鼎、大克鼎、毛公鼎、曶鼎等青铜器铭文记载赏赐、买卖奴隶和平民暴动的事情。宜侯夨簋、堇鼎、匽侯盂、克罍、克盉铭文反映了宜、燕分封的史实。

金文不仅是研究文字发展的资料，也是今天人们了解商周时期政治制度、土地制度、法律制度、重大历史事件、天文历法、历史地理、宗教与民族关系、商业贸易的第一手资料。

（二）文学

今天，人们所说的文学泛指文艺作品中用语言反映社会生活、表达思想感情的艺术形式，主要通过对仗的行文、优美的韵律、生动的文字描述给人以真实的感受。

由于目前考古发现夏代文字材料尚不丰富，所以对夏代文学形式难以推断。商代的情况就不同了，因为这时已经有了比较成熟的文字。卜辞中有些行文开始注意字数的对应和简单的韵律，如有这样一段卜辞："癸卯卜，今日雨？其自西来雨？其自东来雨？其自北来雨？其自南来雨？"描写商人对是否有雨和雨来自何方的关心。这使人联想起汉代乐府相和辞《江雨》："江南可采莲，莲叶何田田！鱼戏莲叶间：鱼戏莲叶东，鱼戏莲叶西，鱼戏莲叶南，鱼戏莲叶北。"有学者将这段商代卜辞与汉代的乐府相和辞进行类比后，认为这段商代卜辞已经具备了朴素的诗歌形式，应当是目前所见到的最早的诗歌。在甲骨卜辞中，还可以见到由商王发布的训示，应当是西周青铜器铭文常见的诰命体的雏形。另外，还有一些卜辞记录了当时的歌舞乐器等与艺术活动有关的活动。由于受契刻材料的限制，能够保存下来的商代文学作品篇幅一般较短。尽管如此，这些具有初期形态的书面文学，对以后的韵文和散文的形成仍有一定的影响。

西周时期，文学作品以诰命体为主要题材的金文和卦爻辞中所见歌谣为代表。由于诰命体主要是对王的诏令和赏赐内容的记录，所以这种题材的文学语言比较规范，一般包括年、月、干支、王、地点、人物、事件、颂词等内容，从这样的作品中可以比较全面地了解当时的社会状况。另外，在《易经》中保存一些近乎歌谣的作品，如"鸣鹤在阴，其子和之；我有好爵，吾与尔靡之"，就是用非常精练的语言抒发了由鹤鸣而引发的激情。这一时期歌谣的内容和形式为诗的进一步成熟发展奠定了良好的基础。《诗经》是周代优秀的文学作品，是与乐、舞相配合的歌词，其中有像《周颂》这样用于宗教祭祀的颂诗；也有像《大雅》这样反映上层贵族生活的乐歌；还有像《国风》这样描写当时社会生产、生活的列国民歌，如《七月》、《伐檀》、《硕鼠》都描写了当时的社会劳动者的生产和生活状况，很好地揭示了他们内心世界的情感。作为文学作品，《诗经》初步具备了现实主义风格，对后世影响很大；就形式而言，《诗经》保持了浓厚的民歌特色，运用重复的章法、朴素和谐的语言反映现实生活；《诗经》以四言为主，运用双声叠韵的联绵词或叠字叠句的形式，增加了音律美和修辞美，如《小雅·采薇》"昔我往矣，杨柳依依，今我来思，雨雪霏霏"，表达了诗人陶醉于自然的细腻情感。尽管《诗经》中还存在字数不等的句子，句型变化不十分固定，韵律也不十分严格，但这部作品仍然能够做到和谐一致，音律和美，不能不令人感叹。

二、有册有典

商代甲骨文和西周时期的金文中均有"册"和"典"字。甲骨文中的"册"字，像一束简形，卜辞中有"册人"、"册用"的记录，主要记与王事、祭祀、收成、天气、日期有关的事件。"典"字，像手捧"册"，宣读册命，后来指典故和典章制度。

夏、商、西周时期，随着占卜与祭祀活动的频繁举行，出现了大量的卜辞和记事刻辞，遂萌发了最初的史学。殷墟卜辞已经注意到了记事的完整性，一般都记载了事件的时间、地点、人物、过程和结果，尽管十分简单，但却首尾完整。作者通过记叙表达出某种愿望，在叙事中反映出作者的思想。殷代还有许多记事刻辞，大多刻在骨臼、甲桥或龟板的边缘部位，以便贮存时易于翻检查看，其主要内容记载甲骨来源和整治的情况。占卜和刻写完毕的甲骨往往集中贮存。这些都反映着殷人对于历史档案的重视。除了经常性的卜辞记载以外，商代应当已经有了由史官所作的对某些重大历史事件较为详细的记载。如《尚书·盘庚》篇，便可能是盘庚迁殷时的实录，或可能为盘庚之后商代史官的追叙，可视为殷代典册文字的代表。应当指出，典册文字是在甲骨卜辞的基础上出现的，但是其写作又不同于甲骨卜辞那种祈求神意的记录，而是为了记载重大的历史事件和王室贵族的重要言论。如《尚书·书序》提到的《夏社》，为记商汤灭夏以后欲迁夏社的文章，《汤诰》为商汤告天下"诸侯群后"的诰辞。

西周时期史官设置和职司的记载较商代要具体得多。如传世文献见有"太史"、"史"等，1976年陕西扶风庄白1号窖藏坑出土一组铭"微氏"的青铜器，记载了微氏家族从高祖起到兴，先后七代担任西周王朝的史官一职的史实。在众多的史官中，"内史"的地位显得比较重要。内史的官长称为"内史尹"，一般的内史则称为"作册内史"、"作册命史"。内史普遍参加周王对于臣下或诸侯的册命仪式，还接受王后的命令而执行某项任务。周代的各种史官铭功记事、册命记言、掌管档案资料，对周代史学的发展起着重大作用。

　　由于文化需要积累，甚至世代相传，所以周代史官也多世代相递，"史"或"册"、"乍（作）册"遂为其姓氏或族徽。青铜器铭文是西周史学的重要载体。对于西周时代的人来说，青铜器铭文犹如后世的国史、家族史和历史读本。西周时期典册文字有其鲜明的特色，如周族史诗，主要保存在《诗经·大雅》里面；周人还依据商代流传下来的典册文字整理夏商时代的誓诰文献，将其分为《虞书》、《夏书》、《商书》等部分。记载当代历史的文献称为《周书》。西周时期的人们以史为鉴的意识相当强烈，夏商两代兴衰史成为周初人们经常谈论的问题。相对商代的神意史观而言，西周时期的史学逐渐从神意的笼罩下走出，更多地注目于人的历史活动，记载人的事迹和历史事件的经过及结果。

　　以往用文字对重要的历史事件和重要的典章制度作出记录和公告，就是呈现于今天人们眼中的历史。甲骨文、金文中的"史"字，像一只手执笔状，许慎《说文解字》解释"史"为"记事者"。《尚书·多士》记商王朝有典有册，表明这一时期存在着典章制度的记录。

　　目前，由于受到考古学材料的限制，人们暂时无法知道夏王朝时期的典章制度及其具体的记录方式。由于甲骨文和金文的大量发现，为人们了解商周时期的史籍和史官制度并通过这些史籍较为全面地了解当时的社会奠定了基础。

　　甲骨文在数十字的行文里，有关时间、地点、人物、事件原委及日后验证结果、记录者等主要历史要素都得以体现，其内容涉及当时的政治、军事、地理、经济、科技、宗教等各个方面。考古发现有成坑埋藏的甲骨文，被称为当时的档案库，其中出现的"典"、"册"二字大概指此。而甲骨文的直接记录者贞人和甲骨文中出现的尹、史、卜等职官，应当与当时的史官有关。

　　金文内容包括时间、地点、人物、事件、颂词、作器者及作器目的，所记事迹涉及当时社会政治、经济、军事、地理、法律、民族、文化等各个方面，应当说作器者都充当了历史的记录者，金文中所见尹、史、卜等职官应当与当时的史官有关。

　　另外，保存在古代文献中的记录，如《尚书》中《盘庚》、《大诰》、《康诰》、《酒诰》、《召诰》、《洛诰》，《诗经》中《周颂》、《大雅》、《小雅》、《国风》等，对于了解商、西周时期的政治、经济、地理、事件、人物、社会生活、天文历法等具有较高的史学研究参考价值。

第三节 土木建筑

建筑是人类生活中的重要物质条件之一，是集实用性、艺术性和科学技术性于一体的总和。由于中国的地理位置处于黄土发育地带，并且拥有丰富的森林资源，所以中国古代的建筑多用土、木为材料。夏、商、西周时期是阶级社会，而阶级社会的一个很鲜明的特点是社会被划分为不同的阶层，以此为基础形成了一套完整的等级制度。这种制度在当时的建筑规模和工艺技术上反映得相当明显。目前考古材料显示，夏、商、西周时期建筑遗存可以分为居住址、城址和墓葬三种形式。

一、茅茨土阶

考古所见夏、商、西周时期的建筑遗存，根据建筑规模和工艺特点不同可以区分为半地穴式、窑洞式、一般地面式建筑和宫室建筑等四种不同的规格。

1. 半地穴式建筑。出现并流行于原始社会晚期，主要分布于北方地区黄土十分发育的地域。这种建筑工艺要求不高，一般是从地面上向下挖掘出较深的圆形或方形土坑，并沿坑壁留出供人上下的土阶，有的为防潮湿还用火对地坪和坑壁进行烧烤，用立柱支撑茅草搭盖的屋顶。这种建筑具有冬暖夏凉和避风的作用，缺陷是光照不足、不利于通风、视野受到局限和怕水淹。夏、商、西周时期这种建造简便易行、造价低廉的居住址多发现于村落和城邑中的手工业作坊，显然为社会地位低下的人们所居住，《诗经》中所谓"陶复陶穴"就是指这种在当时还普遍使用的建筑，或者可以称之为居穴。

2. 窑洞式建筑。出现于原始社会晚期，主要流行于北方黄土发育地区。发现于山西夏县东下冯的夏代窑洞式建筑，其建筑工艺是利用断崖掏挖出长方形、圆形、椭圆形，面积约4平方米左右的居址空间，上部为穹隆顶，墙壁用细泥浆涂刷并凿有壁龛，地面或经烧烤，在门道两侧设有灶坑，有的还有烟道通往室外，墙外夯筑有散水。

河北藁城台西商代建筑复原

3．一般地面式建筑。出现于原始社会晚期，夏、商、西周时期在南、北方地区都有发现。这种建筑制作工艺比较复杂，一般要经过选址、简单地平整地基和开挖墙基础槽、修整地坪、筑墙、立柱支撑茅草屋顶，房屋以方形和圆形最为常见。地域特征表现为北方草原地区可见用石材筑墙，黄土发育地区则多建木骨泥墙、夯土墙、土坯墙，考虑到采光和通风需要，有的还开有窗。南方地区由于气候炎热多雨，所以地坪多层层垫高烧烤，有竹骨泥墙或用竹子、席子编织构成围墙，也有完全用木材构筑的建筑。这种一般的地面式建筑特点是采光、视野、通风条件良好，多出现于普通村落和城邑中的一般居住区、手工业作坊区，显然是当时社会中一般平民或小贵族居住的建筑。

4．宫室建筑。用于朝政、祭祀和居住场所。出现于原始社会晚期，是社会分化出具有特殊权力的统治者的标志。夏、商、西周时期宫室建筑在商代的甲骨文、西周时期的金文和古今学者的有关研究成果中可见一斑，如清朝学者戴震所著《考工记图》根据文献记载复原周代宫室，其形制与金文所见有关记载当时宫室制度大致相合。这一时期的宫室遗存在考古发掘中也有发现。

夏王朝宫殿夯土基址群发现于河南偃师二里头遗址。目前公布比较丰富的材料有：(1) 1号宫殿建筑群。坐落在面积达1万平方米的夯土台基上，由殿堂、廊庑、广庭、门组成。面积为36米×25米的长方形殿堂坐北朝南位于台基北部正中，其基座略高于台基面，为了使基座稳固，在其底部铺设三层鹅卵石，四周一周底部存有未经过加工的红砂石和青石石础的大柱子洞和一周用于挑檐的小柱子洞显示其具有面阔八间、进深三间双开间、四坡出檐式屋顶的特征。《考工记》所记"四阿重屋"或许指这样的宫室建筑。殿堂前是一片开阔的中庭，其上埋有与祭祀活动有关的人、兽尸骨，应与宫殿建筑仪式有关。四周由一面坡或两面坡屋顶形式的廊庑环绕一周。台基正南有一座面阔八间的牌坊式大门，而东南角廊庑的残缺部分可能包括《考工记图》中宗庙图上所显示的"闱门"。(2) 2号宫殿建筑群。与1号宫殿建筑群相邻，也是由殿堂、廊庑、广庭、门组成的一组建筑。虽然其面积稍小于1号宫殿，但遗迹更为清晰地显示其布局结构特点为廊庑封闭式院落，以中轴线对称布局，殿堂居于主体位置，前朝后寝。

商代宫殿群建筑在商王朝及其周边方国都有发现，筑造工艺大体继承夏王朝宫殿建造特点，这应是文献所说"殷因于夏礼"的一个方面。综合商

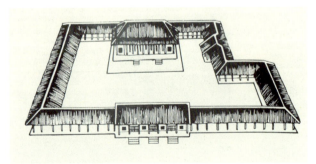

二里头遗址1号宫殿复原图

代宫殿的筑造过程大致分为平整地基、开挖基础槽、置础、立柱、筑墙、安门、上顶等步骤，结合有关文献记载和在宫室各主要建筑部位存在的殉人和殉牲现象可知，建筑过程中奠基、置础、安门、落成都要举行仪式，并杀殉人、狗、羊、牛作为牺牲埋在基址下、夯土中、门的两侧等部位，目的是防止鬼神作祟。与夏王朝宫殿比较，商代宫殿群的特色表现在殿堂面积增加，运用青铜、铅构件和雕刻十分精美的石构件，屋顶上开始局部用陶质瓦，墙壁上装饰有壁画。甲骨文中的高、宫、京、享等字都是商代巍峨高大宫殿的象形。此外还合理地设计由石板覆盖的排水沟或铺设陶制的排水管道等辅助设施。

西周宫殿群在金文中有与宫室建筑有关的庙、宫、室、廨、辟雍、大池的记载。20世纪70年代以来，在陕西岐山、扶风发现的西周王朝宫殿建筑遗迹，显示西周宫室的建筑工艺大体继承商王朝宫室的建造工艺，即文献所谓"周因于殷礼"，建筑技术的改进主要表现在门前增设影壁、屋顶用瓦的面积增加、中轴线对称布局和封闭式的院落结构更加严谨规范。

总体说来，夏、商、西周时期宫室建筑以夯土台基、木质承重结构、茅草屋顶，即文献记载的"茅茨土阶"和以中轴线对称的前朝后寝式的封闭院落布局为特征，象征着具有浓厚的宗族血缘关系的"家天下"。这一时期的宫室制度对以后的宫殿建筑影响十分深远。

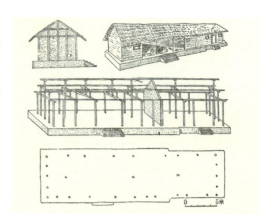

河南安阳殷墟甲4宫殿基址复原图

河南安阳殷墟出土陶排水管道
长42厘米，直径21.3厘米

陕西扶风出土西周时期板瓦

二、构筑城郭

城最早出现于原始社会晚期，是防御自然灾害和掠夺战争的产物。考古学所见夏、商、西周时期城址遗存一般有规模巨大的闭合城墙，并形成一定的布局。

（一）夏代

《墨子》记载夏王朝首都有设防城墙。然而，这一文献记载目前尚未得到考古材料的印证，偃师二里头遗址至今还没有发现城墙，对于这一现象，有学者曾认为由于王朝的强大和特殊的防御方式，没有必要建造城墙。也有学者认为夏都应当有城墙，只是有待于日后的考古发现证明而已。不过，目前在夏王朝周边地区，如四川成都平原的宝墩文化、内蒙和辽宁境内的夏家店下层文化、山东的岳石文化都发现了城址，至于有些始建于原始社会晚期的城址，年代下限是否进入夏代，学术界还在进一步研究。

（二）商代

商代的城址发现较多，目前在河南郑州、安阳小屯、偃师塔庄、焦作府城，山西夏县东下冯、垣曲古城镇，山东历城城子崖，湖北黄陂，四川广汉三星堆都有发现。按照功用和地位不同可以区分为王都、方国都城和城邑三种形式。

1．王都。指商王朝都城，供奉有先君宗庙，是当时的政治、军事、文化中心。有关商王朝都城的发现，最早因寻找甲骨文的出土地而发现了位于河南安阳小屯村的商代晚期都城，文献称为"殷墟"。殷墟的发现把商代历史由传说时代变为信史。自1928年至今，经过考古工作者的努力，勘明殷墟范围可达30平方公里。大体布局是宗庙宫殿区主要集中在小屯村，西北岗为王陵区，铸铜、制骨、制陶等手工业作坊分布于宫殿区周围。以往，除发现的一条大壕沟被认为是与洹河相通而形成的合围保护设施外，尚未发现城墙。对此学术界存在着不同的解释。或认为还没有发现，或认为是"守在四边"所致；也有学者借此否定殷墟为殷都。20世纪90年代在花园庄发现的一座面积约400万平方米的方形城址，始建于商代中期，学术界结合有关文献记载提出"河亶甲迁相"和"盘庚迁殷"的判断。

考古学家凭借安阳殷墟的发掘，认识了商代晚期文化特征，以此为基础，于20世纪50年代在河南郑州发现了一座包括先商期和商代早、中期遗存的商代城址，学术界称之为郑州商城。郑州商城城墙周长约7公里，使用木板分段夹土，用成捆的木棍夯筑而成。每一层夯土厚度在3厘米至20厘米之间不等，其上密布直径2厘米至4厘米、深1厘米至2厘米的夯窝。墙体结构正中为平夯筑造的主城墙，两侧为斜夯形成的护城坡。

有关考古材料显示，宫殿区和部分墓葬区分布在城内，铸铜、制骨、制陶等手工业作坊及部分墓葬区分布在城外周边。南城墙外还发现一道城墙，其功用尚在讨论。

考古学证明这座城营建于商族建立商王朝以前。城北部出土许多拍印"亳"或"亳丘"的东周陶器，表明此地至少在东周时期还与"亳"有联系，学术界有人根据这里出土的"亳"字陶文与文献《春秋左传》杜预注有关亳城位于"郑地"的记载相联系，结合考古学实际，认为郑州商城是商王朝缔造者成汤的首都所在地。

20世纪90年代，在郑州商城西北方向约10公里处的小双桥又发现了一处面积约144万平方米的商代都邑遗址，由于这里发现有宫殿、铸铜、祭祀坑等遗存，又处于文献记载隞地范围，因此有学者认为应是商王仲丁所迁隞都。

河南偃师商城东北隅城墙剖面

2．陪都。20世纪80年代，在河南偃师塔庄发现了一座面积190万平方米的商代早期城址，学术界一般称之为偃师商城。该城址拥有宫城、内城、郭城三重城墙，外面环绕护城壕。城内发现有宫殿区、园囿区、手工业作坊区和祭祀、墓葬区。学术界认为是成汤所建的首都西亳，也有的认为是为成汤所建震慑夏遗民的军事重镇或太甲所放之桐宫。

3．方国都城。属臣服于商王朝的区域性方国统治中心。已经发现的具有代表意义的方国城址有两处。盘龙城位于湖北黄陂县盘龙湖畔的一个三面环水的小山丘上，20世纪50年代发现。城垣随山势起伏，用夯土筑成，城内东北部较高的地段为宫殿区所在，一

山西垣曲商代城址
城址平面呈梯形，北墙长338米，西墙长395米，东墙长336米，南墙长400米。

般居住址和墓葬分布于城外北部和东部。

20世纪80年代发现于四川广汉的三星堆古城，是早期古蜀国的都城。该城发现三面城墙与北面的鸭子河构成防御屏障，最大面积约4平方公里。夯筑城墙顶部还用土坯砌筑。城内、外发现了与居住、手工业作坊和祭祀有关的遗存。

4．一般城邑。即文献所说没有先君宗庙的城。考古发现具有代表意义的有垣曲商城和焦作府城。

20世纪80年代中期发现的垣曲商城，位于山西垣曲古城镇一座濒临黄河的山丘上，是商代早期一座具有军事意义的城邑。城址大致呈长方形，面积约13万平方米。宫殿区位于城址的中部，南部为遗址区，东南方向发现有铜器墓。四周用夯土筑成城墙，重点防御部分建双道城墙，城墙外设有护城壕。

（三）西周

西周王朝的王都所在宗周丰、镐二京和成周雒邑，目前还没有发现城墙。分封于各地的诸侯国都城，多数还没有找到。目前，从考古材料确定下来、可借以了解西周时期城址布局情况的可举燕都。

燕国古城位于北京市房山区琉璃河镇董家林村，面积约500万平方米。20世纪40年代发现，70年代至90年代逐渐认识其为燕国始封首都遗存。用夯土筑成的城址呈方形，宫殿、祭祀和重要的手工业作坊区位于中部偏北，西北角为一般居住区，城外设有护城壕，发现有土著居民遗存、王室贵族埋葬的公墓区和一般成员埋葬的邦墓区。

周人在各地建造的城，在古代文献中也称为"国"，国外广大田土称为"野"，距城百里为"郊"，郊外为"遂"。这些表现出周人进行管理的大致行政区划。

综合夏、商、西周时期城址建筑工艺，可以归纳其时代特点是：延续原始社会时期的夯土筑城技术，营造规模空前宏大，这样巨大规模的工程只有在国家强制性组织下才能完成。另一个十分重要的特点是从地理位置、建筑规模和城郭制度等方面表现出明显的等级差别。

三、营建墓葬

与自然界万物一样，作为人类中的每一个成员都难脱生、老、病、死的规律。对自然和社会的留恋，使人们难于摆脱对死亡的恐惧，由此更增添对生存的渴望。当人类社会出现灵魂观念和宗教信仰之后，这一不可回避的矛盾从思想意识上得到了一定程度的缓解。解决的方法就是提出人类可以同时在不同的世界生活，这样就可以引导人们坦然面对死亡。而生者往往把死人看成活人一样，认为他只不过是到另一个世界生活罢了，即所谓的视死如生。由于人们认为生人与死人生活的两个世界在一定的条件下可以沟通，因此往往按一定的礼仪将死者的尸体安放在特定构筑的墓葬内，并按活人生活所需要的一切来安排死者。可以说，墓葬是人为构建起来的另一个精神与物质的世界，是了解古代社会精神文明和物质文化的宝贵材料。目前所能见到的最早墓葬出现在旧石器时代晚期。

墓葬这一具有特殊意义的构建，在经历原始社会时期的平地掩埋、挖坑埋藏、棺椁制度和随葬器物等不同阶段之后，夏、商、西周时期在继承原始社会墓葬布局和构造技术的基础上，进一步严格和完备了等级制度。根据有关文献记载和考古发现材料可以将这一历史时期墓葬建筑特点概括如下。

1. 聚族而葬。《周礼·春官宗伯·冢人》记载墓地布局是以先王埋葬在中间，后代以族为单位按左昭右穆和身份地位排列埋葬位置。王室墓地称作公墓，一般有墙或称作"隍"的壕沟围护，设冢人一职执掌《兆域图》按有关埋葬制度统一管理。庶民聚族而葬称为邦墓，由墓大夫负责管理。《周礼》成书较晚，其中记载的埋葬制度不少因素应当源于夏、商、西周时期，有些还可以得到考古学材料的印证。

2. 实行"墓祭"。《礼记·檀弓上》记孔子说的一段话，透露古代"墓而不坟"。考古发掘夏、商、西周时期墓葬的确没有见到坟丘的痕迹，然而这一时期在重要的墓葬上建筑享堂，对埋葬所在地的地神进行祭祀祈祷。目前发现这一时期墓祭遗迹是河南安阳殷墟妇好墓上存在的建筑。由于墓葬上不起坟丘和建筑年久失存，因此夏、商、西周时期的墓地一般不容易从地面上直接发现，这也是夏王朝、商王朝早期和西周王朝的陵墓至今没有从地面上被发现的重要原因。

3. 等级严格。夏、商、西周时期的墓葬根据规模、棺椁制度和随葬品表现出来的差别可分四种等级。

国君墓埋葬在国都，属于规模恢弘的大墓。一般挖有墓道，连同墓室，面积最大者可达数百乃至千余平方米。墓内构筑程序是，按照一定的宗教意识选址，开挖带有隧（羡）道（即墓道）的近方形墓穴，修整抹平墓壁，以木材铺设地坪，构置经雕刻、包镶金铜和蚌贝装饰、描绘彩漆图案的多重棺椁，覆盖席子和丝质彩绘帏帐。在特定的位置放置车马和成套的青

河南安阳殷墟侯家庄西北岗商代后期1004号大墓

思想文化

铜礼器、兵器、乐器、车马器，大量精美的玉器、象牙器，以及日常生活必需的漆、陶、石、骨、蚌、牙器。有的采用积石、积炭或白膏泥封闭以防盗、防潮、隔绝空气，封土层层夯打。周边附葬车马和大量使用陪葬人和人殉人祭。

夏王朝的国君墓葬目前尚未发现。

商王朝盘庚迁殷以后的王陵已经在河南安阳殷墟保护范围内侯家庄—武官村以北，当地称为西北岗的高地发现，根据墓道的数量和分布位置可以区分为具有四条墓道的"亚"字形大墓、两条墓道的"中"字形大墓、一条墓道的"甲"字形大墓等三种不同的构建形制。

西周时期因周王陵尚未发现，故对于当时最高统治者的墓葬构建情况暂时无法了解。一些西周分封诸侯国的国君墓地的发现，有助于人们了解西周诸侯国国君墓。如迄今已经发现的西周时期诸侯国君墓地有：(1) 卫侯墓地，位于河南浚县淇水北岸的辛村，西望太行山。这里发现大规模的西周时期墓地，其中有五座大型墓，结构大体模仿商代晚期陵墓，即有南北两条墓道的"中"字形大墓，墓壁涂抹秸泥，四壁筑有土台（或称四阶），底铺料僵石和朱砂，设有覆盖帷幕的椁室。与商代王陵不同的是椁底没有腰坑，殉有车马、殉人并附有车马坑。出土铜器上的"卫侯"铭文说明这里是卫国始封地所在。(2) 燕侯墓地，位于北京房山区琉璃河北岸的黄土坡村，西望太行山余脉西山。这里属于周人公墓区，其中第1193号大墓，墓室为长方形竖穴土坑式，在其四角出四条墓道，四壁设有四阶，正中构筑椁室。墓地附有车马坑，出土青铜器上较多出现"匽侯"铭文。有学者认为可能是某位燕侯之墓。(3) 晋侯墓地，位于山西曲沃曲村镇北赵村西南，滏河北岸，北依塔儿山、乔山、庐顶山。这里成排地排列着晋侯及夫人的墓葬，结构为带一条墓道的呈"甲"字形长方形竖穴土坑墓，有四阶，构筑棺椁，殉有车马并附有车马坑。墓中随葬五鼎，出土青铜器铭文多处出现"晋侯"字样，表明这里是晋国始封地所在。(4) 应侯墓地，位于河南平顶山市北滍村西的滍阳岭上，西临应河、沙河（古滍水），隔河可望应山。这里分布着两周时期的周人贵族墓葬，结构为长方形竖穴土坑，有一条墓道和

北京房山琉璃河黄土坡西周燕国国君第1193号大墓
左为墓道，右为墓室面貌。

四阶，棺椁铺撒朱砂，随葬铜器、瓷器、玉器等器物，有的青铜器有"应侯"铭文。

河南安阳殷墟妇好墓上复原建筑

《荀子·礼乐》、《礼记》中可见对于周代墓葬使用棺椁制度和车马制度的明确记载，比如对棺椁制度的规定：天子棺椁十重，诸侯五重，大夫三重，士一重；或天子五棺二椁，诸侯四棺一椁，大夫二棺一椁，士一棺一椁，庶人单棺无椁。对随葬用车的制度规定：国君七辆，大夫五辆；或天子九辆，诸侯七辆，大夫五辆，士没有车。另外，古代记载礼仪的文献《仪礼》、《礼记》中对于鼎簋制度的记载是，天子九鼎配八簋，诸侯七鼎配六簋，大夫五鼎配四簋，士一至三鼎配二簋，庶民不得使用鼎。考古发掘实际情况与文献记载的等级制度大体相符，但有时在具体数量上存在着不同程度的出入，造成这一现象的原因还值得进一步研究探讨。

贵族墓一般埋葬在都邑，属于规模较大的大墓。结构少见隧（羡）道（即墓道），墓室面积约数十乃至上百平方米，墓壁经过精心修整，悬挂彩绘的丝质帏帐，棺椁漆饰华丽，随葬品丰富，有成套的青铜礼器、乐器、兵器，精美的象牙器和玉器，日常生活使用的漆、陶器和石、骨、蚌器，惟受等级制度羁绊而较国君墓逊色一筹。南方地区流行土墩墓。

属于夏代的贵族墓在夏王朝首都河南偃师二里头遗址发现，一般为面积数平方米的长方形竖穴土坑，最大者可达数十平方米，底部铺设席子和朱砂，构建棺椁，随葬青铜礼器、玉器、漆器、贝、陶器等。

商代的贵族墓地在河南郑州白家庄、杨庄和安阳殷墟后岗、高楼庄，山东益都苏埠屯，湖北黄陂盘龙城李家嘴，江西新干大洋洲等地都有发现。建筑特点大体为长方形竖穴土坑，底部铺设席子和朱砂，构建棺椁，随葬青铜礼器、玉器、漆器、贝、陶器等。特色表现在墓底多设有腰坑，内殉葬狗。

西周时期的贵族墓地发现较多，墓室多数呈长方形，有的地区发现有折角墓道，或壁龛、耳室，椁室四周筑"四阶"（考古称作"二层台"），有的墓底设有腰坑，内殉葬狗。椁多为"井"字形构造，或称之为井椁。

平民墓在夏、商、西周时期分布广泛，一般为面积在数平方米以下的竖穴土坑。内置单棺，很少有椁，有的甚至以席裹尸，一般随葬陶器、石、骨、蚌器。

夏、商、西周时期还可以见到一些特殊的墓葬，如俯身、跪姿、捆绑、残缺的尸骨被埋葬在坑内或弃置地层之中，这一类多属于非正常死亡，死者是社会地位最低下或是失去人身自由的奴隶、战俘。

第四节　沉寂的美

人类的审美意识发生于原始社会，源于生产实践，在此基础上产生了艺术。夏、商、西周时期，中国进入了青铜时代，在汲取原始艺术养分的基础上，艺术被运用于不同的社会阶层和文化领域，使得青铜时代艺术既有普及使用的一面，又有寓意神秘的一面，从而显得更加璀璨，引人入胜。

一、美术工艺

夏、商、西周时期，虽然距离今天非常久远，许多美术作品由于种种原因未能保存下来，但是文献记载和考古发现仍然可以为现代人们部分地提供反映这一时期美术状况的线索，展示当时美术作品的遗痕。

（一）绘画

《左传》、《尚书》、《周礼》等文献中可以见到有关夏、商、西周时期工匠对于贡物、人物、服饰、器物、动物进行绘画的记载。考古学所见夏、商、西周时期绘画色彩鲜艳，线条均匀流畅，主要用于对宫殿及高档用品和墓葬中的葬具的装饰，富有神秘而醒目的效果。在颜料的使用上，夏代以朱砂最为常用，故以红色为多，如发现的朱绘磨光黑陶片与文献《墨子》所记"墨（或作漆）染其外，朱绘其内"相对应。另外也使用白、黑、

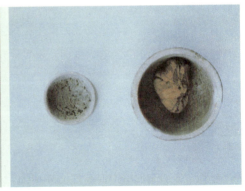

夏家店下层文化彩绘图案及颜料

夏、商时期

1977年内蒙古自治区大甸子遗址出土

宫殿壁画残块
商代
河南安阳殷墟出土
残长22厘米，宽13厘米，
厚7厘米
白灰墙上涂绘红色图案，
配黑色圆点纹。

彩绘图案
西周
河南三门峡虢国墓地出土

绿等不同颜色的颜料，运用平涂、间涂、填色、勾线等技法在陶器上绘出花纹和图案，图案上往往涂有胶质保护膜。商周时期绘画颜料更加丰富，除仍以朱砂表现的红色多见外，还出现了黄色、粉红、杏黄、赭色、灰色。这一时期的艺术家不仅能够以更加丰富的间色和更为复杂的复色作画，而且还灵活地运用红黑、赭白、黑白、白黄、红黑白黄、红白黄、红黑黄、黑白黄、红黑灰相间对比的表现手法，以平涂块面、色带、点线结合等技法在陶、木、丝、布和墙壁上绘出三角形、菱形、方格等几何形和饕餮纹、蝉纹，形成绚丽无比的彩色图案。由于木、丝、布质材料易腐朽，所以比较完整地保留下来的夏、商、周时期的绘画作品极为罕见。

（二）雕刻

用青铜铸造或用刻刀在陶、木、骨、蚌、牙、玉石等质地坚硬的材料上刻制的作品，遗留下来的数量最为丰富。

夏、商、西周时期是中国历史上的青铜时代，青铜既是当时社会生产力发展水平的代表，也反映出当时艺术的时代特征。这一时期青铜艺术造型，以具有实用意义的礼、

青铜鸮尊
商代
1976年河南安阳殷墟妇好墓出土
高45.9厘米，重16.7公斤

青铜牺尊
西周
1984年陕西西安张家坡遗址出土
高39厘米，长41.4厘米

鸭尊
西周
辽宁喀拉沁左翼蒙古自治县出土
通高44.6厘米，重6.6公斤

兵、乐器为多，如鼎、鬲、甗、甑、簋、簠、盨、杯、盘、豆、觚、爵、斝、盉、卣、彝、壶、盆、匜、鉴、禁、钺、戈、钟、铙等；也有蕴涵特定意义的人物，如选取头像、立姿、踞坐等不同的姿态和身着不同的服饰表现人的身份、族属。动物形象如虎、象、兕觥、枭、兔、猪、鸟、驹、蛇造型，有些经过神化、夸张处理，如龙、神兽；有些经过组合，被赋予特殊的涵义，如虎食人卣。这些作品除部分作为使用器外，不少是用于庄严的礼仪和祭祀活动场合。在这些青铜作品上往往铸刻有花纹，夏代的花纹是比较简单的几何形纹，商代则多见饕餮纹，其他还有连珠纹、乳丁纹、云雷纹、蕉叶纹、蝉纹、蚕纹、蛙纹、凤纹、象纹、虎纹、龙纹、夔纹、人面纹。西周早期的纹饰大体继承商制，也出现了一些新的纹饰，如凤鸟纹、瓦纹、重环纹、穷曲纹等。这些纹饰原型来自于自然、动物和人类社会，经过综合取舍和神秘化处理，也具有了特定含义。

夏、商、西周时期陶塑作品多以与人类日常生活密切联系的动物形象为表现素材，可以看到的形象有羊、狗、猪、牛、龟、蟾蜍、鸟，也有装饰品或工具如球、环、纺轮，而人头、祖和虎可能与图

河南郑州出土商代陶刻图案

腾崇拜等宗教信仰有关。

陶刻是迄今可以看到有关夏、商、西周时期较为丰富的美术作品形式，主要以拍印和契刻的方法在陶器、骨器上制作装饰纹样。一般属于重复性装饰的几何形图案，往往用陶拍在陶器上拍印而成，可以看到有仿竹条编制的篮纹，仿网状编织的方格纹、菱格纹，仿绳索的绳纹，仿自然界的连珠纹、水波纹、云雷纹，仿植物的花瓣纹等。而具有特殊意义的图案则使用契刻的方法在陶器和骨器上完成，如在夏代的陶器上遗留下来的较为写实的蝌蚪、鱼、蛇、兔、裸体人像和较为抽象的夔龙纹、饕餮纹等。商代早期已经能够以人和虎的画面表现人类与自然的关系，以寄托作者的期望。

考古发掘出土夏、商、西周时期的玉石雕刻品数量相当丰富，而且三代玉石雕刻工艺大体沿革，种类越来越丰富，制作水平越来越高。经过鉴定的石料有板岩、石英岩、砂岩、大理岩、辉绿岩、玄武岩、绢云母片岩、流纹岩、绿松石等，玉料多为软玉，包括新疆和阗玉、透闪石玉、岫岩玉、南阳玉。一般玉石雕刻，首先要从玉璞中取出蕴涵的玉质，这就是所谓的"开眼"，然后依据玉料上各种不同的天然颜色进行造型设计，这就是所谓的"俏色"，经过认真地选材、设计、裁剖、琢磨、雕刻等多道工序，原始玉料被雕成各种不同造型的艺术品。目前发现夏、商、西周时期玉器有宗教崇拜、礼器、仪仗、象生、装饰、工具、用具等不同题材。其中属于宗教崇拜类有龙、凤、兽面、祖；礼器类有圭、璧、琮、环、玦、璋、璜、瑗等；仪仗类有斧、钺、戚、戈、矛、刀、镞；象生类有人、蛙、螺、鱼、龟、鳖、壁虎、虎、象、熊、鹿、猴、马、羊、兔、狗、牛、螳螂、蚱蜢、蚕、蝉、鸟、鹦鹉、鸭、鹅、鹤、鹰、鸱鸮、鸽、燕、鸬鹚等；装饰类有环、笄、镯、管、珠、牌、箍、碟、策、贝、柄形饰等；工具类有刻刀、锛、凿、铲、锯、镰等；生活用具类有鬲、簋、豆、尊、觯、碗、瓿、豆、盘、皿、盂、罍、壶、罐、方皿等；杂具类有嚼、觿、纺轮、匕、

玉簋
商代
1976年河南安阳殷墟妇好墓出土
高12.5厘米，口径20.5厘米

玉人
商代
1976年河南安阳殷墟妇好墓出土
高12.5厘米，肩宽4.4厘米，厚1厘米
一面为男性，一面为女性。

镶嵌绿松石铜钺
商代
河南省安阳殷墟出土
长25厘米，宽17厘米

镶嵌绿松石象牙杯

商代

1976年河南安阳殷墟妇好墓出土

高30.5厘米

骨簪

商代

1976年河南安阳殷墟妇好墓出土

长12.5厘米至14厘米

河南安阳殷墟侯家庄1001号墓出土木椁雕刻花纹

耳勺、梳、臼、杵、俎、础等。上述作品透射出当时社会生产、等级制度、宗教崇拜、审美观念、生物种类、生活习俗、物质交流等多方面的信息。

绿松石雕刻多雕刻成几何形、小动物、饕餮眼等小件作品，主要用于青铜礼器、兵器、骨器的镶嵌装饰，如青铜牌饰、虎、戈、钺、弓形器和刻花骨器等。

牙雕作品夏、商、西周时期都有发现，以商代最为发达，发现有象牙觚、象牙梳、环、带流筒形器、杯等器类，装饰饕餮纹、夔龙纹、以云雷纹衬底的乳丁纹等纹饰。

木雕刻作品目前所见多为墓葬中的木棺，一般雕刻饕餮纹并且涂朱，有的还镶嵌鲟鱼鳞板和蚌片、牙片，以为装饰。

目前发现这一时期的骨雕刻作品有雕花骨板、刻鱼骨片、雕凤尾造型的骨笄、饰圆形涡纹骨饰、匕、牌饰、笄（扁平顶、鸟形、鸡冠形）、环、刻花骨管、管、梳、勺、花骨、雕花骨笄、雕花骨匕（云雷纹、垂花纹、山纹、饕餮纹、兽面纹、扉棱、镶嵌绿松石、鱼形）、觚等。这一时期的蚌雕刻作品有虎、镂空饰物、圆形泡、鱼等。

（三）漆器工艺

漆树是一种落叶乔木，其汁可以作为涂料。考古发现早在原始社会晚期，中国先民们就已经对漆树分泌出的天然树汁进行调色加工，将其当作涂料对木质礼器进行彩绘装饰和保护，其制作工艺水平最高者当属良渚文化的镶嵌玉珠的漆觚。夏、商、西周时期的漆器乌黑油亮、色彩亮丽，表现了当时漆器制造中晒漆、兑色、髹漆、镶嵌等高超工艺技术水平。

文献《尚书·禹贡》、《诗经·鄘风》、《礼记·檀弓上》、《周礼·春官宗伯·中车》对于夏、商、西周时期漆器的使用和贡赋情况有所记载。据宋代《玉篇》和清代《说文解字注》研究，今天人们所熟悉的"漆"字，在东周时期成书的古代文献中指漆树，其树汁则称为"桼"，两者是有区别的。在夏、商、西周时期的出土文字材料尚未见到"桼"字，因此目前还不能够确定当时对于漆器的具体称谓是什么。由于漆器易腐朽、损坏，所以难以完整地保存至今，这是造成目前所见夏、商、西周时期漆器的发现材料不甚丰富的主要原因。

夏代漆器主要发现于河南偃师二里头遗址，主要是用于王室贵族所用的礼乐器，种类有红漆棺、漆盒、朱红色漆觚、钵、鼓等。

漆器残片
商代
1973年河北藁城台西遗址出土

商代漆器主要出现于都邑遗址，如偃师商城祭祀遗址出土的漆案，郑州商城发现的漆木棺残片。商代晚期漆器发现较为丰富，可以见到施漆于车、棺木、木棍、戈柲、铜器、木器、玉器、骨器、丝织品、席上，以红色为多，次为黑色、黄色，也有白色。多以红、黑、黄、白单色平涂，也有红黑、红黄、黑白、红黄白、红黑白、红黄黑白等多种色漆相间使用。一般多次涂刷。纹饰有饕餮纹、蕉叶纹、云雷纹、夔纹等图案，发现器物种类有棺、椁、案、鼎、碗、豆、罍、盘、盒。观察出土漆器，其中像豆、碗这类容器的制作，一般是在雕花木胎上髹漆，这样就在漆器上面出现了浮雕式花纹，还有镶嵌

漆罍（复原）
西周
北京房山琉璃河出土

绿松石、鲟鱼骨片或贴金箔的工艺。

西周时期漆器大体同于夏商之时，器物有棺椁、罍、觚、杯、豆、盘。考古发现的漆棺有红、绿、白三色彩绘。具有礼器性质的漆器往往是以红色为底，绘以黑色线条，一般如兵器柲、铜泡也有以黑漆为底，绘以红色线条。漆器上用镶嵌蚌片的方法构成图案，这就是后人所称的螺钿技术。

珍贵的漆器，属于具有礼仪性质的珍贵用品，被严格地限制在王室及贵族上层社会使用。在继承原始社会漆器制作工艺的基础上，此时的工艺又有了进一步的提高和发展，表现为施漆器物种类的增加、色彩和图案的丰富和螺钿技术的产生。虽然目前还没有发现制作漆器的手工业作坊遗存，但是当时拥有为王室服务的漆器制作工匠和专门的技术是毫无疑问的。

（四）编织工艺

石磬
夏代
山西夏县东下冯遗址出土
长66.8厘米，宽28.6厘米

虎纹大石磬
商代
1950年河南安阳殷墟出土
长84厘米，宽42厘米，厚2.5厘米
据测定，这件商代虎纹大石磬已有五个音阶。

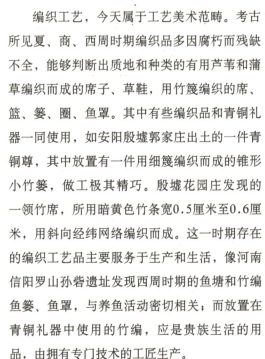

编织工艺，今天属于工艺美术范畴。考古所见夏、商、西周时期编织品多因腐朽而残缺不全，能够判断出质地和种类的有用芦苇和蒲草编织而成的席子、草鞋，用竹篾编织的席、篮、篓、圈、鱼罩。其中有些编织品和青铜礼器一同使用，如安阳殷墟郭家庄出土的一件青铜尊，其中放置有一件用细篾编织而成的锥形小竹篓，做工极其精巧。殷墟花园庄发现的一领竹席，所用暗黄色竹条宽0.5厘米至0.6厘米，用斜向经纬网络编织而成。这一时期存在的编织工艺品主要服务于生产和生活，像河南信阳罗山孙砦遗址发现西周时期的鱼塘和竹编鱼篓、鱼罩，与养鱼活动密切相关；而放置在青铜礼器中使用的竹编，应是贵族生活的用品，由拥有专门技术的工匠生产。

二、音乐舞蹈

音乐在中国出现很早。夏、商、西周时期，乐属于六艺（礼、乐、射、御、书、数）

陶埙
商代
河南辉县琉璃阁遗址150号墓出土
其中大的陶埙高7.3厘米

青铜鼓
商代
湖北崇阳出土
高75.5厘米，鼓面直径39.5厘米

之一，主要用于祭祀、礼仪、丧葬、军事等宗教、礼乐、宴享等活动，并设专门官职和精通音律的乐师。目前发现的夏、商、西周时期的乐器，夏代有陶埙、陶铃、铜铃、朱红色漆鼓、石磬，商代早期有陶埙和用响石打制而成的石磬，商代晚期发现有青铜构架蟒皮鼓、铜铙、铜钲、石编磬，西周时期出现成组的青铜编钟、编镈和石编磬。

舞蹈早在原始社会时期就已经出现。文献记黄帝、尧、舜、禹、汤、武王代表性的舞乐，分别是大卷、大咸、大磬、大夏、大濩、大武。据《史记·殷本纪》中存有殷纣王命师涓创作新声、北里之舞和靡靡之乐的记载，可以断定商周时期的音乐与舞蹈已处于相当发达的阶段，有专门的乐师与舞师。至少在西周时期，中国古代乐师所创造的宫、商、角、徵、羽五声已经发展为六律六吕，形成了中国传统的律吕学。由于考古学的局限性，无法复原有关夏、商、西周时期的乐舞详情，不过甲骨文中的"舞"字，表现了舞蹈者身挂饰物婆娑起舞的姿态。

第五节　科学技术

一、天文历法

农业是一种季节性很强的生产活动，要搞好农业生产就必须掌握季节和气候的变化。因此，观测天象、了解日月星辰运行规律以制定历法、指导农时，是中国古代天文历法产生与发展的动力。

今天，中国仍然把传统的历法称作"夏历"或"农历"。联系史书记载的"夏时"和保存在《大戴礼记》中的中国第一部月令历书《夏小正》，判断夏王朝时期可能已经有了历法。商代已经有了比较完备的历法，甲骨文记载月分大小，大月30天，小月29天，一年为12个月，采用闰月调整一年的天数。在甲骨文中还可以见到日蚀、月蚀和星辰的记录。商代一般采用十个天干（甲、乙、丙、丁、戊、己、庚、辛、壬、癸）和十二个地支（子、丑、寅、卯、辰、巳、午、未、申、酉、戌、亥）配合记日，60日一循回。即使是在一天内的不同时段也各有专名，如"日"为白天，"夕"指天黑后至天亮前，"旦"指天亮以后等。《诗经》记载，西周时期对于火、箕、斗、室、昴、毕、参、牵牛、织女等星宿已经有所认识，并且存有中国最早的一次有确切日期的日蚀记录，推算日期为周幽王六年十月初一日，即前776年9月6日。另外，在河南登封有一座相传为周公建造的测景台，装置圭表观测日影，利用夏至之日正午太阳光投影最短（约一尺五寸）、冬至日影最长的原理测定出太阳年的长度（约365.2422日）。

二、医疗养生

夏、商、西周时期先民对于疾病以及治疗有所认识，甲骨文中有涉及人体各个部位疾病的记载，其中"疾"字像一个人躺在床上，并有疾病占卜的记录。从有关表现人像的艺术品和甲骨文的"心"字，可以推知这一时期对于人体结构已经有所了解。这一时期对于疾病的医治除借助巫术之外，还有外科手术和食疗等方法。有关这一方面的考古发现有以玉、石、骨、蚌、铜质制作的刀、锥、针等，河北藁城台西遗址14号商代墓葬中发现保存在内涂朱红色、外髹黑色漆盒内的一件砭镰，考古工作者判断可能就是有关文献所说的"砭石"（外科手术工具）。商代遗址出土的桃仁、郁李仁、枣、草木樨、大麻种应与中药有关，其中桃仁有破血行瘀、润燥滑肠的功能，郁李仁有泻腹水、消肿、破血、润燥的功能，食用这些植物都可以取得食疗养生祛病的医疗效果。而玉石质白杵可能兼有研磨药粉的用途。

三、物理知识

文物反映夏、商、西周时期先民对于物理学的认识和运用主要表现在如下两个方面：一是利用力学原理组成的各种装置。今天人们可以直接感受到夏、商、西周时期比较复杂的机械是车、船，这一类机械体现了运动物理学有关圆周运动、摩擦力运动、力的方向改变、分力与合力、功的原理、浮力等方面的知识。简单的机械是拈线的纺轮、

青铜镜（阳燧）
商代
1976年河南安阳殷墟妇好墓出土
直径11.8厘米

制陶的陶车和用于提升的木质辘轳，由此推断这一时期运用较多的机械原理是利用同心圆所做的圆周运动。二是对光学热学的认识。阳燧是古代取火用具。利用太阳光取火是运用光的折射和聚焦原理完成的，故称之为阳燧。《周礼·秋官司寇》记载周代有一个专门职掌用阳燧取火的组织，叫做"司烜氏"，然而有关阳燧的实物却很少发现和认识。1995年，陕西扶风黄堆村一座西周墓葬中出土一件直径约8.8厘米的带钮凹面铜镜，因其复制品在阳光下能够聚光燃火而被戏称为"周原挖出个太阳"，由此判断这件文物应当就是古代文献中所记载的阳燧。近来，有学者认为殷墟侯家庄1005号商代墓葬中出土的一件曾经被称为青铜镜的器物就是取火用的阳燧。如果这一推测成立，那么这样的圆形青铜器在夏代也有发现，也有可能是用于取火的阳燧。

四、金属冶铸

对于金属的认识、冶炼和应用是人类最早的工业，因此学术界大多将其列为进入文明社会的一个重要标志。夏、商、西周时期是生产力得到迅速发展的时期，对于金属的认识和应用成为当时先进生产力的代表。在接近于这一时期的古代文献如《周礼·冬官考工记》、《国语·齐语》中，人们可以看到"攻金之工"和"美金"、"恶金"的记载，虽然人们曾经认为"金"是铜或铁的代称，但从考古实际发现夏、商、西周时期存在多种金属的生产来看，金有可能用于泛指，其中应当包括考古已经发现的这一历史时

铸铜石范
夏代
山西夏县东下冯遗址出土

期生产和使用的铜、锡、铅、金等金属。

（一）铜

估计早在原始社会晚期，人们就已经对铜有所认识并用来制作装饰品和手工业工具，不过当时的生产规模非常有限，产品造型小而简单，所谓青铜、黄铜是利用共生矿藏冶炼得到而非人工配制。夏、商、西周时期，人们对于铜的认识和使用已相当深入和广泛，当时人们熟练地将铜和锡按一定比例进行调配，生产具有不同功用的青铜产品。目前，考古发现夏、商、西周时期的青铜器数以万计，展示出这一时期由中国先民创造的闻名世界的灿烂青铜文化。古代青铜主要是指铜、锡合金。现代金属材料学将铜、锡合金称为锡青铜，铜、铅合金称为铅青铜。中国古代青铜主要包括以下四种：锡青铜，成分主要是铜、锡（含量高于 2%）、其他元素微量（均低于 2%）。铅青铜，成分主要是铜、铅（含量高于 2%）、其他元素微量（均低于 2%）。铜、锡、铅三元青铜，成分主要是铜、锡（含量高于 2%）、铅（含量高于 2%）、其他元素微量（均低于 2%）。砷青铜，其中含砷量在 2%—6%。

由于青铜有如下的优越性：熔点较低（红铜的熔点为1083℃，若加锡15%，熔点即降到960℃）、硬度较高（红铜的硬度为35度，若加锡9%—11%，硬度即增高到70度—80度），适宜于铸造，所以青铜取代红铜是历史发展的必然。

冶铸青铜首先要有铜矿石。自然界中含铜矿砂主要有自然铜、硫化铜和氧化铜。其中氧化铜这种矿石因色泽如同孔雀羽毛般呈绿色，所以又被称为孔雀石。1929年安阳殷墟的考古发掘中，发现了一块重达18.8公斤的孔雀石，表明孔雀石是商人炼铜的原料。据以往调查，在北方地区的河南、河北、山西、山东均有铜矿分布，而冶炼青铜所需要的锡矿在河南、山西、河北境内也有分布。这些资源为这一时期冶炼青铜提供了保障。有的学者甚至推测商人频繁地迁徙，其目的就包括了追逐和控制铜、锡矿资源，为此甚至不惜发动大规模的战争。

采集铜矿石之后，接着就是进行冶炼。考古揭示夏、商、西周时期铸铜遗址主要发现于首都，一般是用炼炉将铜矿石或铜块冶炼成液态的铜汁，然后浇注在预先制作好的模范中铸造出所需要的青铜器。夏、商时期铸铜遗址发现有铜块，据此迹象判断，夏、商、西周时期有可能在铜矿的采集地进行初步冶炼，再将炼得的铜块运到铸铜作坊进一步生产成青铜器。从铸铜遗址发现铜矿石和铜渣等的现象判断，也存在将铜矿石运到铸铜遗址进行初步冶炼的可能。目前在河南偃师二里头遗址发现夏代的铸铜遗址，有铜块和熔铜块的坩埚遗存，坩埚中掺有石英砂这样的耐火材料。

河南洛阳北窑村发现了数以千计的西周时期的熔铜炉残块，据初步研究，这些熔铜炉系用泥条盘筑法制造而成，直径在0.5米—1.6米不等，炉壁中掺合了石英砂等耐火材料，可以承受炉内1200℃—1250℃的高温。另外，鼓风口的发现，将中国用于冶炼的鼓风设备的历史至少提早到西周时期。

鬲范
商代
1954年河南郑州南关外商代铸铜遗址出土
长23厘米，宽24厘米

这一时期的浇铸工艺主要运用块范法。块范法是夏、商、西周时期青铜器铸造最常使用的方法，一般是先按照铸造器形制造出模范，然后浇铸成型，就可以生产出所需的青铜器。如果铸造造型比较简单的小件青铜器，像小刀、镞，则往往使用单合范浇注。如果是生产容器，就必须预先制作出模型，制造出内范与外范，在内、外范之间的空隙内浇注铜汁，经过冷却、去范、修整等工序后得到所需要的青铜容器。今天，人们常说的"模范"一词，本意当源于此。

夏、商、西周时期，"国之大事，在祀与戎"，祭祀祖先以及其他神祇成为维护政治统治权力的有力保障。于是，以钟鼎为代表的宗庙彝器，也就是青铜礼器，多是用于祭祀这种重要的礼仪活动。另外，礼器也被用于贵族间的婚媾、宴享、朝聘、会盟等活动，或专用以铭功颂德。在全部青铜器中，礼器的数量最大。青铜礼器不仅标志贵族等级的高低，一些特殊的重器还是政权的象征。青铜兵器是当时军队必不可少的先进装备，在三代曾大量铸造。虽然经历了战争的大量消耗，遗存至今的三代青铜器中，青铜兵器的数量依旧十分可观。三代青铜器与社会政治密切相关，其影响之大，足以令现代学者惊呼："中国青铜器便是那政治权力的一部分。"纵观夏、商、西周时期，就某种意义而言，无论是国家文明的诞生，还是早期国家的形成，贯穿始终的是灿烂的青铜文化。

三代灿烂的青铜文化，展现了十分先进的青铜冶炼和铸造技术，反映出高度发展的青铜业生产组织和生产规模，成为夏、商、西周时期生产力发展的标志。在三代，农业是一个决定性的生产部门，农业收成的好坏，直接影响到政权的稳固，因此，三代王朝都非常重视农业生产。田野考古发掘中所发现的为数不多的三代青铜农具，主要出于都邑遗址，而一般遗址和墓葬中少见或未见，有的青铜农具铸有铜礼器上常见的饕餮纹和卷云纹。有的学者认为："以贵重的青铜作耕具是极少数的例外，是仅仅在典礼上使用的。"若从出土的三代青铜农具范来分析，石范是可以多次铸造的硬型范具，一件范能浇铸数以百计的农具，青铜农具的大量铸造和使用的条件已经具备。有的学者指出，旧农具用坏再铸是在各种遗址中青铜农具发现很少的原因。三代青铜农具在都邑遗址的集中发现，说明当时最先进的农业生产工具——青铜农具，掌握在王室贵族手中，只有王室贵族直接管理的农业生产部门才可能大量使用青铜农具。三代青铜农具虽然远未代替和排除石器、蚌器和木器，却代表了当时最先进的生产力发展水平。

考古发现显示，当时人们已经积累了相当丰富的勘探、开采铜矿、锡矿的实践经验。对夏、商、西周时期青铜器进行测试结果表明，当时的工匠已经掌握了决定青铜器的功用的铜与锡的配制比例。事实上这一时期作为先进生产力代表的青铜器并没有被广泛应用于社会生产，而是被限制使用于为王室生活服务的宫廷手工业，最广泛地用于兵器制造，这是夏、商、周王朝对周边地区其他民族形成军事优势的十分重要的原因。

（二）铁

人类刚认识铁时，它的价值贵如黄金。在发明人工冶铁术之前，人类经历了一个认识并使用天然陨铁的阶段。就世界范围来看，古埃及大约在距今五千年左右就已经认识和使用了陨铁，称陨铁是"天上掉下来的黑铜"；美索不达米亚地区在距今四千年左右已经能够偶然熔化铁矿石。中国历史上的夏、商、西周时期，人们初步认识和使用了铁，虽然学者们长期以来对于《诗经·秦风》中出现的"驷骥"，《国语·齐语》所称"美金"、"恶金"，对于班簋铭文出现的"戋人"存有不同的见解，但考古学所见中国古代先民在前十三四世纪确已开始识别和使用陨铁。比如1972年河北藁城出土了十多块铁渣和两块很纯的赤铁矿石，并且出土了属于商代中期的铁刃铜钺。经检验，铁刃的含镍量至少在8%以上，是用含镍较高的陨铁经加热锻打成形后和青铜钺体铸接的。1977年北京平谷刘家河也出土了一件商代中期的铁刃铜钺，铁刃包入铜钺内部，残存约

铁刃铜钺
商代
1977年北京平谷刘家河出土
长8.7厘米

1厘米，经光谱定性分析含有镍，推测也是陨铁锻成的。传于1931年在河南浚县出土的铁刃铜钺和铁援铜戈，系西周初年兵器，现藏美国华盛顿弗里尔博物馆，铁刃经电子探针测定，由含镍较高的陨铁制成。商代或周初的陨铁铜器中以铁刃铜钺为主的现象，恰与古代文献中有关"玄钺"的记载相符，所谓的铁刃铜钺，很可能就是古代文献中的"玄钺"。《史记·周本纪·集解》："《司马法》曰：'夏执玄钺。'"宋均曰："玄钺用铁，不磨砺。"《逸周书·克殷解》亦有"乃右击之以轻吕，斩之以玄钺，县诸少白"的记载。王执玄钺，可见玄钺是三代王室贵族的重器。河北藁城台西村、山西灵石、北京平谷刘家河、河南浚县和三门峡等地出土的商周时期铁刃铜钺和西周晚期的芮公钮钟，显示出商周时期是中国先民初步认识和使用铁的重要时期。这一时期对于铁的认识和使用的特点是，在认识和使用陨铁不久的商代中晚期，就能够小规模地人工冶炼制造铁，并且首先用于青铜礼器、兵器的局部。始于夏代二里头文化时期的中国青铜文化，发展于商代前期，成熟于商代后期和西周早期。西周早期以后，中国青铜文化从鼎盛逐渐走向衰落。正是在青铜文化的衰落时期，人工冶炼铁器开始出现了。商周时期高度发达的青铜冶铸技术，从矿石、燃料、筑炉、熔炼、鼓风和范铸技术等各个方面，为铁器的出现和使用作好了准备。

在前1400年左右，首先炼出铁来的赫梯人把冶铁术当成专利，严禁外传，当时铁制的指环、小刀与黄金、珍宝等价，在各国宫廷中馈赠。大约在前1000年以前的商周之际，中国新疆地区开始使用人工冶得的块炼铁制品。中原地区至迟在西周晚期开始使用人工冶得的块炼铁制品。1990年河南三门峡虢国墓地出土的西周晚期玉茎铜芯镶嵌铁剑，剑长37厘米，宽4厘米，玉茎长13厘米，出土时铁剑插在牛皮鞘内（鞘已糟朽），剑身与玉茎衔接处镶嵌有绿松石，玉茎之内铜芯与铁剑连接，剑外有丝绢包裹的痕迹。这把铁剑出于虢国国君之墓，非同寻常。虢国是周王季之子、文王之弟虢仲的封国。可见早期铁器的使用与青铜器一样，得到了当时统治者的高度重视。以往有的学者根据《国语·齐语》记载的"美金以铸剑戟，试诸狗马；恶金以铸钼夷斤斸，试诸壤土"指"恶金"为"铁"，其实不然。原文的"美金"和"恶金"应理解为罪犯所缴纳的赎金，所纳赎金质量美恶不齐，质优的金（铜）铸兵器，质劣的金（铜）铸工具。三国韦昭对此已有正确解释。铁在先秦古人的心目中，未曾被看成粗劣的恶金。在商周时期，铁有着贵重金属的地位。至迟在西周时期，中国先民已经掌握了人工冶铁技术，为春秋战国时期铁器时代的到来奠定了基础。

（三）其他金属

除铜、铁外，当时还冶炼锡、铅、金等金属。

锡当时除了与铜形成青铜合金，调剂青铜器的硬度外，还可与铅形成熔点较低的合金，用于金属焊接。由于在青铜器生产的配置中锡的比例并不大，而且中国北方缺乏锡矿资源，所以目前发现属于这一时期有关锡的材料很少，河南偃师二里头遗址考古发现的长3.6厘米、宽3.3厘米的方形薄体锡片大概与装饰有关，而在铸铜遗址发现的锡块则与生产铜或铅合金所使用的配剂有关。

铅质软而重，易氧化，具有延展性。夏、商、周时期，铅除了与锡生产焊接的合金以外，考古材料多见用于建筑构件，或作为随葬用的礼兵器、生产工具等明器，以替代青铜材料。

金属于贵重金属。青铜器铭文中有"金"字。考古发现夏、商、西周时期用金制作象征王权的金带、权杖，或贴于青铜礼器、棺椁、车舆上的金箔、金叶、金花、金箍和金虎头、夔凤等，明显用作王室贵族生活中的装饰品。

金带

商周时期

2001年四川成都金沙村遗址出土

直径19.6厘米至19.9厘米，宽2.68厘米至2.8厘米，厚0.02厘米，重44克

五、化学知识

夏、商、西周时期出土文物显示出当时人们主要运用化学知识从事酿酒和陶瓷烧制的生产。

酒属于化学变化的产物。《周礼》、《礼记》中记载夏、商、周时期有称作"酒正"、"浆人"和"大酋"的职掌酿酒的职官，并记载酿酒的时间、原料、发酵剂、水质、器具和温度。夏商王朝有关历史文献中均出现"酒池"的记载，可以判断出当时酒的生产应具有相当规模。河北藁城台西村商代遗址发现的酿酒手工业作坊，出土了瓮、缸、罍、尊、壶、将军盔等一批与酿酒有关的陶器器皿，同时还发现了桃、李、枣等用于制酒的水果，更为重要的是，这里还首次发现用于酿制黄酒的人工培植的酵母菌遗存，与《尚书》所谓"若作酒醴，尔惟麴蘖（酿酒的曲）"相合。另外在夏、商、西周时期墓葬中普

青瓷尊
西周
河南洛阳出土
高18.2厘米

遍发现成套的酒器，河南信阳息国墓地、安阳商代王陵区，山东滕州薛国墓地发现的属于商代的青铜酒器卣、罍中甚至还盛满酒浆。考古发现与文献记载相互印证，表明酒在当时人们的生活中占据相当重要的地位。

　　陶瓷是陶器和瓷器的总称。陶瓷的烧造过程中较多发生的化学变化是还原反应和氧化反应。随着青铜工艺的崛起，夏、商、西周时期，陶器制作工艺开始走下坡路，但为王室生产的仿青铜器的刻纹白陶器以烧制火候高、质地坚硬、色泽皎洁反映出这一时期仍然具有高超的制陶技术。中国早期瓷器是原始青瓷，目前有关考古发现表明，原始青瓷至迟出现于夏王朝时期。夏代的原始瓷器发现材料较少，商周时期较夏代多见，一般为灰绿色或泛淡黄绿色薄釉，也有极少量暗红色釉；装饰云雷纹、叶脉纹、席纹、菱形纹等纹饰；商代多见青灰色或灰紫色胎，西周多见灰白色胎；器类在商代有瓮、尊、罐，西周增加豆、簋、罍、四系罐。就世界范围而言，中国是最早发明瓷器的国家。

参 考 书 目

北京大学历史系考古教研室商周组：《商周考古》，文物出版社，1979年。

张之恒、周裕兴：《夏商周考古》，南京大学出版社，1995年。

河南省文化局文物工作队：《郑州二里岗》，科学出版社，1959年。

河南省文物研究所：《郑州商城考古新发现与研究》，中州古籍出版社，1993年。

中国社会科学院考古研究所：《殷墟妇好墓》，文物出版社，1980年。

中国社会科学院考古研究所：《殷墟的发现与研究》，科学出版社，1994年。

中国社会科学院考古研究所：《安阳郭家庄商代墓葬》，中国大百科全书出版社，1998年。

四川省文物考古研究所：《三星堆祭祀坑》，文物出版社，1999年。

陕西省考古研究所：《镐京西周宫室》，西北大学出版社，1995年。

河南省文物考古研究所、三门峡市文物工作队：《三门峡虢国墓》，文物出版社，1999年。

邹衡主编：《天马—曲村》，科学出版社，1998年。

顾颉刚主编：《古史辨》（一至七册），1926年至1941年北京朴社、开明书店陆续出版。

陈梦家：《商代的神话与巫术》，《燕京学报》1936年第20期。

李宗侗：《中国古代社会史》，台北中华出版事业委员会，1954年。

丁山：《甲骨文所见氏族及其制度》，科学出版社，1956年。

周仁等：《中国黄河流域新石器时代和殷周时代制陶工艺的科学总结》，《考古学报》1964年第1期。

R. J. Gettens, R. S. Clarke, Jr. and W. T. Chase, Two Early Chinese Bronze Weapons with Meteorite Iron Blades, 1971.

郭沫若：《中国古代社会研究》，人民出版社，1977年。

H. J. M. Claessen& P. Skalnik, ed., The Early State, Monton Publisher, Hague, 1978.

北京钢铁学院《中国古代冶金》编写组：《中国古代冶金》，文物出版社，1978年。

赵光贤：《周代社会辨析》，人民出版社，1980年。

张光直：《中国青铜时代》，三联书店，1983年。

金景芳：《中国奴隶社会史》，上海人民出版社，1983年。

郭沫若著作编辑出版委员会编：《郭沫若全集·历史编（三）》，人民出版社，1984年。

严文明：《论中国的铜石并用时代》，《史前研究》1984年第1期。

[英]R．F．泰利柯特（Tylecote）：《冶金史》（1976），华觉明、周曾雄译，科学文献出版社，1985年。

高广仁、邵望平：《中国史前时代的龟灵与犬牲》，《中国考古学研究》，文物出版社，1986年。

格林·丹尼尔：《考古学一百五十年》（黄其煦译本），文物出版社，1987年。

张光直：《中国青铜时代（二集）》，三联书店，1990年。

刘起釪：《古史续辨》，中国社会科学出版社，1991年。

李京华：《中原古代冶金技术研究》，中州古籍出版社，1994年。

谢维扬：《中国早期国家》，浙江人民出版社，1995年。

李学勤主编：《中国古代文明与国家形成研究》，云南人民出版社，1997年。

朱凤瀚：《论中国考古学与历史学的关系》，《历史研究》2003年第1期。

丁山：《由三代都邑论其民族文化》，《国立中央研究院历史语言研究所集刊》1935年第5期一分册。

徐旭生：《中国古史的传说时代》（增订本），科学出版社，1963年。

邹衡：《夏商周考古学论文集》，文物出版社，1980年。

中国先秦史学会：《夏史论丛》，齐鲁书社，1985年。

邹衡：《夏商周考古学论文集》（续集），科学出版社，1998年。

洛阳第二文物工作队：《夏商文明研究》，中州古籍出版社，1995年。

高炜、杨锡璋、王巍、杜金鹏：《偃师商城与夏商文化分界》，《考古》1998年第10期。

中国社会科学院考古研究所：《中国商文化国际学术讨论会论文集》，中国大百科全书出版社，1998年。

安金槐：《安金槐考古文集》，中州古籍出版社，1999年。

董琦：《虞夏时期的中原》，科学出版社，2000年。

陈旭：《夏商文化论集》，科学出版社，2000年。

朱凤瀚：《商周家族形态研究》，天津人民出版社，1990年。

许倬云：《西周史》（增订本），三联书店，1994年。

晁福林：《夏商西周的社会变迁》，北京师范大学出版社，1996年。

北京师范大学国学研究所：《武王克商之年研究》，北京师范大学出版社，1997年。

杨宽：《西周史》，上海人民出版社，1999年。

李伯谦：《中国青铜文化结构体系研究》，科学出版社，1997年。

孙华：《四川盆地的青铜时代》，科学出版社，2000年。

水涛：《中国西北地区青铜时代考古论集》，科学出版社，2001年。

宋镇豪：《夏商社会生活史》，中国社会科学出版社，1994年。

袁珂：《中国古代神话》，中华书局，1960年。

刘玉建：《中国古代龟卜文化》，广西师范大学出版社，1992年。

高寿仙：《中国宗教礼俗》，天津人民出版社，1992年。

赵丕杰：《中国古代礼俗》，语文出版社，1996年。

容庚、张维持：《殷周青铜器通论》，科学出版社，1958年。

马承源主编：《中国青铜器》，上海古籍出版社，1988年。

朱凤瀚：《古代中国青铜器》，南开大学出版社，1995年。

唐复年：《西周青铜器铭文分代史征器影集》，中华书局，1993年。

王世民、陈公柔、张长寿：《西周青铜器分期断代研究》，文物出版社，1999年。

《殷都学刊》编辑部主编：《甲骨文与殷商文化研究》，中州古籍出版社，1993年。

王宇信、杨升南主编：《甲骨学一百年》，社会科学文献出版社，1999年。

文物出版社编：《新中国考古五十年》，文物出版社，1999年。

夏商周断代工程专家组：《夏商周断代工程1996—2000年阶段成果报告（简本）》，世界图书出版公司，2000年。

后 记

　　1997年4月，我从国家文物局调动工作至中国历史博物馆，任陈列部主任。时值俞伟超馆长主持的中国通史陈列（隋唐至明清部分）修改后重新布展。同年9月，历时九年的中国通史陈列修改工作全部结束，以崭新面貌接待观众。在修改中国通史陈列的研究探讨过程中，俞伟超馆长、杜耀西副馆长等都有在理论研究和资料积累的基础上编一套书的想法，并积极支持我和陈列部的业务人员着手去做。

　　这个项目得到陈列部同仁的积极参与。从1997年下半年起开始启动，研究总体体例、编撰细则以及确定每卷撰稿人，接着讨论试写的样章、样条和部分初稿。在这一阶段，王冠英先生、安家瑗女士等给予很大的帮助。1998年先后担任副馆长的孔祥星先生和朱凤瀚先生都竭力支持这一项目。

　　2000年，朱凤瀚先生担任馆长后，继续把该项目作为馆里的重要任务安排。朱凤瀚先生作为编委会主任和主要审稿人，对全书从总体体例到各卷具体表述都付出了极大心血。展览部（原陈列部与美工部合并）主任董琦先生负责全书各卷的统筹协调，王永红女士承担了执行编务工作。该套书的编撰工作也不再局限于一个部门，成为全馆学术与业务协作的成果。

　　2003年2月，中国历史博物馆与中国革命博物馆合并组建中国国家博物馆，这部《文物中国史》也就有幸作为中国国家博物馆主编的第一套多卷本古代文物与历史著作问世。

　　在开始构思这套书时，主要考虑到依托中国通史陈列的各位主创人员，将这套书的定位设计为："以《中国通史陈列》的内容为主线，侧重反映中国远古以降的物质文明史，突出介绍历代社会经济与科学、技术、文化的发展。作为《中国通史陈列》成果的深化和延伸，充分体现学术界几十年来对历史文化遗产综合研究的学术水准，兼顾知识性、通俗性，以物带史，物史结合，全面介绍我国目前的文物考古和历史学科有关最新成果。"全书以中国历史发展的顺序，从原始社会到晚清，分为八卷。

几年来，各卷的作者为了实现本书的定位，作了大量的探索，特别是先动笔的前四卷更是数易其稿。有些作者甚至试写了相当篇幅的不同风格的样稿，不惜自我否定、推翻重来，为最后全书基本统一体例积累了宝贵的经验。为了保证本书的学术质量，各卷又延聘了专家学者审稿。他们严谨的学风和细致的校阅，为本书增色不少。

在本书编撰过程中，我们一直在研讨如何处理下列问题：

首先，《文物中国史》也是一种中国通史类著作，历史框架的完整性是必须的，例如历史上的重大事件、重要人物都不应该疏漏和缺席。但是作为博物馆编撰的中国史，主要特点表现在以历史文物为切入点和铺叙基础。难点在于，即使是中国历史文物藏品最丰富的中国历史博物馆，即使本书还借用了许多全国范围考古重要发现的资料，但文物相对于历史，总是极为残缺的、片段的。各位作者只能在书中粗略勾勒时代背景和演变线索，然后以物质文明史为主线，利用已有的文物，尽可能举一反三，展开描述，以求呈现远为宏大和复杂的历史场景。

其次，学术界最近的研究成果和各卷的作者自己的研究心得是本书的学术基础。正像我们在讨论新版中国历史陈列大纲时所表达的，要兼顾学术观点的前沿性和稳定性。对于尚在争论的热点问题，应该清晰地表述主要的不同论点和作者的态度，供读者参考。但是本书的定位又使得上述表述局限于介绍性、结论性的文字，不过多进行考据和反映推理过程。相反，我们希望用生动活泼的、通俗易懂的笔调把学者思维所得向广大非专业读者娓娓道来。在学术与普及之间，这显然是一个很难把握的分寸。

第三个问题是全书八卷，涉及十多位作者，前后行文的贯气与不同风格的个性如何协调。大家经过多次讨论，认为全书应该在体例和内容的基本要求方面保持整体性和一致性，而在叙事方式、语言组织等方面，针对不同时期历史与文物的差异，鼓励作者展现自己的才华，寻找最贴切的格调，在浑然一体中各有千秋、相得益彰。

最后应该特别感谢出版社的朋友们。为了此书的问世，他们也付出了大量的劳动，辛苦共尝，自然值得一同庆贺。

李季

二〇〇三年八月六日

北京 中国国家博物馆